中國學術思想 研究輯刊

三九編

林慶彰 主編

第 1 冊

《三九編》總目

編輯部編

董仲舒政治哲學中的儒學精神
——以〈天人三策〉為考察起點

范如蘋 著

花木蘭文化事業有限公司

國家圖書館出版品預行編目資料

董仲舒政治哲學中的儒學精神——以〈天人三策〉為考察起
點／范如蘋 著 -- 初版 -- 新北市：花木蘭文化事業有限公司，
2024〔民 113〕
目 4+182 面；19×26 公分
（中國學術思想研究輯刊 三九編；第 1 冊）
ISBN 978-626-344-573-4（精裝）
1.CST：（漢）董仲舒 2.CST：政治思想 3.CST：中國哲學
4.CST：儒學
030.8   112022466

ISBN-978-626-344-573-4

9 786263 445734

中國學術思想研究輯刊
三九編 第 一 冊   ISBN：978-626-344-573-4

董仲舒政治哲學中的儒學精神
——以〈天人三策〉為考察起點

作　　者　范如蘋
主　　編　林慶彰
總 編 輯　杜潔祥
副總編輯　楊嘉樂
編輯主任　許郁翎
編　　輯　潘玟靜、蔡正宣　美術編輯　陳逸婷
出　　版　花木蘭文化事業有限公司
發 行 人　高小娟
聯絡地址　235 新北市中和區中安街七二號十三樓
　　　　　電話：02-2923-1455／傳真：02-2923-1452
網　　址　http://www.huamulan.tw 信箱 service@huamulans.com
印　　刷　普羅文化出版廣告事業
封面設計　劉開工作室
初　　版　2024 年 3 月
定　　價　三九編 23 冊（精裝）新台幣 62,000 元

《三九編》總目

編輯部 編

《中國學術思想研究輯刊》三九編 書目

《中國學術思想研究輯刊》三九編
各書作者簡介・提要・目次

第一冊　董仲舒政治哲學中的儒學精神——以〈天人三策〉爲考察起點

作者簡介

　　范如蘋，國立臺灣師範大學國文系及國文研究所畢業，任職中等教育國文科教師。大學就讀期間受師長啟蒙，自此傾心於先秦哲學的斑斕思想。深感無論在人生低谷時的自處，或是班級經營的管理之道上，皆於此獲益良多。體會到哲學並非冷僻的學術，而是人生迷津時的提燈者。

提　要

　　本論文旨在透過〈天人三策〉的策問及漢初的社會背景，了解當代思潮與漢武帝所面臨的執政問題，並以此作爲理解董仲舒建構政治思想的基礎。

　　漢武帝在策問中，以天人之際提問現實政治遭遇的困境與解方，董仲舒據以建構的天人論，嘗試調和當代思潮、社會因素與個人理念，使其學說更易於爲當代接受。

　　董仲舒之政治思想，以天人論爲包裝，如以「天人災異」應對君權，理路雖偏離春秋戰國時期儒家理性發展的方向，復返了周初的迷信色彩，但其以《春秋》災異紀錄爲媒介，順應了當代盛行的天人思潮，將儒家思想帶入政治場域，既回應帝制型態下對尊君的必然需求，也對君權達到一定的限制。

　　政策內容上，董仲舒以「陽尊陰卑」開展出「德主刑輔」的主張，此為延續黃老道家「治道法天」的理念，亦鎔鑄了法家的實用性，著眼於具體操作策略的提供，使儒家思想更切近實務。而德主刑輔的理念核心，開展為「先富後教」、「原心定罪」等主張，仍深具儒家重德治、重人治的色彩，以及重視君德的修養，亦切合儒家內聖外王的理念。

　　總括董仲舒的思想，在本質上仍服膺儒家精神，特出之處在與當代思潮貼近、參採各家學說強化為操作策略。縱然在天論、君臣關係上，董仲舒改變了先秦儒家的論點，但此亦是引領著儒家進入政治實務、使儒學成功立足政治的樞機。

目　次

第二冊 張載易學著作與思想研究

作者簡介

馬鑫焱，男，回族，1980 年 10 月出生，籍貫寧夏彭陽，西北民族大學馬克思主義學院副教授。2003 年畢業於陝西師範大學政治經濟學院，獲法學學士學位；2007 年畢業於陝西師範大學哲學系，獲哲學碩士學位；2018 年畢業於陝西師範大學哲學學院，獲哲學博士學位。曾獲國家民委社會科學研究三等獎和優秀獎，甘肅省地廳級社會科學研究獎兩項。發表科研論文十餘篇，出版專著一部。主持和參與完成國家級、省部級、地廳級和校級課題等 9 項。

提 要

張載作為北宋關學宗師、理學領袖，其哲學史稱「以《易》為宗」，《橫渠易說》作為易學傳世經典名著，對於研究張載易學、哲學思想和宋代易學、理學思想都有著重要作用。本論著從張載易學著作和思想兩個方面作了具體的研究，研究內容包括：《橫渠易說》版本研究；張載易學觀的形成；張載解易體例；張載解易特徵；《橫渠易說》之發明；《橫渠易說》與《正蒙》。基礎研究方面，對《橫渠易說》各種傳世文本作了考證，在宋元時期的易學古籍文獻中搜集、整理出一些《易說》所脫漏的材料，對《易說》文獻做了輯補工作。對中華書局章錫琛點校的《張載集‧橫渠易說》出現的校勘錯誤，做了一些糾繆、辯誤工作。思想研究方面，分析了張載易學體例的繼承與創新和以禮解易、以經、史證《易》的解易特徵。論述了張載以《周易》「太極」、「兩儀」、「乾坤」等概念創建太虛「合兩之性」，把性與天道、太和與太虛、神與氣化統一起來，創建太虛性體、道體、神體理論。張載易學否定邵雍「數本論」，闢佛排老，抨擊諸子「以有無論《易》」，建構北宋新儒學理論。最後，對《易說》與《正蒙》中重要概念的之間的聯繫、發展進行了分析。

目 次

第三冊　審美政治的生成：晚明文化思潮的「身體—空間」觀念的嬗變

作者簡介

丁文俊，廣東東莞人，文學博士，現任中山大學中國語言文學系特聘副研究員，華東師範大學文藝學博士，法國國立東方語言文化學院（Institut National des Langues et Civilisations Orientales）訪問學者（2016.10～2018.7），曾於中山大學中文系從事博士後研究（2019.9～2022.9），研究方向為文藝社會學，包括晚明美學研究、法蘭克福學派美學研究和中國當代文化研究，論文發表於《文學評論》《文藝理論研究》《文化研究》《中國美學研究》等學術刊物，主持國家社科基金項目 1 項，廣東省哲學社會科學規劃項目 1 項。

提　要

晚明是一個在經濟、政治和文化領域均發生了劇烈變化的歷史時代，以文化社會學作為研究方法，對士人階層的審美思潮進行考察，以「身體」和「空間」作為研究視角，將有助於揭示晚明審美政治的生成和介入機制。在晚明之前的中國思想史的傳統中，「身體—空間」表現為「規訓的身體」／「單一的倫理政治空間」的作用模式。明代自「大禮議」事件始，士人階層日益將政治場域的焦慮和失意轉化為構築日常生活的動力。晚明審美思潮的身體觀念發生了從「規訓的身體」向「欲望化身體」的轉向，以《長物志》為例，感官欲望的訴求轉化為實用性、自然性和雅致性審美原則；「單一的倫理政治空間」分化生成「日常化空間」，以閒適和欲望的二重性為特徵，以《園冶》為例，日常化空間分別將構建自然、雅致的審美趣味和追求欲望滿足確立為場域的外部和內部法則。「身體—空間」觀念的嬗變展現了晚明士人階層生存狀態的改變，並通過公共傳播的方式具有廣泛影響性，內在於晚明道統和治統之間的互動和分離的過程，一方面通過道統的更新而獲得合法性，另一方面則逾越了道統設想的界限，最終構建了士人階層為主導的自治性場域，通過和治統的分離而弱化皇權的控制力和聲譽，這是一種弱勢的批判性話語。

目　次

第四冊　清代乾嘉時期的經學與史學

作者簡介

　　白雪松（1981 年 8 月～），男，河北秦皇島人，中國人民大學歷史學博士，

九三學社社員。現為中國國家博物館副研究館員。研究方向為古代教育、古籍文物。參與《中國國家博物館文物藏品定級標準》的修訂、中國國家博物館館藏古籍文物定級、館藏大藏經整理等工作。發表《乾嘉學者〈晉書〉研究論析》、《試析國子監南學的歷史演變》等論文十餘篇，合著《續修國子監志》，參編《明清皇帝講學錄》，參加《中國大百科全書》（第三版）詞條撰稿。

提　要

　　本文在學術史的視野下對清代乾嘉時期的經史關係進行了研究。重點以乾嘉時期三大考據家為例，探討經學對史學的影響。

　　論文共分六章。第一章回顧了傳統經史關係的演變和清初經史關係的趨向，尤其指出乾嘉時期在官方視角中經學的地位高於史學。

　　第二、三、四章分別論述錢大昕、王鳴盛和趙翼的經史之學。分析總結他們經世致用的學術宗旨，由小學入經學、由經學入史學的學術路徑，將治經的方法應用於治史的學術方法，貫穿求真意識的學術精神，具備博通的學術特徵和思維。同時也指出了三者的不同之處。

　　第五章以全祖望的兼治經史、盧文弨的擇善而從、畢沅的倡導經史、章學誠的「六經皆史」、阮元的今古文兼綜等其他乾嘉學者的經史之學作為輔助，展現乾嘉時期經史之學的風貌。

　　第六章歸納乾嘉時期由經入史的宗旨、精神、路徑與方法，探討學術史視野下的經史關係。

　　本文嘗試一定程度上的跳出史學看史學，站在學術史的視野下，以比較和歸納的方法，梳理乾嘉時期的經史關係，認識清人的治學路徑。

目　次

第五、六冊　康有爲思想比較研究

作者簡介

　　魏義霞，黑龍江大學哲學學院教授、博士生導師，出版《中國近代哲學的宏觀透視》（黑龍江教育出版社，1994 年）、《七子視界——先秦哲學研究》（中國社會科學出版社，2005 年）、《理學與啓蒙——宋元明清道德哲學研究》（商務印書館，2009 年）、《儒家的和諧理念與建構》（人民出版社，2010 年）、《平等與啓蒙——從明清之際到五四運動》（中華書局，2011 年）、《妙語聯珠——中國古代哲學研究》（人民出版社，2012 年）和《中國近代國學研究》（生活・讀書・新知三聯書店，2013 年）等學術著作近 30 部。

提　要

　　《康有為思想比較研究》共十章，以人物為視域，分別從不同角度對康有為的思想進行比較研究。細而言之，書中的比較可以劃分為三大類：第一類，康有為與他傾慕的古代思想家比較，代表是第一、第二章的康有為與孔子和康有為與孟子比較。第二類，康有為與同時代思想家比較，代表是從第三章到第七章的康有為與嚴復、譚嗣同、梁啟超、孫中山和梁漱溟比較。第三類，康有為的人物比較，代表是從第八章到第十章的老子與墨子、孟子與荀子和朱熹與陸九淵比較。

目　次

第七冊　老子思想與當代公共衛生護理研究——以「健康促進」爲中心

作者簡介

　　黃薏如，臺灣屏東人。輔英科技大學護理助產學士、高雄師範大學經學研究所文學碩士、高雄師範大學國文學系文學博士。曾任行政院青年健康大使（榮獲績優團隊行政院授證）、精神專科護理師、社會局長青日照中心護理師、高中職健康與護理教師、中小學輔導組長、中華國際 NLP 教練研究發展教育協會督導級教練。現任國立空大誠一宮教學處處長、國立高雄師範大學經學所及空中大學學士專班師資群、高雄市意誠堂關帝廟《鸞藏》編纂委員、屏東縣菩提慈善會文教推廣執行長。學術研究領域主要為：老莊養生保健與全人健康、老莊意義治療與諮商輔導、老莊家庭教育與人倫關係、老莊環境療癒與休閒旅遊、老莊企業管理與領導溝通、老莊文教推廣與產官學廟。

　　就學期間榮獲 2016 年「SAGE 國際優秀青年論文獎學金」、2016 年「《妙心佛學研究》獎學金」、2017 年「宗教心靈改革論文比賽獎學金」。國內學報及研討會 20 餘篇，所觸碰議題多涉及跨領域研究，足見其豐沛的研究動能與潛力，目前有碩論《老子思想與公共衛生護理研究－以「健康促進」為中心》及博論《莊子淑世精神的現代實踐》。黃老師個性活潑開朗，經歷豐富多元，長年的社會實戰積累，擅於將經典生活化。總能針對學生盤根錯節的生命議題，透過精湛的有效提問，讓其困擾如庖丁解牛般謋然而解，協助同學在笑談間獲得生命通達。目前於高雄師範大學經學所教授「經學與人生研究」、「經學思想與應用研究」及「經典與樂教思想研究」課程。

提　要

　　本文旨在藉探究老子思維在當代人類世界中如何實踐之可能，進一步將《道德經》與現代醫護應用相互結合，以實踐通經致用之道。在文章結構上，除了「緒論」與「結論」外，共有三章，分別為：「老子道論的當代詮釋」、「老子工夫論義理精要」，以及「老子思想對健康促進之啟示」。全文共獲得三點結論：（一）生理健康而言，老子「自然無為」的法道思維，教人順應天道自

然而得以盡天年。並正視自身差異性，體健則鍛鍊，身殘則復健，進而達到形體長壽的健康體態。（二）心理健康而言，「致虛守靜」思維強調面對外在誘惑和壓力時，讓生命透過無為解消躁動，同時進入虛靜的無躁境界中，使心靈獲得平和寧靜的安頓心態。（三）社會健康而言，「持儉守柔」思維強調「守柔」能讓人與天地萬物之間處於和諧；以整體社會制度而言，推行樂活議題，營造「持儉」的風氣，可讓人保持素樸的心靈狀態。此外，本文為筆者取得碩士學位後數年出版，於研究思路上，已有更寬闊的拓展與實踐。在筆者博士論文：《莊子淑世精神的現代實踐》中，即採「以老輔莊」的形式，將道家思想應用於心理輔導、生涯規劃，以及生命關懷等多項領域。並規劃未來五年，將以「老莊與人生」為主軸，「生老病死」的生命歷程為架構，增添企業管理、意義治療學、家庭諮商、臨終關懷等跨域研究，為生命長度和厚度提供老莊式的解套方針。讓老莊淑世精神以具體社會實務進行推廣與應用。

目　次

第八、九、十冊　莊子淑世精神的現代實踐

作者簡介

　　黃薏如，臺灣屏東人。輔英科技大學護理助產學士、高雄師範大學經學研究所文學碩士、高雄師範大學國文學系文學博士。曾任行政院青年健康大使（榮獲績優團隊行政院授證）、精神專科護理師、社會局長青日照中心護理師、高中職健康與護理教師、中小學輔導組長、中華國際 NLP 教練研究發展教育協會督導級教練。現任國立空大誠一宮教學處處長、國立高雄師範大學經學所及空中大學學士專班師資群、高雄市意誠堂關帝廟《鸞藏》編纂委員、屏東縣菩提慈善會文教推廣執行長。學術研究領域主要為：老莊養生保健與全人健康、老莊意義治療與諮商輔導、老莊家庭教育與人倫關係、老莊環境療癒與休閒旅遊、老莊企業管理與領導溝通、老莊文教推廣與產官學廟。

　　就學期間榮獲 2016 年「SAGE 國際優秀青年論文獎學金」、2016 年「《妙心佛學研究》獎學金」、2017 年「宗教心靈改革論文比賽獎學金」。國內學報及研討會 20 餘篇，所觸碰議題多涉及跨領域研究，足見其豐沛的研究動能與潛力，目前有碩論《老子思想與公共衛生護理研究——以「健康促進」為中心》及博論《莊子淑世精神的現代實踐》。黃老師個性活潑開朗，經歷豐富多元，長年的社會實戰積累，擅於將經典生活化。總能針對學生盤根錯節的生命議題，透過精湛的有效提問，讓其困擾如庖丁解牛般渙然而解，協助同學在笑談間獲得生命通達。目前於高雄師範大學經學所教授「經學與人生研究」、「經學思想與應用研究」及「經典與樂教思想研究」課程。

提　要

　　歷來不乏將《莊子》視為消極避世之作。然而，本文主張莊子思想實蘊含著一種積極的淑世精神。這種精神雖有別於儒家以積極有為的形式創造天下美好，但卻以解消人為造作的遮撥手法，使紅塵紛擾復歸天清地寧。由於儒道皆屬實踐型態的思想，故莊子淑世精神不應僅限於爬梳經典、紙上談兵，更當有在人倫日用中具體實踐之可能，因此，本文以「莊子淑世精神的現代實踐」為題。由於研究道家學者多認同老莊學說可相互發明，故本文雖以莊子為題，但在理論闡發上，在筆者碩論的老學基礎下，採「以老輔莊」的形式呈現全文論述。基於本文是解析莊子思想之內涵與莊學落實於社會實踐兩個層面，故採取跨域研究的視角，交互運用「文獻分析法」、「創造詮釋法」、

「深度訪談」及「參與觀察」等研究方法。依此在篇章架構上，共分：「莊子淑世精神的理論基礎」、「莊子淑世精神的實踐模組」、「莊子淑世精神的具體實踐」三大架構。具體實踐又分為生理、心理、人際、環境，以及金錢觀等五項子題，運用《莊子》思想詮釋與議題個案分析的方式，逐章發明莊子淑世精神。本書在筆者取得博士學位數年後有幸付梓。在研究成果上，筆者累積近年教學與研究實務，已有進一步的印證與看法，並於此次書中修改呈現。此外，筆者目前研究也延續碩論與博論之成果，以「老莊與人生」為主題，持續深耕企業管理、意義治療學、家庭諮商、臨終關懷等跨域研究，讓老莊淑世精神具體應用於社會各個層面。

目　次

第十一冊　劉鳳苞注《莊》對莊子思想的詮釋與轉化

作者簡介

林瑞龍，一九七六年生，臺灣新北市人。國立中興大學中國文學系畢業，國立臺灣師範大學國文研究所文學碩士、博士。曾任嘉義縣立竹崎高中教師，現任桃園市立壽山高中教師。

提　要

劉鳳苞《南華雪心編》為「以文評莊」的集大成之作，故近代學者研究

此書，多由「文學角度」詮釋《莊子》。但劉氏於書中自序云：「雪心者，謂《南華》為一卷冰雪之文，必索解於人世炎熱之外，而心境始為之雪亮也。後之讀是篇者，其亦可渙然冰釋矣。」可知劉鳳苞注解《莊子》，除了文學，其思想必定有值得注意之處，若略而不論，不免有愧於其將書命名為「雪心」之衷。故本論文欲由「本體論」、「宇宙論」、「逍遙論」、「工夫論」、「聖人論」、「政治論」等角度，探討劉鳳苞的注《莊》思想，並藉由與《莊子》思想的對比，以明其對莊子思想的繼承與開展，進一步瞭解其所呈現的時代意義。

在本體論中，劉鳳苞注解《莊子》時，以為「道」有四項質性：「超越性」、「根源性」、「遍在性」、「不可言性」，基本上無異於莊子對「道」的設定。但若由「宇宙論」的角度出發，劉鳳苞注文中論及道之生成時，又出現了「元氣」、「一」等元素。此外，又以「氣化」詮釋莊子的宇宙論，「道」為生化本根。使莊子思想的設定產生了變化，改變了「生」的意涵，間接使得「道」轉為「創生的實體」，屬於「實有形態的形而上學」。

在注解「逍遙」境界時，劉鳳苞承襲了莊子由「心」上論逍遙，但提出「自適於清虛」的說法，將莊子判斷是否達「逍遙」境界的標準，改為「清虛」。又將孟子的「仁義之性」融入個體的性中，則萬物皆具仁義之性，此或可視為萬物皆具逍遙之質，以化解莊子無待逍遙普遍性的困境。論及莊子的「心齋」、「坐忘」、「攖寧」等工夫時，劉鳳苞秉持著儒、道二家「旨趣固兩相符合」的立場，試著調和儒、道的學說。強調工夫必先由儒家仁義道德之處開始實踐，漸漸內化後，并其仁義之迹與用心一起化掉，因而特別重視「化」與「忘」的工夫。

劉鳳苞注解「聖人」境界時，因劉氏的工夫論中本帶有「儒學化」的傾向，故其「聖人論」同樣的帶有儒學化的傾向。如注解「神人」時，將《中庸》：「致中和，天地位焉，萬物育焉。」與《孟子》的「過化存神」融入「無功」。亦如論「真人」時，將孟子「以直養無害」的工夫論融入真人「息以踵」的特徵。因而劉鳳苞詮釋莊子「聖人論」時，為能通於莊子的道境，故特別重視「泯其迹」，且并其「用心」一塊泯除。

劉鳳苞在評論儒家的「德治」時，看似承襲了莊子對儒家德治的否定。但又於〈駢拇〉篇首總論中，強調仁義之與道德，雖然稱謂不同，然皆源於性命。故知劉鳳苞所抨擊的「仁義」，乃出以名的「仁義」，若仁義能處於「渾漠相忘」的狀態，「化其仁義之迹」應是可行的。

對於劉鳳苞在注解《莊子》時所展現的儒學化傾向，筆者不以為其曲解了莊子的本意，反將它視作劉鳳苞由現實生活中所體悟到的莊子思想，藉以忘懷現實生活中的不如意。

目 次

第十二冊　林兆恩《道德經釋略》研究

作者簡介

唐哲嘉（1992～），男，浙江桐鄉人。浙江大學博士後，浙大城市學院（杭州，310015）新時代馬克思主義學教學研究院博士後研究員，主要研究三教

關係與明清哲學。在《哲學與文化》《宗教哲學》《鵝湖月刊》《孔孟學報》《弘道》《文化中國》HTS Theological Studies 等海內外刊物發表論文 28 餘篇，主持江蘇省研究生科研與實踐創新計劃項目：林兆恩《道德經釋略》研究。

提　要

　　本書以明代三一教主林兆恩之《道德經釋略》為研究對象，立足於《道德經釋略》來探究林兆恩對道家思想的詮釋與理解。從《道德經釋略》文本的版本與體例、詮釋方法、思想內容、詮釋特色與意義多個角度來揭示出這部《道德經釋略》與其「三教合一」思想之間的密切關係，及其所蘊含的學術價值。大體而言，林兆恩在這部《道德經釋略》中主要採用了以下幾種注解方式：一，以心釋經法、二，集注注釋法、三，語錄體與問答法、四，字訓注釋法。同時，其對《道德經》文本的詮釋主要圍繞「道」、「無為」、「仁」、「身」四個核心範疇來展開論述，林氏對老子思想的注解表現出濃厚的會通儒道的意圖。就詮釋特色而言，這部《道德經釋略》一方面呈現出廣泛援引儒釋道三教經典以及學者之論說，從而以「三教一致」之立場來會通三教之學，另一方面林兆恩也運用道教內丹學之理論來注解老子思想，這一致思路徑也反映出其思想中濃厚的道教色彩。此外，本書還對《道德經釋略》的學術意義作了探究，作為一部明代的注老之作，《道德經釋略》一方面反映出明代「三教合一」思潮下，三教學者對老子學說詮釋的新動向——為老學的正名。同時，林兆恩作為陽明後學（廣義而言），其在注老過程中也表現出濃厚的心學色彩，反映出陽明學在道家思想中的展開。

目　次

第十三冊　博弈論視域下的韓非子思想研究

作者簡介

姚建萍，哲學博士，副研究員，就職於蘇州大學。主要研究方向：中國傳統哲學、文化與現代化。

提　要

博弈論起源於數學理論，最先在經濟領域得到廣泛應用，目前在國外已成為研究政治問題的最有力工具，國內博弈論雖然有一定發展，但尚未用於韓非子政治思想的系統研究。

本文先從博弈主體、策略或行為集合、信息、博弈者決策順序、博弈得益等這五大要素對韓非子思想進行梳理，然後從工具理性本質、時代和個人心理特徵、「人性論」和「道理論」的理論依據等三個方面分析韓非子政治思想的博弈假設前提，最後得出結論：韓非子政治博弈是納什均衡。

在韓非子的政治博弈中，信念互動均衡即「德治」，就是遵行天道，按照人之理即人性好利惡害進行君臣之間的博弈；策略互動均衡即「法治」，就是韓非子提出的一整套法治體系；韓非子所處的時代特點決定了其工具理性的必然性。

最後提出，周公的一整套制度也是政治博弈均衡，是以人為本、以德治國這一信念互動均衡下的策略互動均衡；秦以後二千一百多年的封建帝國政治博弈，同樣是信念互動均衡下的自利互動均衡和策略互動均衡的整合均衡，以及其「陰」用的必然性。借古鑒今，如何尋找並確立符合新時期特色的信念互動均衡以及信念互動均衡下的策略互動均衡是我們當前應當進行理性思考的問題。

目　次

第十四、十五冊　李贄音樂美學研究

作者簡介

　　歐陽蘊萱，民國 67 年（1978 年）生於澎湖，雅好音樂，情鍾文學。東海大學中國文學學士，東華大學教育學碩士，臺灣藝術大學音樂碩士，成功大學中國文學博士。研究專長為李贄思想、音樂美學、鋼琴演奏。著有〈李贄「原心妙化」之音樂美學觀研究〉、〈以音樂欣賞進行音樂治療之行動研究〉、〈巴赫半音階幻想曲與賦格的演奏詮釋〉等學位論文，以及〈李贄音樂美學觀之儒家精神〉、〈從「才氣」觀探究《文心雕龍》批評典範建構〉、〈以「狂」為中心的審美思維──論李贄評點《忠義水滸傳》的二度創作〉、〈李贄童心說對王陽明心學之繼承與轉向〉、〈唐代俠義小說「狂」之人物形象書寫〉、〈杜南依音樂會練習曲作品 28 的創作手法〉等期刊研討會論文數篇。

提　要

　　本文是作者博士論文之修訂稿，希冀以徐復觀「工夫的樂論」，探究李贄

「以樂體道」之精神，及其在音樂美學中達到之心性超越與自由。本諸美學
視域的「童心」說，思索李贄樂學的本質、層次、形式、風格、樂器、演奏、
審美過程與教化價值。

李贄傳承道家論「心」之自然、虛靜、天真義，佛教之真空義，及王門
心學之宇宙心、主體心、廓落心，開創出融攝儒釋道之「童心」說。「童心」
是李贄音樂美學的基礎，以「樂由心生」、「琴者，心也」、「聲音之道原與心
通」為主體，拓展出「發於情性」、「由乎自然」、「止乎禮義」三個層次。其
說在聲、音、樂的辨名析理雖不明確，但大抵趨近於老子音聲相和的概念。
因來自心之規範性，而有「拘於律」，又不可「拘於一律」的音樂結構論，且
由於個體性格的殊異，形成「有是格，便有是調」的音樂風格論。

至於音樂生成的樂器屬性與演奏，李贄反對前人區分樂器有高下，提出凡
來自心之發用，皆為至樂。就弦樂、聲樂、擊樂演奏，足見李贄尚「實」、全「心」
投入之身體工夫，也因其視「道」即「心」，只要本於「心」之自律，便得以融
通萬物，「技」「道」無二。而在音樂審美過程中，李贄習自佛教的偶觸頓悟，
凡情性自然流露的音樂，自能感動人心。聽者因聲知心，藉音樂以心解心，唯
知音可獨得演奏者之心而知其深。奏者則因本「心」自具之真「情」流現與天
賦「禮義」之規範，得以在音樂「現成」中，達到無工之「造化」妙境。

李贄樂學除審美價值外，同時也具教化意義，他肯定戲曲有興觀群怨的
作用，凡飲食宴樂，皆可使人起義動慨。即便向來被視為小技小道之今樂，
也如古樂般具有興觀群怨之效。故李贄的音樂美學更強化於「人」樂，著重
人心之情理平衡，追求個體「存有」主體之「和」，並在音樂美的體現中，實
踐真善美之渾成統一。

目　次

上　冊

第十六、十七冊　走出「中國藝術精神」——徐復觀美學研究集釋

作者簡介

劉建平，湖北武漢人，畢業於武漢大學哲學系，先後獲得學士、碩士及博士學位，曾先後任臺灣大學、香港中文大學以及美國愛達荷大學高級訪問學者，現任西南大學文學院教授，主要研究哲學、美學前沿問題。在國際 A&HCI 期刊及《文藝理論研究》《清華大學學報》《武漢大學學報》《中國社會科學評價》等 CSSCI 期刊發表論文百餘篇，論文多次被《新華文摘》《人大複印資料》《高等學校文科學術文摘》等全文轉載。代表專著有《徐復觀與二十世紀中國美學》《東方美典》等。

提　要

徐復觀是 20 世紀中國美學研究的大家，本書的寫作有為徐復觀美學思想申冤昭雪、撥亂反正之意。一方面，學界不少大家在編寫中國現當代美學史時，傲慢地無視徐復觀以及現代新儒家對中國現代美學理論發展的貢獻，把他們排除在主流美學史之外。另一方面，學界有將徐復觀的美學和藝術思想研究單線化、歸約化、庸俗化的傾向，低水平複製的現象還比較嚴重，新觀點、新方法、論證嚴謹的學術研究還不多見；在很多期刊論文乃至博士、碩士論文中，較普遍地存在著研究文獻上不夠全面、不夠系統、視野狹隘等問題。以徐復觀為代表的現代新儒家美學可以說是 20 世紀上半葉中國美學與中國當代美學之間的一個橋樑和中介，缺少了這一重要的環節，中國現代美學史是斷裂的、不完整的。我根據二十餘年的研究經驗，對相關資料進行重新梳理與編排，為後來的研究者提供文獻上的方便，使其不至於在零碎資料、片斷文獻中耗費大量時間；力圖完整地呈現國內外徐復觀美學和藝術思想資料以及研究文獻的全貌，並有針對性地分析、指出徐復觀美學思想研究中存在的問題和得失，為將來的研究者劃定邊界，奠定基礎，提出新的問題，為將徐復觀美學和藝術思想研究乃至中國當代美學研究推向更高的水平盡一份力。

目　次

上　冊

下　冊

第十八冊　佛教哲學略講

作者簡介

徐孫銘（1946～），男，福建周寧人，湖南省社會科學院哲學研究所研究員，曾任泰國國際佛教大學客座教授、湘潭大學中國哲學博士生導師、湖南師大公共管理學院中國哲學、宗教學碩士生導師。撰有《禪宗宗派源流》（合作）、《佛教哲學略講》《相宗絡索注釋》（合作）、《世紀佛緣》《船山佛道思想研究》（合作）、《海峽兩岸人間佛教改革的辯證思維》《道安法師法脈傳記》（合作）、《慧燈長明——佛教的末法觀》等著作。

提　要

本書原為本人擔任湘潭大學、湖南師大中國哲學博士、碩士研究生《佛教哲學概論》課的講稿。主要是對中國佛教哲學的流變、內涵、主要命題及其研究方法進行較系統介紹，以求對中國佛教哲學的淵源和特質，尤其是對轉識成智的智慧（理性直覺、德性自證與辯證綜合）和「處世、立身，歸於造命」，改造自身和改變國家社會命運相統一的辯證思維有較好的把握，以利於提高淨化心靈、改造世界的自覺性。

全書共分三篇，十四章，前兩章為佛教哲學的歷史演變；第三至第六章，論緣起性空、覺悟自性和理性直覺；第七至第十章，論善惡、因果、慈悲濟度、終極關懷，以及德性的自證；第十一至十三章，論辯證思維；第十四章論佛教哲學的現代價值。附錄兩篇，為作者近幾年對方以智的辯證思維和佛教自我造命論的新闡釋，體現了佛教哲學作為認識世界、改造世界的人生觀、價值觀和世界觀的辯證科學思維、高度的人文自覺和超越的智慧，應當使其在新時代、新時勢、新機遇和新挑戰的歷史條件下更好地批判繼承、守正創新，為人類作出新的貢獻。

目　次

第十九冊　《阿毘達摩俱舍論》之有情論哲學

作者簡介

胡士穎，北京大學哲學博士，現為中國社會科學院哲學研究所副研究館員、哲學院副教授。擔任國際易學聯合會副秘書長、山東大學易學與中國古代哲學研究中心兼職研究員、《學衡》分冊主編。主持和參與多項國家級、省部級項目，發表論文四十餘篇，著有《易學簡史》。研究方向為易學、儒學、俱舍學、早期全真教、數字人文學。開設（參與）道家哲學、中國哲學史前沿和專題研究、周易與中國傳統文化、哲學與流行文化、心靈哲學等課程。

提　要

《俱舍論》的宇宙結構、圖式或運行模式，充滿了對經驗世界的觀察、體驗與價值關懷，但仍是從有情出發，以人生問題、人生意義為中心，呈現有情的衍化過程、形貌與生存方式、出生與轉生問題等等，表明有情是世間活動的最重要的參與者，有情「身體」是利資養、陷輪迴、可解脫的豐富而複雜的生命體。「身」在《俱舍論》中被視為載體與解脫超越對象，但這裡的「身」其實並不代表其對於身體的整體理解，尤其遮蔽了蘊含在其理論中的對於「身體」之深刻、洞見性的認識。《俱舍論》的四大種說與極微論是較之

原始佛教所建立起的更為完善的本原論思考，原始佛教根據四大種分析有情身體並形成以「身壞」與「正身」為核心的身體觀念，經過經部與有部的理解則可抽繹出佛教對於身體的認知方法；《俱舍論》強調色身為滯礙，而心體則有雜染與清淨，是繼以識攝心彰顯心體外，對心體提出的更加深入的形上學意義的探討；雖然有對色身、身體否定的一面，其「身體」內涵更具有理論的多面性、意義的複雜層次性，「身體」不僅是「在場」，還是顯在的，凡諸有情都以獨特的「身體」形式，與外身界共在、交互，同時認識並化育自身以期達到超越性、無漏性的「身體」。

目　次

第二十冊　基督教《聖經》和佛教《法華經》的概念隱喻對比研究

作者簡介

高秀平，山東鄒城人，現為北京語言大學應用外語學院教師，2018 年獲北京外國語大學語言學博士學位，師從藍純教授。主要研究方向為認知語言學和英語教學，在 Applied Linguistics Review 和《外語教學與研究》等 SSCI 和 CSSCI 期刊發表認知語言學視角的宗教隱喻論文若干篇，翻譯《修辭學》（亞里士多德）和《語言：言語研究導論》（薩丕爾）等著作，參與編寫大學英語教材多部。

提　要

本研究以認知語言學的概念隱喻理論為框架，分析基督教《聖經》和佛教《法華經》中圍繞〔空間〕、〔時間〕、〔生命〕、〔生命理想〕和〔崇拜對象〕五個概念的比喻表達和概念隱喻，構建並對比兩個宗教的隱喻體系。

研究發現，兩部經典共享以下概念隱喻：〔世界〕都被理解為〔上下層級系統〕和〔容器〕；〔時間〕都借助〔空間〕理解，共享〔時間流逝是移動〕、〔時間持續是長度〕、〔早晚是前後〕和〔時間是點線〕等隱喻；〔生命〕都被理解為〔上下層級系統〕和〔旅程〕；〔天國〕和〔涅槃〕作為宗教理想都被理解為〔容器〕和〔房屋〕；〔上帝〕和〔佛陀〕作為崇拜對象都借助〔上下〕維度和〔人〕等存在形式來理解。兩部經典的概念隱喻都可歸入三大體系：

基於意象圖式的隱喻、存在鏈隱喻和事件結構隱喻。

　　兩部經典在隱喻上也表現出較大的差異。《聖經》中的〔世界〕被理解為〔創造物〕且有始有終，《法華經》中的〔世界〕則是〔無始無終的循環〕；《聖經》強調〔世界〕作為〔容器〕和〔房屋〕是人的歸宿，《法華經》則強調〔世界〕作為〔容器〕和〔房屋〕是對生命的束縛。《聖經》中的〔時間〕主要表現為〔點線〕，《法華經》中的〔時間〕局部表現為〔點線〕，整體具有〔循環〕特徵。《聖經》將〔生命〕理解為〔上帝的創造物〕，《法華經》中的〔生命〕則沒有創造者，處於無始無終的〔循環〕。〔天國〕理想被理解為時間上的〔到來〕，強調善惡之分；〔涅槃〕理想則被理解為空間上的〔離去〕，強調普度一切眾生。〔上帝〕對世界的核心角色是〔創造者〕，對生命的核心角色是〔創造者〕和〔審判者〕；〔佛陀〕對世界的核心角色是〔自覺者〕，對生命的核心角色是〔覺他者〕和〔嚮導〕。

目　次

第二一冊 敦煌本《六祖壇經》心性思想研究

作者簡介

王慧儀，籍貫廣東順德，香港樹仁大學中文系畢業，在新亞研究所完成碩士、博士學位。主要研習中國文化及思想史，以禪宗《六祖壇經》作為研究入路，〈敦煌本《六祖壇經》心性思想研究〉、〈中國禪宗思想遷變研究——以《六祖壇經》為中心〉分別為碩、博士論文。

提 要

敦煌本《南宗頓教最上大乘摩訶般若波羅蜜經六祖惠能大師於韶州大梵寺施法壇經》一卷為現存世最古的《六祖壇經》版本，而中國禪宗思想發展與《六祖壇經》存在著極大關係。《六祖壇經》是六祖惠能說法時，由弟子法

海記錄下來的筆記。《六祖壇經》的思想，就是代表著六祖惠能的思想。「見性成佛」為六祖惠能說法的宗教目的。從哲學角度來說，「心性」就是六祖惠能思想的核心所在，都記載於敦煌本《六祖壇經》之中。因此，本論文研究目的在於解構「心」「性」思想來了解六祖惠能思想的全貌。本論文以現存世最古的敦煌本《六祖壇經》中的「心」「性」思想作為研究範圍，研究方法是以文獻學為基礎，並以圖表作為輔助分析相關的內容。

　　本論文的內容，主要分為八章:第一章「緒論」；第二章為「生命現象及心性存在的展現」；第三章為「敦煌本《六祖壇經》心智思想的剖析」；第四章為「敦煌本《六祖壇經》自性思想的剖析」；第五章為「敦煌本《六祖壇經》心性思想的關係」；第六章為「敦煌本《六祖壇經》生命境界之提升與心性體證的實踐方法」；第七章為「敦煌本《六祖壇經》之心性思想的特質及貢獻」；第八章為「結論」。

　　本論文以「心性」作為研究入路，從中了解禪宗以「禪機」作為「承傳」的教育方法及六祖惠能如何全面地運用「般若自性」貫穿整部《壇經》，創新地詮釋佛教傳統的概念。從探索「心」「性」如何扣緊著生命的現象，進而分析「心」「性」的具體內容後而立論「心性為一」的關係。從實踐中提升生命境界而體證「心性」的關係，而見六祖惠能「無念、無住、無相」的般若精神特質及貢獻。

目　次

第二二冊　雲棲袾宏的融合思想研究

作者簡介

周天策，1977 年生，江蘇沛縣人。西北農林科技大學經濟貿易學院畢業，河北大學政法學院碩士，東南大學人文學院博士，目前任教於山東藝術學院。

提　要

雲棲袾宏為晚明「四大高僧」之首，弘化淨土，慈悲濟世，卓然獨行，被尊為「蓮宗第八祖」。袾宏的佛學思想浩瀚廣博，於教內淨、禪、教、律諸宗無不精通，教外的儒、道等學亦有深入的研究，對近世中土佛教的發展有

著不可替代的歷史作用，而貫穿思想中的一個主要的特徵就是融合。

　　從人類文化的發展歷程來看，「融合」不僅是一個非常重要的哲學概念與方法論範疇，而且是客觀事物、現象世界以及人類社會的一種運動、發展方式，蘊含著深遠的哲學內涵。中國佛學中有著豐富的融合思維與表達內容，而在袾宏的佛學代表作品《佛說阿彌陀經疏鈔》中亦表現出濃厚的融合意味。在融合方法上，袾宏極大發揮了華嚴圓融方法論，特別是理事無礙論。

　　佛教講求「契理」與「契機」的推行原則，而袾宏亦能於融合思想中成熟地運用此兩大原則。晚明政教環境的變遷，新經濟生產方式的萌芽、民風士習的世俗化發展、政局的動盪以及社會的動亂等因素為佛教復興提供了一個難得的「契機」。在教理上，袾宏以淨土學為融攝諸宗的教體，圍繞心、性、理、事的佛學發揮，而使淨土學具備了融合的特質，即為「契理」。

　　至袾宏以前，淨土宗尚未有一個系統的心性理論。袾宏以「一心」具有圓明遍照、離染清淨、常恒無變、靈心絕待、真實不虛、不可思議等特徵內涵建立融合理論的心性論基礎，並與《阿彌陀經》、《大乘起信論》、《大般涅槃經》及華嚴法界說等相標配，而將「一心」理論的立宗要旨與融合特質凸顯出來。

　　袾宏的諸宗融合論，可謂是以華嚴學對淨土進行改造，而在「一心」基礎上實現對教內諸宗的融攝。袾宏作《疏鈔》闡發淨土學深意，而為袾宏融合諸宗的教體。在賢淨關係上，袾宏以「分圓無礙」完成賢淨在義理上等齊的論證，而對澄觀、李通玄、宗密等華嚴三師，亦持一種融通的態度。在禪淨關係上，袾宏對「自性彌陀，唯心淨土」重新詮釋而在心性論的高度上倡導禪淨合一，同時又認為念佛比參禪更具有解脫的方便，並在修行方法上融參禪於念佛，在心性論上對「即心即佛」以淨土改造等而攝禪歸淨。袾宏的戒律學具有心戒一如的特色，又在戒淨關係上以「孝」貫攝佛教修學的一切法門，將念佛往生作為「大孝之大孝」，而引戒歸淨。在相淨關係上，袾宏將唯識法相宗與淨土宗關於彌陀淨土分歧歸結於法性與法相之辯的探討中來，而在會相歸性、性相圓融的大思辨原則之下，以「一心」統攝法相宗與淨土宗。在顯密關係上，袾宏在《疏鈔》中從持念方法、經咒相聯兩個方面同密教相聯繫，又在《瑜伽集要施食儀軌》中融入了《起信論》與華嚴學等顯教義理，而表現出顯密圓融的深意。

　　在三教關係上，袾宏持「三教一家」論，實是在「一心」基礎上以佛統

攝儒、道。袾宏對儒、道也各有不同的態度。對於儒家，袾宏堅持儒佛配合，同時又強調佛教自身的性格，突出佛教的優越性，而導儒入佛。對於與道教關聯的老莊思想，袾宏在融通的基礎上析同辨異；對於宗教形態的道教，袾宏則嚴辨兩者在義理、修行方法與境界上的區別。

袾宏的融合思想在中國佛學史乃至中國思想史上皆有著重要的地位與意義。在學理上，袾宏以「一心」說還源禪宗發揮極致的心性理論，為晚明佛教樹立了一個「佛教還源」的典範，同時又表現出諸說圓融的特徵，而為中國淨土教理史上最高水平的圓融理論。在現實上，袾宏在促進淨土宗的弘興、推進中土佛教的近代轉向、推動居士佛教的興盛等方面，具有著重要的歷史貢獻，但其並沒有改變中土佛教下行發展的總進程，其思想中還有著內在的不圓融以及其濃厚的「出世間」傾向等問題，故還需全面的看待。

目　次

第二三冊　近代華嚴學

作者簡介

　　韓煥忠（1970～），男，山東曹縣人，哲學博士，現為蘇州大學哲學系教授，宗教學專業博士生導師，兼任蘇州大學宗教研究所所長、江蘇戒幢佛學研究所副所長、蘇州青蓮生活禪研究院院長等職，出版有《天台判教論》《華嚴判教論》《佛教四書學》《佛教莊子學》等著作，並在相關刊物上發表學術論文 160 多篇。

提　要

　　近代以來，在歐風美雨的飄搖中，古老的中國華嚴學呈現出復興的態勢。如月霞、應慈、南亭、成一與海雲繼夢對華嚴學的弘揚，我們稱之為「專宗華嚴」；如弘一、太虛、淨慧等人對華嚴的運用，我們稱之為「寓宗華嚴」；如馬一浮、唐君毅、牟宗三、方立天對華嚴的考察，我們稱之為「研究華嚴」。而對於華嚴的現代意義和價值，我們也可以做多方面的思考。近代華嚴學復興在現當代的延續，則將為人類的發展提供一種獨特的思想資源。

目　次

董仲舒政治哲學中的儒學精神
——以〈天人三策〉為考察起點

范如蘋　著

作者簡介

范如蘋，國立臺灣師範大學國文系及國文研究所畢業，任職中等教育國文科教師。大學就讀期間受師長啟蒙，自此傾心於先秦哲學的斑斕思想。深感無論在人生低谷時的自處，或是班級經營的管理之道上，皆於此獲益良多。體會到哲學並非冷僻的學術，而是人生迷津時的提燈者。

提　要

　　本論文旨在透過〈天人三策〉的策問及漢初的社會背景，了解當代思潮與漢武帝所面臨的執政問題，並以此作為理解董仲舒建構政治思想的基礎。

　　漢武帝在策問中，以天人之際提問現實政治遭遇的困境與解方，董仲舒據以建構的天人論，嘗試調和當代思潮、社會因素與個人理念，使其學說更易於為當代接受。

　　董仲舒之政治思想，以天人論為包裝，如以「天人災異」應對君權，理路雖偏離春秋戰國時期儒家理性發展的方向，復返了周初的迷信色彩，但其以《春秋》災異紀錄為媒介，順應了當代盛行的天人思潮，將儒家思想帶入政治場域，既回應帝制型態下對尊君的必然需求，也對君權達到一定的限制。

　　政策內容上，董仲舒以「陽尊陰卑」開展出「德主刑輔」的主張，此為延續黃老道家「治道法天」的理念，亦鎔鑄了法家的實用性，著眼於具體操作策略的提供，使儒家思想更切近實務。而德主刑輔的理念核心，開展為「先富後教」、「原心定罪」等主張，仍深具儒家重德治、重人治的色彩，以及重視君德的修養，亦切合儒家內聖外王的理念。

　　總括董仲舒的思想，在本質上仍服膺儒家精神，特出之處在與當代思潮貼近、參採各家學說強化為操作策略。縱然在天論、君臣關係上，董仲舒改變了先秦儒家的論點，但此亦是引領著儒家進入政治實務、使儒學成功立足政治的樞機。

第一章 緒 論

第一節 論題緣起

儒家思想自孔子開創、孟子擴充儒學內涵後，以仁義、忠恕等道德顯揚人之價值。在個人修養方面，予人道德自覺的自主精神，透過內省、修德以自我完滿。在人際關係方面，從情感、責任、分際、互敬互重等角度切入，營造良性的人際互動。在政治方面，提出重民、養民的仁政理想，重視君王修德、以身作則，使人心悅臣服，成就良性的君臣與君民關係。因此，儒學不僅是個人自我省察、修德之教誥，亦是維繫人際、社會理性和諧的指南。

然而，先秦儒學即便展現出深厚的人文光彩與強烈的淑世精神，卻鮮少在政治場域中獲取執政者的重用與實踐。儒學的精神、主張，是否為保民而王的理想與富國強兵為考量的現實衝突下，無以實現的幻想？兩者間難以彌合的矛盾與差距，使儒學長期處於曲高和寡的孤寂。然而，在漢朝武帝時期，情勢出現了巨幅的轉變，並對後世形成長遠的影響。

武帝時期獨尊儒術，使儒家思想成為執政者所標舉的政治理念。自此以往，中國多數朝代的執政者，不論實際操作手法為何，都以儒學、仁政自我標榜，加以經學取士制度的發展，使儒家思想長遠影響了華夏民族的精神心靈，成為中國人自我修德、待人處事的一種根深柢固的模式。

漢武帝的尊儒政策，是時代趨勢發展的必然結果〔註1〕、是許多儒者共同

〔註 1〕任繼愈《中國哲學發展史（秦漢）》（北京：人民出版社，1985 年）頁 362～363。

參與努力的成果。其中，將儒學結合政治，發展為一套龐大的思想體系，貫通天人、連結社會、政治諸多層面者，當推董仲舒為最重要之開展者。然而，董仲舒在後世學者之研究、評論中，卻是毀譽參半。董仲舒在儒學發展上的重要性是，使儒學與政治結合，完成了先秦儒家渴望入世卻難以達到的理想。而在政治與學術的結合過程中，必有對先秦儒學精神之承繼與揚棄，這亦是導致後世學者對董仲舒有所爭議的原因。但董仲舒對儒學之承繼、改造與揚棄，是出於其知識、邏輯思維之限制與盲點？還是學術結合政治時必然面對的現實問題？筆者嘗試以區分手段與目的方式，再次檢視董仲舒思想的實質內涵及其諸多論點提出的背後用心，以理解其欲追求之實質效益，進而把握其思想核心，以及其學說中對儒家精神的反映與保留。

在儒學漫長的發展過程中，每一時期必有其特出之變化、特色與內容，值得詳加研究。而筆者認為，儒家精神與社會價值、風尚息息相關。現今社會對於儒家精神的認知多有錯謬，進而對其推崇之仁義、人倫等價值，一概斥為守舊與僵化的教條。我們常自詡處在一個重視多元價值、自由開放的時代，卻忽略了這同時也是缺少人我分際、自律，寬和等美德的時代，我們其實是生存在一個可以自由選擇，但也缺少方向的模糊地帶，而儒學終究是關懷現世、關懷人群的入世哲學。因此，筆者希望透過研究董仲舒，了解其調和儒家精神與現實政治、社會需求，選擇以儒學作為回應現世問題的解答，其間之用心及思想特點，是否仍有足供今人借鑒之處。

第二節　文獻回顧

學界對董仲舒的研究，成果豐碩，整理學者們研究董仲舒時所著重的面向或切入點，略可區分為：（一）對董仲舒生平及著作的時代、真偽之考證。（二）對董仲舒思想的整體性綜論。（三）董仲舒在學術發展史上之定位。（四）董仲舒的政治哲學。（五）董仲舒思想中的各式單項論題。透過這些研究成果，已可大致認識董仲舒的思想體系，及學界對董氏的評價。

一、學界研究概況

對董仲舒生平及著作之考證，相關研究如：鄧紅〈日本中國學界有關《春秋繁露》偽篇問題的論爭〉、李金松〈對江都王還是對膠西王？——「春秋繁露」「對膠西王越大夫不得為仁」篇目辨正〉、旅之勉《董仲舒的對策年歲考》、

馮樹勳〈董仲舒生卒年與對策考〉、魏文華《董仲舒珍聞》。這方面的研究，試圖探尋《春秋繁露》的真偽、〈天人三策〉的對策時間，以及蒐羅、整理董仲舒的生平軼聞、仕宦經歷。透過這些研究，可以更完整的還原其生平，有益於從其遭遇認識其人格。而對其著作的考證，則有益於研究董仲舒時，了解所採用之資料的可信度。

對董仲舒思想進行整體性綜論的研究則有：馬勇《曠世大儒：董仲舒》、李宗桂《董仲舒：秦漢思想的統一者》、華友根《董仲舒思想研究》、王永祥《董仲舒評傳》等。這類型著作，多涵蓋董仲舒的天人感應論、人性論、歷史觀、王道政教理論以及西漢時期的社會背景，藉以分析董仲舒思想成形的原因，〔註2〕再就各論題進行分項說明，透過此類研究，可以較迅速且全面的認識、掌握董仲舒思想所觸及的各種面向。

針對董仲舒在學術發展史上之定位，學界多由三個角度切入：其一為董仲舒在儒學發展上之定位。相關研究有：黃樸民《天人合一：董仲舒與兩漢儒學思潮研究》、張祥龍《拒秦興漢和應對佛教的儒家哲學：從董仲舒到陸象山》、劉紅衛《董仲舒與儒家文化的普世化：董仲舒天人思想研究》、李威熊〈董仲舒獨尊儒術與儒學更化〉等。這方面的研究，從儒家思想發展的脈絡切入，如張祥龍探究儒學在歷史發展的某些階段中，所面臨的重大問題或挑戰，以及儒家對此採取的因應之道，藉以理解儒學為融入現實而做的努力以及其中呈現的哲理特點。〔註3〕劉紅衛則從漢承秦弊的歷史背景下，探究董仲舒思想與漢初其他儒者之異，提顯董氏哲學特點為：借助天的權威性，以表述道德的至上性，達到「命以輔義」的目的，並認為董仲舒以此達到使儒學在當代時空背景下普世化的可能。〔註4〕透過這些研究，可以了解董仲舒對先秦儒學的改變，以及在此轉折下，漢代儒學所呈現的當代特色。

其二為董仲舒在公羊學發展上之定位，相關研究有：鄧紅《董仲舒的春秋

〔註2〕華友根說明：「西漢時期的發展趨勢為消除割據分裂、加強地區聯繫，建立中央集權。」而這種趨勢「必然反映在經濟、思想文化、社會制度等層面。」並以上述方向歸納董氏思想。華友根《董仲舒思想研究》（上海：上海社會科學院，1992年）頁10～11。

〔註3〕張祥龍《拒秦興漢和應對佛教的儒家哲學：從董仲舒到陸象山》（桂林：廣西師範大學出版社，2012年）。

〔註4〕劉紅衛《董仲舒與儒家文化的普世化：董仲舒天人思想研究》（新北：花木蘭文化，2012年）頁6～7。

公羊學》〔註5〕、許雪濤《公羊解經方法：從《公羊傳》到董仲舒春秋學》〔註6〕、陳明恩《詮釋與建構：董仲舒春秋學的形成與開展》等。這類研究，或歸納《春秋繁露》中董仲舒所引用、詮釋的春秋義例，用以分析董仲舒與《公羊傳》在詮釋上的差異；或以之探討董仲舒藉詮釋《公羊傳》建構自身學說的手法，並以此見董仲舒在公羊學發展上的影響性。

其三為探討董仲舒在漢代尊儒行動中的定位，如：深川真樹《影響中國命運的答卷：董仲舒賢良對策與儒學的興盛》、姚彥淇〈董仲舒與漢武「尊儒」關係之臆探〉、林聰舜〈帝國意識形態的建立──董仲舒的儒學〉等。這方面的研究，特別重視學術與權力之間的關係。透過董仲舒的思想，探討在集權帝國的體制下，政治力對學術形成的影響。透過這方面的研究，可更理解董仲舒思想成形的原因，並重新檢視西漢時期，董仲舒在儒學主流化的過程中，所扮演的歷史角色。

針對董仲舒的政治哲學研究，則有：詹士模《董仲舒治道思想研究：天人感應、陰陽五行、諸家思想》、李宗桂《董仲舒政治哲學探微》、吳龍燦《天命、正義與倫理：董仲舒的政治哲學研究》、崔濤《董仲舒的儒家政治哲學》等。這類著作所涉及的主題，雖與綜論性的作品差異不大，但其特點在於：以政治實務或理念為核心，統攝董仲舒的各項論點，意在集中凸顯董氏天論、春秋學、性論等理論應對政治實務的功能及意義。〔註7〕

針對單項議題的深入探析，則多見於期刊論文。其中，多受學者關注之議題有：天人感應論、三統說的歷史史觀、性論、經權觀之運用等，其中又以天

───────────────

〔註5〕鄧紅此作，除了關注具代表性的三世說、三統說、六科、十指等理論外，更將《春秋繁露》中所有引用的公羊義例，與《公羊傳》原文或相關處並列對照，可作為未來學者研究董氏春秋學的便利材料。鄧紅《董仲舒的春秋公羊學》（北京：中國工人出版社，2001年）。

〔註6〕許雪濤以《公羊傳》為起點，將秦漢時期的春秋學發展分為兩階段。第一階段為董仲舒的詮解，將《公羊傳》中的思想系統化。第二階段為，在董仲舒詮解的基礎上，後學對其既成解釋之延伸。許雪濤據此學術發展脈絡提出：「自董仲舒後的解經者，如董仲舒之三傳弟子顏彭祖、顏安樂，乃至何休的注說，基本不出董說範圍。」以此見董氏在公羊學上的代表性及影響力。許雪濤《公羊解經方法：從《公羊傳》到董仲舒春秋學》（廣州：廣東人民出版社，2006年）頁111～113。

〔註7〕如詹士模《董仲舒治道思想研究：天人感應、陰陽五行、諸家思想》，將春秋公羊學、天道理論、天人感應論等定義為構成董仲舒治道思想的基礎，而以王霸結合、德主刑輔等為其治道內容。詹士模《董仲舒治道思想研究：天人感應、陰陽五行、諸家思想》（高雄：麗文文化，2016年）。

人感應論為大宗，內容可再區分為天論、陰陽五行、災異觀三者。相關研究如：鄧紅《董仲舒思想研究》、孫長祥〈董仲舒的氣化圖式論〉、馮樹勳〈陰陽五行的位階秩序：董仲舒的儒學思想〉、余治平〈唯天為大：信念本體的董仲舒哲學研究〉、汪高鑫《董仲舒與漢代歷史思想研究》、洪巳軒〈論董仲舒「性未善」如何能「善」及其困難〉、劉姿君〈從「經權」論董仲舒的德刑思想〉等。透過這些研究，亦有助於深入了解董仲舒的各種思想。

　　以上對學界研究之概括整理及著作舉隅，必有未盡之處，但已可見歷來關於董仲舒的研究資料成果豐富，無論是將董仲舒置於哲學史脈絡中研究，或是聚焦於董仲舒各項思想專論，整體看來可知董仲舒的政治思想，是以春秋公羊學與天人感應論兩大基礎發展而來。春秋公羊學，是以《公羊傳》為素材、對其進行詮釋；天人感應論，則奠基在對公羊學的詮釋上發展而來。以下依此兩方向，分析整理歷來學者們所共同關注之議題及相關評價。

二、董仲舒的天論及天人感應說

　　董仲舒的天論，向來被視為建構其整套思想體系的核心。對其天論，學者多探討「天之組成、運行」、「天之性格、內容」、「天論之溯源與發展」、「天人感應之模式」、「天論之實際效用」。

（一）天之組成與運行模式

　　董仲舒以陰陽、五行觀念，作為其天道運行模式的元素，又以符命說附會天命予奪。對此，學者多持負面評價，如徐復觀認為，將陰陽五行牽附到《春秋》、〈洪範〉中，以此言天人災異，引發漢代如眭孟、夏侯始昌、京房等人的奇特天人災異說。〔註8〕勞思光則認為此哲學體系之構建，取材混雜，充滿怪迂之思想內容，對西漢至東漢的思想學說形成負面影響，批評董仲舒所定義的天，因混雜陰陽、五行，違背儒家傳統心性論，稱其為偽造的儒學。〔註9〕但馬勇引黎鳴之說，認為董仲舒的儒學，與先秦相較，固然不純，但就宗教神學方面觀察，亦不相類。〔註10〕因此認為，對董仲舒思想中的天論部分，

〔註8〕徐復觀《增訂兩漢思想史·卷二》（臺北：臺灣學生書局，1976年）頁420～421。

〔註9〕勞思光《中國哲學史（二）》（臺北：三民書局，1981年）頁25。

〔註10〕黎鳴將儒學發展別為三階段，第一階段為先秦之儒，「是原教旨意義上的學說，是儒的本相」，第二階段為漢代之儒，是「神學化的儒，是偽神學，是儒的變相」，第三階段為宋明之儒，「是哲學化的儒，是偽哲學，亦是儒的變相。」馬勇《曠世大儒：董仲舒》（石家莊：河北人民出版社，2000年）頁2。

仍值得謹慎考察。

（二）天之性格、內容

董仲舒賦予天之性格、內容以道德價值、情緒好惡等人格化面向。對此持負面評價者，多將此與天論之發展脈絡並觀，認為董仲舒的理論異於戰國時期以自然、理性層次釋天，漸脫迷信色彩的成果，在哲學發展的進程上，無異於一大倒退，認為董仲舒的天論為重建了古代天帝之舊信仰。〔註11〕勞思光亦指出，漢代以來的天人相應理論，以混雜了陰陽、五行、卜筮之天作為形上道德的根源，此種發展是掩蓋了先秦孔、孟極力發揚的「德性主體在己」之人文光芒，反將災異附會為孔子思想，導致儒學遭到曲解。〔註12〕

對董仲舒以復返傳統釋天，持較中性評價者如任繼愈，他以蘊涵於董說中的理想性、與現實接軌之實用性為切入點，認為其說雖對先秦儒學進行改造，但其以符命、災異、天戒天威等說，意圖使國君懼而修德、重視災異之端以省察國政，在施政上達到防患未然之效。〔註13〕薩孟武亦提出董仲舒學術根基為儒家，只是借用陰陽家學說，使古代不受任何拘束的君王，能因憂懼天威，而反省其失、積極補過。〔註14〕蔡仁厚則指出董仲舒之天人關係論，實有消極、積極雙層意義〔註15〕，其消極義同於前述，期許君王以災異自戒；積極義為：以人「上同於天」，描繪出一種理想性，賦與人如宗教使命般之自我期許，敦促人在現實中實踐天道。金春峰則從政治角度切入，認為董仲舒結合儒家的仁德思想與黃老的刑德思想，而以仁德思想居於主要地位，肯定董仲舒的「民本思想」，認為其繼承了孔、孟仁政思想的保守部分。〔註16〕

（三）天論溯源

除天之內容外，有學者探究，上古時期的天人迷信何以在漢代復興之因。勞思光認為，此種迷信源於人類心靈之幼稚傾向。〔註17〕此應是人面對未知神秘事物之好奇心態，或出自對人類所無以探究之疑問，尋求一最終解答的需求，便容易導引至鬼神之類的迷信。又加以秦火後，經書中惟《易傳》獨盛，

〔註11〕錢穆《中國思想史》（臺北：素書樓文教基金會，2001 年）頁 84。
〔註12〕勞思光《中國哲學史（二）》頁 26。
〔註13〕任繼愈《中國哲學發展史（秦漢）》頁 347～348。
〔註14〕薩孟武《中國政治思想史》（臺北：三民書局，1977 年）頁 202～203。
〔註15〕蔡仁厚《中國哲學史·上冊》（臺北：臺灣學生，2011 年）頁 357。
〔註16〕金春峰《漢代思想史》（北京：中國社會科學出版社，1997 年）頁 173。
〔註17〕勞思光《中國哲學史（二）》頁 13。

而《易傳》內容又較易與神祕學相連結。〔註18〕

　　蕭公權則認為，任何學術之盛行，都是為解決當代所面臨之問題，如鄒衍發展五德終始說，亦有其政治背景，而漢代天人信仰復興之因，是應時代需求而生。〔註19〕鄧紅亦指出，董仲舒所定義的天，是遠承上古天之思想演變而來，且是有意披回神學外衣，以陰陽五行結合政治，傳達天道、天心、天情、天志等內容，發展出一套施政方針。〔註20〕

（四）天人感應模式

　　歷來學者對董仲舒理論建構方式的評價，多針對天人同類、人副天數理論而來。批評其想像比附的建構方式，及其將陰陽運行法則推導於人事之過程。如錢穆認為，以想像比附作為天人同類理論的建構方式，其弊端為以比附替代證據，是一種欠缺合理證據的思維方式，且是導致後世種種迷信與假科學之說流竄的總根源。〔註21〕金春峰則認為，天人感應是董仲舒哲學思想的核心，但在探究天人之際時，卻顛倒處理物質和意識的關係，並批評其以天人感應結合災異譴告，是荒唐的哲學思想。〔註22〕

　　然而，徐復觀認為，董仲舒之所以賦予陰陽以主從、實虛等價值判斷，純為發揮其「陽尊陰卑」之主張，他雖亦批評此種學說建構方式欠缺科學根據、近於牽附，但用於施政尚德不尚刑的主張，亦無大流弊。〔註23〕

（五）天論之實際效用

　　從上述內容，約略可見董仲舒所建構出的理論，無論是陰陽、五行、天之性格、災異之說，其實無一不與現實人世、社會價值、政治制度連結，意在以天論彌綸人間政治。據此，徐復觀提出董仲舒之天論內容雖多有瑕疵，但其最高價值之天，是以人間價值比附而上，既是以非理性的方式作為論證基礎，才因而導致董仲舒難以將其天論中的矛盾之處做更合宜的安排與解釋。〔註24〕

　　董仲舒企圖以天作為最高價值，結合人間政教，雖難免有迷信、反科學的

〔註18〕勞思光《中國哲學史（二）》頁14。

〔註19〕此文收錄於項維新、劉福增主編《中國哲學思想論集（第三冊）·兩漢魏晉隋唐篇·3董仲舒》（臺北：水牛，1988年）頁65。

〔註20〕鄧紅《董仲舒思想研究》（臺北：文津，2008年）頁54。

〔註21〕錢穆《中國思想史》頁85。

〔註22〕金春峰《漢代思想史》頁139。

〔註23〕徐復觀《增訂兩漢思想史·卷二》頁376。

〔註24〕徐復觀《增訂兩漢思想史·卷二》頁383。

缺點，但亦是此種神學化之儒學，方能躋身政治場域，使儒學成為中國許多朝代、執政者的政治思想標竿。即使此種政教合一後的儒學，往往與先秦孔孟著重人之道德自覺相距甚遠，也往往被政治所折衷，但蔡仁厚認為，雖然政教合一的結果，往往犧牲思想中的理想性，但若因此完全否定政教合一之意義，其結局將是使現實政治缺乏理想，導致走向全然功利、純考量執政者需求的極權立場，最終不免重蹈秦亡之後轍。〔註25〕

（六）制衡君權

董仲舒以天限制君權之政治意義屢次被學者提及，但評價不一。如張實龍認為，董仲舒以「仁」解釋《春秋》、議論人事、強調國君的政治責任，可見「天」並非董學之本，「仁」方為其說精神。〔註26〕華友根亦以政治為著眼點，提出董仲舒加強王權、改革吏治、德主刑輔等施政思想，具有現實意義，肯定其為歷史上重要的思想家與政治家。〔註27〕

蔡仁厚則認為，董仲舒只把握住天人感應論的消極義，即使人起畏懼之心而不敢違逆天道，卻忽略從積極義上開發君德，從而轉折了儒家本質。〔註28〕且以天限制君權的可行性亦受到質疑，如蕭公權指出，理念與現實之間可能存在的落差。他認為在董仲舒的理念中，天對君權的限制有二：予奪國祚與監督政事。予奪國祚可與革命論相連結，監督政事則可與災異譴告論連結。但在現實的情境中，往往是「強志多欲之君王，不傾向宗教迷信，便有，也只取長生神仙之方，而不取約束自身之說。」〔註29〕徐復觀亦認為，董仲舒的天論，原為尋求「以天制君」的可能，但在專制政權之下，其說反而助長了君權，反使自身成為了專制政治下的受騙者。〔註30〕而任繼愈則提出災異符命說之流弊為：「漢祚衰微後，君微臣弱，限君之意難行，成為俗儒逢迎之資，或奸雄篡逆之藉口。」〔註31〕可見，制衡君權的理念，在進入政治實務後，因受到個人

〔註25〕蔡仁厚《中國哲學史・上冊》頁344。

〔註26〕張實龍《董仲舒學說內在理路分析》（杭州：浙江大學出版社，2007年）頁29～36。

〔註27〕華友根《董仲舒思想研究》頁177。

〔註28〕蔡仁厚《中國哲學史・上冊》頁357。

〔註29〕項維新、劉福增主編《中國哲學思想論集（第三冊）・兩漢魏晉隋唐篇・3 董仲舒》頁67～77。

〔註30〕徐復觀《增訂兩漢思想史・卷二》頁298。

〔註31〕項維新、劉福增主編《中國哲學思想論集（第三冊）・兩漢魏晉隋唐篇・3 董仲舒》頁66。

利益的算計，良好的立意最終成為空懸的理想。即便如此，任繼愈仍就其現實意義提出：神祕主義的天論，在後世災異譴告中屢被採用的原因，是基於絕對君權下所能使用的一種進諫手段。〔註32〕在這部分的論述中，已可見西漢時期君權高漲的現象，董仲舒的政治理論自不能脫於這般社會背景，其天論應是基於此種限制條件下的必然產物。

三、董仲舒的春秋公羊學

董仲舒在漢初儒學界即以善治《公羊傳》聞名，雖其封爵受祿的宦途不如公孫弘順遂暢達，甚至可謂顛簸乖舛，但在漢初治《春秋》的眾學者中，仍是箇中翹楚。董仲舒之春秋公羊學，其中延伸而出之議題甚多，未能全面詳述，以下試就多數學者共同關注之議題，說明董仲舒的「《公羊傳》詮釋學」、「孔子受命說」、「元之意義與災異觀」。

（一）《公羊傳》詮釋學

董仲舒自言其對《公羊傳》的詮釋方式是「辭不能及，皆在於指。非精心達思者，其孰能知之。」〔註33〕所謂「指」，即是「辭」所指向的原意或真實，此處則可視為孔子的微言大義或《公羊傳》之原意。但，辭的「所指」與「能指」常因當下語境的喪失而不能使兩者完全重合，即如《周易》所言：「書不盡言，言不盡意。」〔註34〕語言、文字對所要表達之「意」難免有不能全盡之處，董仲舒為克服文辭的侷限，提出了先掌握《春秋》的核心價值，藉由對核心價值的把握，期能超越文辭，直探「所指」。

此為突破文本、文辭之外，進行「他人有心，余忖度之」的解釋活動、追尋字面之外的可能意義。而此可能意義便蘊涵了讀者對文本的特殊體認，同時也形成《公羊傳》文本到董仲舒這位讀者之間，因詮釋而產生的正確性偏差，此亦成為後世學者所關注的問題癥結。

對董仲舒的《公羊傳》詮釋法持正面評價者如張豈之，他認為董仲舒對《公羊傳》進行了創造性詮釋，擴大了公羊學之內涵，為公羊學的研究開闢

〔註32〕任繼愈《中國哲學發展史（秦漢）》頁325。

〔註33〕漢·董仲舒撰；清·凌曙注《春秋繁露·竹林第三》（臺北：臺灣商務印書館，1976年）頁22。

〔註34〕宋·朱熹撰；廖名春點校《周易本義·繫辭上傳》（北京：中華書局，2009年）頁242。

了新局面。〔註35〕

　　持反面評價者多認為董仲舒藉由解釋經典，作為學說建構之依據，藉以連結歷史與天，將天志貫通於人倫，以組成其哲學系統。批評此為將經典轉為其構築己說之踏腳石。錢穆則言，此種建構學說的方式，是以注經取代思想，並非健康的哲學發展方式。〔註36〕亦有學者批評，董仲舒對《公羊傳》的創造性詮釋扭曲了《公羊傳》的原意，且此不符原意的解釋，自董仲舒始，一直影響至後世學者對《公羊傳》微言大義的解讀方向，使錯誤的解讀不斷流傳，影響解經甚鉅。〔註37〕

　　徐復觀則跳脫注經是否貼近原意的角度，把握董仲舒透過釋《春秋》、言己意時所闡揚之關懷議題，正面評價董仲舒，認為其出於對《公羊傳》的嫻熟理解、統合分析，概括出「春秋大義」為「敬賢重民」的精神，展現其思想本質是以仁政為政治思想主軸，而以學術思想結合政治，目的在使君王本於天而養民、愛民。〔註38〕

　　鄧紅則對董仲舒的公羊學詮釋方式，提出更為詳盡的歸納整理。他指出《公羊傳》本身的解經缺失，如將《春秋》本無特殊意義的記錄筆法穿鑿附會，形成解經上的矛盾，自然影響董仲舒的解經結果。〔註39〕以及董仲舒發揮的春秋筆法，可依是否有援引經傳事例為證，分為兩種：一般的原則性附加，與特殊的原則性附加。其中，根據經傳事例發揮春秋大義者，代表儒家的倫理道德。其他沒有據經傳事例而言春秋大義者，即可能是藉《春秋》之名，偷渡自身理論之處，比如據自己想像的天，作為天不需論證的前提。〔註40〕

（二）孔子受命說

　　董仲舒解讀「西狩獲麟」為孔子受命之符瑞，並以孔子著《春秋》，是將王者執政理想寄託於《春秋》中。然而歷史上的孔子未曾掌握政治實權，故為了處理孔子的定位問題，便衍生出「以春秋當新王」、「王魯」、「絀夏、親周、故宋」之說，來因應孔子之身分與提高《春秋》之權威性，使孔子理念與春秋

〔註35〕張豈之主編《中國思想學說史・第二卷：秦漢卷・第三篇：經學篇》（桂林：
　　　　廣西師範大學出版社，2007年）頁322。
〔註36〕錢穆《中國思想史》頁86。
〔註37〕徐復觀《增訂兩漢思想史・卷二》頁420～421。
〔註38〕徐復觀《增訂兩漢思想史・卷二》頁343～344。
〔註39〕鄧紅《董仲舒的春秋公羊學》頁9。
〔註40〕鄧紅《董仲舒的春秋公羊學》頁21。

精神能滲透至漢代政治中。

又以新王必改制以反映天命之轉移，再發展出改制在形式上的變異與內涵上的恆常兩面向。改制的形式變異，包含的相關理論如：「三正三統說」、「質文說」。而內涵上的恆常，即為「改制不易道」，可與董仲舒以「仁義法」、「敬賢重民」為春秋之旨的相關內容呼應。

對於董仲舒附會孔子得符瑞、受命改制的說法，馮友蘭認為，此種解釋雖不正確，卻解決了《孟子》：「罪我者其惟春秋乎！」的難題〔註41〕，賦予孔子以素王的身分，具有制定施政綱領的地位與資格。此說雖有附會之嫌，但對其期許君王遵循孔子施政理想之用心，應予以肯定。錢穆亦認為，董仲舒以尊孔子、法《春秋》，替代掉鄒衍的尊天地君王，亦具有思想上之貢獻。〔註42〕周桂鈿則結合春秋公羊學與天論，指出董仲舒用聖人及天意，目的是將自己的政治思想神聖化，而災異譴告與天人感應則是其進諫及推行理論的工具。〔註43〕

（三）「元」之意義與災異觀

董仲舒在解釋《春秋》：「元年春，王正月。」時，多所發揮。此句於《春秋》中，本應為史官記述時間之通則，然而通過董仲舒之闡釋，便大幅提高了「元」的意義。他以「元」作為天運行之本源依據，展現為四時運行，並以春為首。「元」運用於人世，則代表政教之本，君王居於承天行教化、正人事的重要位置。由此將《春秋》與天論、政治結合起來。鄧紅即認為，董仲舒是春秋公羊學者，但其成為「儒者宗」則是因為他將陰陽五行觀導入儒學，意即將天論導入春秋公羊學。

對董仲舒將《公羊傳》之多處災異紀錄與人事結合之論點持否定評價者，或以其詮釋之非否定之。如徐復觀認為，《公羊傳》多數災異紀錄，實不與現實政治具因果關係，因此否定董仲舒之解讀。〔註44〕另有學者認為，董仲舒附會《公羊傳》，以天人感應、災異之說，為漢代公羊學及整體儒家經學帶來負面影響，如災異符命說發展而為讖緯之說。〔註45〕

〔註41〕馮友蘭《中國哲學史新編（第三冊）》（北京：人民出版社，1988 年）頁 45～46。
〔註42〕錢穆《中國思想史》頁 86。
〔註43〕周桂鈿《董學探微》（北京：北京師範大學出版社，1989 年）頁 362～363。
〔註44〕徐復觀《增訂兩漢思想史・卷二》頁 356。
〔註45〕張豈之主編《中國思想學說史・第二卷：秦漢卷・第三篇：經學篇》頁 322。

對董仲舒的災異觀持正面評者則認為,災異譴告之說在後代仍屢見不鮮,因其為處於君王集權時代下的進諫手段。且以天命予奪,扣合天之仁愛性格;任德不任刑之觀念,將天命與德政連結,也可以此限制君權。持中立評價者,則認為災異譴告說是借用天的權威,以對君王進行諷諫、匡扶時政,在武、昭時期,言災異是用於警主安民。轉至哀、平時期,漸成為小人進身之資,以及君王以符命自固權位的工具,此已非董仲舒之原意。〔註46〕

總結學界評價,對董仲舒思想之負評多源於兩方面:一為學說之建構方式欠缺理性、證據。二為掩蓋了先秦孔、孟儒學中富含道德自覺之人文精神。後漸有學者能將其不合理的學說構建方式置於次要地位,轉而關注董仲舒思想與當時政治的對應,給予較正面之評價。

自哲學系統的立場觀察,董仲舒的學說建立於不可驗證、充滿個人臆斷的非科學基礎上,貌似是理性思維發展上的退步,但其學說關照社會人事、聚焦當代社會、政治問題,企圖提出解決方案,如在銳不可擋的極權政治發展態勢下,企圖達到限制君權擴張之目的,與重視國民教化等內蘊,實保留著儒家精神。因此,本文將從政治角度切入,探討董仲舒所提出的諸多施政議題,分析其中反映之執政需求、推行其說之手段,及其保有的儒家精神。

第三節　研究方法與步驟

董仲舒的思想,部份自詮釋《公羊傳》而來;《公羊傳》則為解釋《春秋》而來。《春秋》、《公羊傳》、董仲舒思想,三者的關係,前者皆是後者的文本,而後者則是前者的詮釋結果。前、後者間,可能都存在著由文本到詮釋者間的差距。因此我們可藉由比較董仲舒與《公羊傳》之差距,認識其對《公羊傳》進行的轉變,試圖從轉變之處見董仲舒思想之關注點。另外,若將〈天人三策〉中之思想、論述,與《春秋繁露》之共同議題相互比較,亦可見兩者間略有差異,這可能與策論為答覆君王提問的特殊語境相關。因此,筆者想嘗試以利科(Paul Ricoeur,1913～2005)所提出的詮釋間距,作為研究上述兩種情況之方法,並以〈天人三策〉為起點,連繫《春秋繁露》中的相關思想,以瞭解董仲舒的政治理念。

〔註46〕項維新、劉福增主編《中國哲學思想論集(第三冊)・兩漢魏晉隋唐篇・3 董仲舒》頁 80。

一、研究方法

　　利科認為，當文本被寫定之後，便可能產生四種詮釋上的間距。利科定義「文本」為：「經由書寫所固定下來的任何話語，它表達了說話者的意圖及其所指的意義。」〔註47〕但在文本寫成之後，由於對話情境的喪失、時空背景改變等因素，使文本有機會經由讀者而產生新的解讀。這些導致新義產生的因素，利科稱之為間距，並分出四種間距：話語和話語所表達的事件的間距、作品和作者之間的間距、文本語境和日常語境之間的間距、讀者和其自身的間距。〔註48〕本文想借用文本語境和日常語境之間的間距，作為探討董仲舒理念的方法。

　　　　利科所說的文本語境和日常語境之間的間距，指的是「作品與作者的分離」，使作者特定的指稱完全處於未決的、敞開的狀態。在對話結構中，說話者與聽者處於共同的時空關係中，話語所指向的東西對於雙方是共同的。而在作品中，這樣的語境被破壞了，代之而起的是「意欲語境」。意欲語境是不確定的，它是一種可能性，憑藉它，讀者才得以理解到作品在當代所展示的意義。但這並不意味著作品中不含有所指之物，而只是說，作品中的所指物與日常語言的所指物並不是「連續」的和直接吻合的。而讀者是在日常語境中理解的，因此，文本語境和日常語境的間距，可以說是詮釋學必須解決的一個重要問題。〔註49〕

　　據利科的觀點，典籍寫成的時代屬於「文本語境」，有其自身的社會背景，而詮釋者的時代、生活環境則屬於「日常語境」，兩者間的間距源於時空環境

〔註47〕潘德榮《西方詮釋學》（臺北：五南出版社，2015年）頁329。

〔註48〕「話語和話語所表達的事件的間距」，指的是事件是在特定情境中實現的，但話語因能揭示其中的意義而超越了事件，且因話語可被書寫記錄，使人能在特定情境消失後持續探索其意義。「作品和作者之間距」指的是作品被閱讀時，便離開了作者在創作時的特定語境，而與讀者產生新的語境關聯，因此讀者所理解的意義必定異於作者的意圖。「文本語境和日常語境之間距」則指讀者與作品並不處於共同的時空關係中，這使作者在作品中所指稱的事物處於一種未決的、敞開的狀態。「讀者和其自身的間距」則指出文本是中介，讀者藉由理解文本，其實質在於理解自己。潘德榮認為，前兩種間距，意味著文本的「客觀意義」不再由作者的主觀意向所決定。意義，只存在於文本自身之中，這也是文本詮釋學的基礎。而後兩種間距，代表文本脫離作者及當下特定情境，而讀者能經由理解與詮釋，使被文本中斷的各種關係以新的形式再展現出來。潘德榮《西方詮釋學》頁329～331。

〔註49〕潘德榮、彭啟福〈當代詮釋學中的間距概念〉（《哲學研究》，第8期，1994年）頁53～59。

的變遷。當詮釋者立足於當代的時代潮流、社會條件上詮釋典籍，讓往昔的典籍能在當代持續發揮影響力，就此層面而言，「間距」便展現了積極性，即使它讓詮釋結果異於原義。而藉由分析詮釋者的時空背景，便能試圖釐清間距形成的因素，而更能同理當世學者提出其理論的原因。

前人學者不論持否定或肯定的態度，多已指出董仲舒的經學詮釋多有異於《公羊傳》原義的現象。這是基於還原經典原義而起的評論，但我們若是採納利科的觀點，認同時空環境變化之必然，每一份文本進入不同的時空環境、面對不同的讀者，勢必造就出具有當世特色的詮釋結果。那麼，我們便應順隨當代的社會背景，才能更貼近董仲舒的理念在當世所具有的意義及價值。

本論文將《公羊傳》視為「文本語境」，將董仲舒的時代背景視為「日常語境」，並以〈天人三策〉為切入點，從漢武帝的策問內容，認識當代社會、政治上所面臨的問題，進入董仲舒的時代脈絡。在論及部分董氏理念時，將《公羊傳》及董仲舒的詮釋並列對照，透過比較兩者間的差異，認識董仲舒對經典的改造，及其如何以之架構自身學說，回應當代需求，使儒學在政治上獲取執政者的青睞。

二、研究步驟

本論文首先概觀前人研究成果，整理學界對董仲舒各項思想的評價。其中較為人詬病之因，在於其說建立於不可驗證的基礎上，具非理性傾向，但關懷現世政治，期許國君施仁政、行教化、培育人才等層面，則多為學界認同。

後世對董仲舒及漢代思想的評價不高，認為董仲舒讓儒學充斥迷信色彩、使儒學思想劣化、退步，但亦可做此設想：天人災異等迷信理論是否為受限於當時政治環境，退而求其次的進說手段，而其中促使國君善養人民、施行仁政，方為其目的。故筆者以為不應誤以手段為目的，便推翻董仲舒的思想價值，忽略其在具體施政方針上融入儒家精神的努力。

因此本論文從董仲舒之政治思想切入，希望從具體的施政議題上，連結董仲舒提出之相關論點，探討其對現實政治問題之回應，以了解其學說中所蘊含的儒家精神。在研探過程中，本論文將循下列順序探論之：

（一）董仲舒其人及著作

此部分蒐羅、整理分類董仲舒之著作與相關記錄，以區分研究資料的使用

方向及價值，並從中認識其學術思想與性格。按目前可見董仲舒之著作與相關資料，可分為四種：一、後人編輯而成之專書；二、隨史籍收錄之言論；三、收錄於後人所編文集中的董氏之作；四、輯佚資料。

1. 後人編輯而成之專書，即《春秋繁露》。

2. 隨史籍流傳之傳記、言論，如《漢書》所載之〈董仲舒傳〉、隨本傳收錄之〈天人三策〉、〈五行志〉之「論殿廟火災對」，以及散見之董仲舒言論或董仲舒之意。〈食貨志〉中所載「限民名田」、「說種宿麥」。〈匈奴傳〉之「論禦匈奴」等……。

3. 收錄於後人所編文集者，如收於《古文苑》之〈士不遇賦〉、〈詣丞相公孫弘記室書〉、〈雨雹對〉。

4. 輯佚資料則有《玉函山房輯佚書》之〈春秋決事〉。

以上文獻，以第一、二類內容最豐富，研究價值最高，是主體研究材料，另兩類資料，則可為參考、補充之用。其次概述學界對《春秋繁露》真偽之討論，以及〈天人三策〉對策時間之考察，釐清此兩項資料在研究上的重要性。並藉上述資料認識董仲舒的思想及性格，作為研究其政治思想時的參考依據。

（二）研究焦點

本論文以〈天人三策〉中具體的施政議題為考察起點，連結《春秋繁露》中可與之呼應、並觀的相關理論，探討董仲舒對現實政治問題之回應，以了解其中蘊含的儒家精神。而選擇〈天人三策〉為出發點之因，在於其為「對策」的政治性文獻。

對策雖為文體之一，但就內容而言，其政治性遠高於文學性甚至哲理性，務求針砭當世、切合實用。對應制者而言，它兼具個人仕途與思想主張兩者，是求取顯用的媒介。策論既關乎求用與思想行銷，故在鋪陳其說上，必然牽涉「說服」的藝術。《韓非子・說難》中即指出，說服之難，不只在於說服者本身的學問、辯才，或不畏權威的勇氣，更在於正確掌握聆聽者的需求與其隱微的心態。

策論為君臣間的問答，以實用為導向，內容雖不比具備完整思想架構的專論書籍《春秋繁露》為佳，但從策問、對策過程中，卻可見君王的人格特質、所關注的施政問題、時代氛圍等訊息。且經由回應者之答覆，不僅可見其思維邏輯、理念軸心，更可見其綰合策問內容與個人思想時，變化、轉型其思想的痕跡。

在〈天人三策〉的策問內容中：「武帝制曰：……今子大夫待詔者百有餘人，……各悉對，著於篇，……以稱朕意。」及《史記·平津侯主父列傳》：「上方鄉文學，招俊乂以廣儒墨，弘為舉首，……太史公曰：漢之得人，於茲為盛，儒則公孫弘、董仲舒、兒寬。」可以發現，接受武帝策問進行對策者，非僅董仲舒一人。可知董仲舒曾參與武帝策問，雖地位略遜公孫弘，但仍經由策論大放異彩。然此學術風潮之興，與其說是儒生在策論之中抬高儒學地位，不如說武帝已先有施政思想的定向，才進而廣招儒生策問、取用之。

儒學成為漢武帝政策思想之選擇，應是順應政治情勢而然的結果，而董仲舒在這波思潮轉變的過程中嶄露頭角、獲得執政者青睞。世以董仲舒為讓儒學站上政治舞台的功臣，不如退一步言，漢儒的特色在於將儒學由先秦以人文、內聖為主的德性儒學，轉變為合於實用的政治儒學。故本文以〈天人三策〉為出發點，探討其說何以吸引當代執政者的注意、在對策的特殊語境中如何關照到執政者的需求並同時融入個人政治、思想觀點，使儒學成功躋身政治場域。

（三）〈天人三策〉所反映之執政需求

策論既以合於實用為導向，必有君王提出之執政需求以及臣下提出的解決策略。因此，可從三次策問分析漢武帝提出的施政困境與未來期許。如在施政上，欲達到向內平治安民、向外擴張四方的成效，顯現對盛世的渴望。在天人關係上，希望得到治國方略的指點以及政權的解釋權。在具體制度方面，對法制、禮制特別著重，在法制問題上呈現對治安問題、具體降低犯罪率的期望。

三次策問，武帝的關注焦點，由天人執掌、聯繫，往治國指要、實際作法等人事方向傾斜，結合武帝所期待的治國成效：「安內」進而「化四方」，可見武帝對國家社稷的擘劃，展現出不僅要「守」，更要「開」的雄心壯志。

面對以上執政需求，董仲舒如何參酌武帝的期望，並與自身理念取得平衡或融通，使其說受到君王青睞？以下將從董仲舒的論對，察其政治理念，及其如何變化儒學。

（四）董仲舒的施政理念

董仲舒的論對內容，將施政理念，指向了「為政宜於民」的民本觀點。依此施政，方能收取政和國治、符瑞應顯之效。並且回應武帝在策問中所關注的

諸多議題，如刑、德運用比例的治安問題、禮制繁簡何宜的排場問題、賢不肖混淆的舉才問題等……。將此部分所整理出的對策內容，與《春秋繁露》中可相互參照者，兩相補充、比較，以見董仲舒之政治思想。

以下試就〈天人三策〉中指出的「君王職分」：為政由道、君王自正、任官惟賢，略作說明。本論文探討董仲舒政治思想部分，皆循此模式開展。

1. 為政由道

董仲舒釋「道」之意義為：「適於治者」。道之根源據其天論一脈而下，以仁德為內涵。明言「仁義禮智為其具」，據此前提回應武帝所提之治安問題，則天道在人間的具體落實，即展現為「德主刑輔」的施政方向，與「教化」之推行。此可與其天論、陽尊陰卑等理論連結。

2. 君王自正

董仲舒多次言及君王職責，並將君王致力政事，卻未收其效的原因指向國君須反己自正，尤以正心為要。而其欲君王自正，又能導向兩個結果：一、確立國君施政心態的正當，才能保障其施政走向正軌；二、君王身為國家的主導者，國君的心態、行為會連鎖性的影響國家風氣。因此，確保國君思想、行止之正當，俾能建立良好的施政團隊、收取治國安民之效。此可與君王五事「貌、言、視、聽、思」及《春秋》「元」之概念連結。

3. 任官惟賢

在董仲舒的論述中，君王雖主導了國政、民風的走向，卻未必能保障其施行結果的成敗。因為所有的政策，縱然有再好的出發點與完善的考量，都可能因執行者的個人因素、私人利益而扭曲，所以董仲舒提出了決定施政成敗的關鍵角色：朝廷官吏。進而提出論養才、選才、任才、官員守則等一系列建議。此可與《春秋繁露・度制》與「禮」之思想連結。

（五）董仲舒哲學中的儒學精神

董仲舒為了在儒家學說、自身理論與現實政治之間取得平衡與融通，改變了先秦儒學的內容，過程中多有對儒家思想的承繼與揚棄。

前述對董仲舒政治思想的認識，大致以〈天人三策〉為主體，以《春秋繁露》為延伸參照。接著擬將前文述及的政治思想，與儒家孔、孟、荀及諸子思想比較，析論其中異於先秦儒學、發揚儒家精神之處，並探討其中利弊為何。

政治是處理眾人之事。欲使國家社會安定運轉、壯大國力的執政者，需要

對時局、社會問題有具體與深入的體察，並提出具有實效的指導思想、原則與堅定的信念。本文最終，期許對董仲舒轉變儒學、融入政治之關鍵細加探討，理解其在國家、社會層面，是否具有古今皆同的困境，而董仲舒思想中所關注的議題與出發點、理想性及其中內蘊之儒學精神，在今日是否仍有借鑒之效。

三、論文大綱

本論文擬分六章探討：第一章「緒論」；第二章「董仲舒及其著作」；第三章「漢武帝的執政困境與需求」；第四章「董仲舒的政治思想」；第五章「董仲舒政治哲學中的儒學精神」；第六章「結論」。各章節探討內容如下：

第一章「緒論」：概述研究動機與目的、文獻回顧、研究步驟及方法，以及研究架構之確立。藉由概觀前輩學者對董仲舒之評析，理解董仲舒學說為人批評與認可的情況。由此可見其說受後人否定之處，在於其學說構築在非理性之基礎上，是理性思維倒退發展之象徵。但其學說關照現實政治、人事，試圖解決當代面臨之問題，尋求長治久安之用心仍多被肯定。

本論文既從政治角度切入董仲舒思想，故應先理解董仲舒其人性格，方可與其政治思想參照，作為釐清其學說目的，與推行手段的參考依據。故第二章整理董仲舒之相關著作，分析其不同類型之著作，在研究上的價值與意義。

第二章「董仲舒及其著作」：本章擬探究董仲舒的思想、性格及相關著作。多數對於董仲舒之研究，皆以《春秋繁露》、《漢書‧董仲舒傳》、《史記‧儒林列傳》以及《漢書‧五行志》為主，尤以《春秋繁露》與《漢書‧董仲舒傳》中所載〈天人三策〉為主要資材。此兩部典籍，為主要保留董仲舒資料與學說的傳世文獻，自然也是後代學者掌握董仲舒思想的最佳材料。然而筆者深受徐復觀先生《兩漢哲學思想史》之影響，以為其援引董仲舒散見於其他文集中之單篇文章，透過文獻所載，探討董仲舒之性格，實為孟子「知人論世」精神的展現。因此筆者希望在研究董仲舒的主要文獻外，藉由探究〈士不遇賦〉，嘗試拼湊出更多董仲舒的人格精神，作為檢視其思想時的一項參考。

第三章「漢武帝的執政困境與需求」：本章先探討策論語境的政治性，說明以〈天人三策〉作為考察董仲舒思想的原因，再整理漢武帝提出的執政困境與預期成果，並析論與之對應的各項施政議題，本章擬分兩節進行探討。

首節說明以〈天人三策〉作為考察起點之因。董仲舒的思想，主要為因應當時執政者之需求，而《春秋繁露》之內容，較近於為完成其龐大天人哲學體

系，而致力完善其學說、補充細節之作。但〈天人三策〉，是君問臣答之特殊文體，內容以適於實用為導向，從中可見當代政治問題、對策者之施政理念，故以之作為研究基礎，以期更了解董仲舒學說提出之目的及考量點。

第二節說明漢武帝在〈天人三策〉中提出之執政需求。董仲舒的學說，以回應現實政治為目的，且以武帝對董仲舒對策回應內容之滿意，可推想其提出之施政理念或策略得到武帝認可，足以因應當時施政困境。透過〈天人三策〉中，漢武帝三次策問提出的問題，可以找出其所面臨之困境、欲解決之難題，以及對未來施政之預期成果。藉由理解董仲舒所面臨之時代需求，以及對策的特殊語境，或可理解董仲舒思想體系如此建構之因。

第四章「董仲舒的政治思想」：本章接續「漢武帝的執政困境與需求」，整合分析三次對策中，董仲舒提供給武帝的施政理念及建言。依其關注之政治議題，與《春秋繁露》參照比較，進行分項探討，如漢代政權解釋難題，與尊天法古思想之參照；政治之亙古本質，與春秋仁義法、改制不易道思想之參照；刑罰輕重廢用，與春秋重志、經權觀之參照；王道教化，與人性論之參照等。

第五章「董仲舒哲學中的儒學精神」：本章接續董仲舒提出之施政議題與理念，與先秦儒者及諸子思想相互比較，探討董仲舒對儒學的變化、對各家思想的採納，以及對儒家精神的保留。

第六章「結論」，綜合以上各章成果，做簡要提挈。透過對董仲舒思想形成之因素及其思想內容之理解，可知當儒家精神與現實政治有所衝突時，儒學為融入政治環境而產生之變化，其中利弊為何？反省歷來學界對董仲舒之評價，多基於維護先秦孔、孟之角度而予以否定，是否允當？如果哲學融入政治的過程中，對原本思想有所承繼與揚棄，是出於在推行上有目的與手段之區別，則我們是否應由此角度理解董氏思想，才較貼合實情。因此，本文期望能整合出董仲舒以現實社會為依歸，在對儒學進行轉變時，其中仍保留的儒家精神。

第二章　董仲舒及其著作

　　現存的董仲舒著作，主要有《春秋繁露》、《漢書‧董仲舒傳》中所載的〈天人三策〉，其餘單篇及片段言論有《古文苑》中所收〈士不遇賦〉、〈詣丞相公孫弘記室書〉及《漢書‧食貨志》中「種宿麥」、「限民名田」兩條政策、〈匈奴傳〉中三條「論禦匈奴對策」，及後人輯佚的〈春秋決獄〉數篇。

　　以上著作，〈天人三策〉為對應帝王策問的回答，內容為針對漢武帝施政困境所提供的理念及策略。《春秋繁露》為後人輯錄之作，內容涵蓋其獨特的春秋學、天人思想，及上述兩者與治國思想的連結，屬於融匯其學術理念的文獻。不論是〈天人三策〉或《春秋繁露》，皆以回應現實政治、為治國理論提供形上哲學體系為主，少有對自我生命的揭露。唯〈士不遇賦〉是抒發仕途乖舛、表明心志的抒情小品，從中可略見董仲舒在仕途上的處境及心路歷程。以下概述〈士不遇賦〉、《春秋繁露》、〈天人三策〉，三份作品，及作為研究材料的效益。

第一節　〈士不遇賦〉中董仲舒與漢代文人的慨嘆

　　〈士不遇賦〉是董仲舒自敘遭遇、心境之作，屬自我揭露程度較高的抒情小品。「悲士不遇」是漢代盛行的一項書寫主題。此主題上承屈原〈漁父〉，下啟後世貶謫文學，書寫了文人們在仕宦經歷中的困境、心境以及自我定位。因此，透過對〈士不遇賦〉的探討，或能自學術之外的面向，從較感性的層面認識董仲舒的人格特質，並略窺漢代士人的處境。

　　　　嗚呼嗟乎，遐哉邈矣。時來曷遲，去之速矣。屈意從人，悲吾族矣。
　　　　正身俟時，將就木矣。悠悠偕時，豈能覺矣。心之憂歟，不期祿矣。

　　遑遑匪寧，秖增辱矣。努力觸藩，徒摧角矣。不出戶庭，庶無過矣。重曰：「生不丁三代之盛隆兮，而丁三季之末。俗以辯詐而期通兮，貞士耿介而自束，雖日三省於吾身，繇懷進退之惟谷。彼寔繁之有徒兮，指其白以為黑。目信嫭而言眇兮，口信辯而言訥。鬼神不能正人事之變戾兮，聖賢亦不能開愚夫之違惑。出門則不可與偕往兮，藏器又蚩其不容。退洗心而內訟兮，亦未知其所從也。觀上古之清濁兮，廉士亦橜橜而靡歸。殷湯有卞隨與務光兮，周武有伯夷與叔齊。卞隨、務光遁跡於深淵兮，伯夷、叔齊登山而採薇。使彼聖賢其繇周遑兮，矧舉世而同迷。若伍員與屈原兮，固亦無所復顧。亦不能同彼數子兮，將遠遊而終慕。於吾儕之云遠兮，疑荒塗而難踐。憚君子之於行兮，誡三日而不飯。嗟天下之偕違兮，悵無與之偕返。孰若返身於素業兮，莫隨世而輪轉。雖矯情而獲百利兮，復不如正心而歸一善。紛既迫而後動兮，豈云稟性之惟褊。昭同人而大有兮，明謙光而務展。遵幽昧於默足兮，豈舒采而蘄顯。苟肝膽之可同兮，奚鬚髮之足辨也。〔註1〕

　　此賦篇幅短小，有學者以其為抒情短賦之作，亦有學者認為自篇首至代表結尾的「重曰」之辭，僅十八句，據以推測今日所見之篇章應非此賦全貌。〔註2〕筆者僅就今日得見部分觀之。其寫作手法，先自述心聲，再援引前人例證，說明古來高潔君子，多不遇合於君主，藉以自我寬慰。最後數引《易經》之卦，道出自身在困境中所欲採取的行動及心境之調適。自述心聲的部分約可別為三項子題：嘆時、怨刺群小、自傷。

　　嘆時者，一嘆自己時運不濟：「時來曷遲，去之速矣。」感傷自身臨近暮年方得賞識、任用，且此仕途上的契機，又如曇花一現般稍縱即逝。二嘆生不逢時：「生不丁三代之盛隆兮，而丁三季之末。」慨嘆未能生於清平盛世，而是身處接秦之弊、百廢待舉的漢世。三嘆社會風氣的敗壞：「鬼神不能正人事之變戾兮，聖賢亦不能開愚夫之違惑。」對當今社會道德式微、世風澆薄且積重難返所發之感慨。

　　怨刺群小者，一怨人心詐偽：「俗以辯詐以期通兮，貞士耿介而自束。」、

〔註1〕宋・章樵注《古文苑》（《國學名著珍本彙刊》臺北：鼎文書局，1973年）頁59～62。

〔註2〕王鐵生、高永杰〈從《士不遇賦》看董仲舒的理想人格〉《董仲舒研究文庫（第二輯）・董仲舒文學藝術教育思想研究》（成都：巴蜀書社，2013年）頁58～63。

「彼寔繁之有徒兮，其指黑而為白。」對於他人憑藉機巧，以似是而非的言論蠱惑上位者，藉以獲取名利的行為不能苟同，此間襯出董仲舒對自身人格道德的重視，但也同時側寫出董仲舒在仕途上遭遇小人勢力的打壓。二怨自己處境的孤立無援：「出門則不可以偕往兮，藏器又蛬其不容。」感嘆自己深陷排擠，且沒有志同道合者可一同奮鬥，即使想韜光養晦，仍不見容於心胸狹窄的小人。

在個人的道德堅持與現實環境的衝突下，董仲舒自傷：「正身俟時，將就木矣」欲有所為，卻已時不我予，雖有積極用世之抱負，但在堅守道德尊嚴的原則下，只得與世俗相刃相靡，結果只是「努力觸藩，徒摧角矣。」其理念在面對年齡、對立勢力的交相逼迫下，深陷進退維谷的境地。

一、〈士不遇賦〉的歷史省思

董仲舒的不遇，源於對自我品德節操之堅持、遭逢小人勢力的打壓、整體世俗風氣衰敗等內外因素。董仲舒將其不遇之悲，援引前人：伯夷、叔齊、伍子胥、屈原等人為例，作為個人經驗的投射。表明耿介貞潔之士總孤獨不遇，古今皆同，作為對自我的勸慰。然而，董仲舒雖羅列前人之不遇為例，卻在後續的省思中說自己「不能同彼數子」，而不能同彼數子之因，則為：「於吾儕之云遠兮，疑荒塗而難踐。」探究董仲舒在未來人生的選擇上，不能以前人的經驗為參考，而托言遠、荒難行之因，應非其人已遠、其道已荒，而是董仲舒之性格及其所處的時代型態已與往昔不同，所形成的結果。以下從伯夷、叔齊、伍子胥、屈原四人之例，認識其時代之君臣關係。

伯夷、叔齊因不認同武王伐紂，故在武王滅商，取得天下大權後，遁跡首陽山。伍子胥因家族受楚王迫害，父、兄遭害，故為報仇而奔吳。屈原因政治理念不合於國君，又受小人讒害，最終因報國理想受阻、內心怨憤而自盡。此三組例子，就仕途上之不遇合於國君、未受重用的角度而言，雖很雷同，但就君臣關係、其遭遇的自決性、不遇的悲劇程度等方面細究，各例子之間，以及與董仲舒之處境相較，仍存有許多差異。

伯夷、叔齊為孤竹君之子，二人因即位問題相偕出走，又聞周文王善待賢達老者，故投奔文王。武王伐紂時，兩人批判武王身為藩國，卻欲攻其主上，有違臣德。兩人扣馬而諫，武王不受，故而退隱首陽山。〔註3〕

〔註3〕漢・司馬遷撰；瀧川龜太郎考證《史記會注考證・伯夷列傳第一》（臺北：文史哲出版社，1993年）頁824～828。

伍子胥為春秋時期楚國人，其父官居太子傅，受楚國政治內鬥牽連入獄，又因楚平王欲斬草除根而牽連其二子。一家盡受國君迫害。父、兄既死，伍子胥奔吳，途中受盡追兵之苦，過昭關一夜白髮，忍辱負重助吳王闔閭大破楚國。然此時楚平王已死，伍子胥復仇無望，而有撻墳之舉，象徵其恨如此。〔註4〕

屈原為戰國楚人，有王室血緣，任左徒時，能與國君共商國事，又身兼外交使節，因受小人讒言，漸遭楚王疏離，而楚國因對秦國政策的反覆猶疑，及國力因錯誤決策江河日下，在屈原歷經懷王客死秦國、郢都遭秦軍攻破，親見「民離散而相失兮，方仲春而東遷。……發郢都而去閭兮，荒乎其焉極？楫其揚以容與兮，哀見君而不再得。」〔註5〕的國家巨變之景，又自己徒有救國之心卻報國無門，最終絕望自盡。〔註6〕

將以上三組例證，分別以君臣關係、德位之應、不遇之自決性及悲劇性三個方向分析，並與董仲舒所處的漢代社會結構相較，應可更同理於董仲舒不遇的情境與心境。

二、先秦與漢代的君臣關係

就君臣關係分析，伯夷、叔齊與周武王之間，並非實質的君臣從屬關係，當時天下共主為商紂，伯夷、叔齊為孤竹君之子，故與周武王同屬商之諸侯，地位應為平等關係。且二人投奔周文王，是以一種近似「慕道」的嚮往心態。可知，結合此君臣關係的是理念，而非權力倫理的枷鎖。而兩人背棄周武王、隱於首陽，死而不悔，則是出於對其心中理想的君臣大義的維護，因此伯夷、叔齊之不遇，是出於自我的抉擇。

在伍子胥的例子中，伍子胥與楚王之間具有明確的君臣從屬關係，但在封建制度下，士對其君王具有選擇的自由。因春秋時期以降，周天子對諸侯國的實質掌控力降低，士得以在各國間游走比較，尋求得用的機會。士對國君有合則來，不合則去的選擇自由，加以諸侯國間彼此競爭的形勢，各國對人才都有

〔註4〕漢・司馬遷撰；瀧川龜太郎考證《史記會注考證・伍子胥列傳第六》頁848～853。

〔註5〕宋・洪興祖《楚辭補注・九章章句第四・哀郢》洪興祖補曰：「前漢南郡江陵縣，故楚郢都。楚文王自丹陽徙此。後九世平王城之。後十世秦拔我郢，徙東郢。」（臺北：大安出版社，1995年）頁190～198。

〔註6〕漢・司馬遷撰；瀧川龜太郎考證《史記會注考證・屈原賈生列傳第二十四》頁983～987。

相當的需求，在需求大於供給的情況下，供給方自然居於較優勢的位置。因此當時的游士，面對諸侯的權勢，尚能堅持其理念、人格尊嚴，與之抗衡。〔註7〕士與君主之間，可能維持一種師友關係，而非純然君尊臣卑的絕對關係。因此士與諸侯間的君臣關係就可以建立在雙方的互動品質上，諸如尊重、互信、能力賞識等層面。孟子就曾致力建構一套理想的君臣關係，提出：「君之視臣如手足，則臣視君如腹心；君之視臣如犬馬，則臣視君如國人；君之視臣如草芥，則臣視君如寇讎。」〔註8〕由此時代背景觀之，伍子胥遭受國君惡意殘害後，選擇拋棄其君、另尋他主，並藉他國之力為己報仇，自是無可厚非。可見在春秋戰國時期，君臣關係是浮動且具有多元選擇的，士對其人生發展具有一定程度的自主性。

屈原雖與伍子胥同樣身處封建制度下，但因屈原的王室血統，及相應而生的情感認同，使他與楚國、楚王間形成了堅不可摧的君臣關係。這種對國家的使命感、與國家共存亡的強烈情感，不僅是屈原忠君的根源，也使其在仕途、國君的選擇上缺乏一般戰國游士的自由與彈性。

從以上三組例子分析，伯夷、叔齊與伍子胥所處的君臣關係，屬於相較平等的對待關係，君臣之間的關係或以道義相從，或以遊說諸侯時展現的學術、才能得以遇合。而屈原則受其愛國之心的影響，限縮自身於楚國之內，是自主的放棄了擇主的自由。司馬遷於《史記》質疑屈原之非，認為：「屈原以彼其材游諸侯，何國不容。而自令若是。」〔註9〕筆者認為，此語並非司馬遷不諳屈原的愛國精神，反而正是透過此語，映照出漢代士人已失去了這般選擇君主的自由空間，並將這種無奈與不平，透過對屈原的質疑顯現出來。

屈原形塑出的忠臣形象，也使「忠」的概念產生變化：由相對轉向絕對。在伯夷、叔齊的例子中，其所忠於的對象是自我心中的價值理念。伍子胥則是將臣屬之忠，建立在君王所給予的敬重之上。但屈原即使身處「信而見疑，忠而被謗」的險惡環境，仍展現出一往無悔的忠誠，可見「忠」，在屈原的價值觀上，已轉變為絕對的倫理道德，也成為後世許多士人，甚至國君所期待「忠」之典型。

〔註7〕顏崑陽〈論漢代文人「悲士不遇」的心靈模式〉（《漢代文學與思想學術研討會論文集漢代文學》國立政治大學中文系所主編，1991 年）頁 209～250。

〔註8〕宋·朱熹《四書章句集註·離婁下》（臺北：鵝湖出版社，1984 年）頁 290。

〔註9〕漢·司馬遷撰；瀧川龜太郎考證《史記會注考證·屈原賈生列傳第二十四》頁992。

三、德位之應與不遇的自決性

造成遇與不遇的另一因素，為德、位的關係。德，指的是個人的品德操守或能力才幹。位，則是個人在政治上所獲取的待遇、職位。當士人評價自身或他人之遇或不遇時，評斷標準實建構在其人所稟賦之才德，與其實際獲取的社會地位是否如實相稱。理想的德位關係，當為才德並茂者居於高位，能有適才適所的發展。若德、位之間差距越懸殊，則越易引起黃鐘毀棄，瓦釜雷鳴的不平之感。

而德、位何以不應？才德不足者，何以高居其位？是源於君王缺乏識人之明？或是臣僚間的惡性攻擊，形成劣幣驅逐良幣的情形？在帝制已然穩固的漢代，帝王的權威不容置疑的時代氛圍下，臣僚間的惡意攻訐、媚上求榮之舉，便成為「士不遇」中的一項關注點。遭遇君王或臣僚的壓迫，屬於非自決的不遇。但士人若為位棄德、求榮從俗，雖不致不遇，卻將失去以道自任的風骨與節操。而堅守理念、尊嚴，不惜全德棄位之士，以犧牲功名利祿為代價，則將成就其高潔人格的勳章。因此，士人對德位相應的期待，不僅是仕途順逆的評斷準則，更蘊含對正義、公道的期待。《漢書·古今人表》將人分以善、惡、賢、不肖……九等，並在序言指出其目的為：「歸乎顯善昭惡」，王先謙注云：「失德者雖貴必黜，修善者雖賤猶榮。」〔註10〕此不以成敗論英雄的概念，顯示出漢代在品評人物時，能超脫成就、位階等事功層面，對於人品、道德給予高度重視。

在伯夷、叔齊的例子中，兩人懷有君臣之義，亦有不以暴易暴之理念，可見亦非愚忠於君王，但卻願用生命守護其理念，孟子譽為「聖之清者」。二人有如此賢德，最終卻餓死首陽，是德、位不配。伍子胥遭楚平王、費無忌等人要脅、迫害之時，憑其智勇，忍辱負重，離楚入吳，得到吳王重用，是不屈其德、為己謀位。昔伍子胥在楚時，德位不配、不遇合於楚王，但能以己之力，積極突破命限之困厄，謀求人生的主導權。屈原不遇於楚王，則是出自邪佞之讒言、君王的昏昧。德位相配是人合理的期待，不遇的賢者，是德高於位；小人，則是位高於德。世人對屈原不遇之嘆，源於其握瑾懷瑜，卻受瓦釜雷鳴的群小陷害。小人越是居於高位，而懷德君子越見貶黜，其中懸殊差距所形成的悲劇感便越發強烈。

現實環境中，德位是否相應，往往是無理且無常的，因其中牽涉之因素甚多，如時局、儕僚、君王理念等。然而，同為德、位不應，卻不一定每起例子

〔註10〕漢·班固撰；唐·顏師古注；清·王先謙補注《漢書補注·古今人表》（上海：上海古籍出版社，2008 年）頁 4057。

所予人的悲劇感皆同。其悲劇感之輕重，亦取決於其不遇，是出於自主或非自主的決定。

伯夷、叔齊的例子中，兩人對文王之追隨、對武王之隱遁，皆出於對其理念的忠誠，沒有君王的壓迫、小人的排擠，而是其自決之選擇，因此即便有德位不應之憾，但對其自身而言則是「求仁得仁，又何怨乎。」的自我完成，〔註11〕司馬遷雖於此質疑天道報償，但對二人的人生選擇亦言：「道不同，不相為謀，亦各從其志。」〔註12〕可見二人雖為不遇，但其出於自主的決定，則淡化了其中的悲劇感。

伍子胥之不遇，源於楚王、佞臣，並非自決的發展，但離楚入吳，則是出於自主的抉擇，從中顯現出，在無常且不測的命運中，人能掌控的主動性，且擁有足以扭轉自我命運發展的力量。

屈原之不遇則出於君王的昏昧、小人的讒害，亦非自決之不遇。其最終自沉而死，看似出於自決，卻滿懷怨懟不平之情，是其困境難以消解而不得不之抉擇。其抉擇構築於忠君愛國情操的絕對性及單一性，使其經世濟民的理想只能依托於楚國才得以實現，其單一的君臣關係與絕對化的忠君概念，都加重其非自決之不遇所伴隨的悲劇感。

相較於伯夷、叔齊自決的以身殉道、伍子胥在楚受迫害、屈原不見容於楚國。漢儒自嘆的不遇，多非實質的不遇，而更可能是其所抱持的理念，面對現實政治時無法實現而產生的失落之感。林啟屏教授認為，漢儒以學者身分涉足政治活動，其實便同時具有經典的信仰者、經典的詮釋者，及政策執行者三重身份。〔註13〕前兩者可概括為學者的角色，在儒生的身份上，他們有著以道自

〔註11〕漢・司馬遷撰；瀧川龜太郎考證《史記會注考證・伯夷列傳第一》頁825。《論語・述而》孔子亦評價伯夷、叔齊之抉擇為「求仁得仁，又何怨？」宋・朱熹《四書章句集註・述而》頁96。

〔註12〕漢・司馬遷撰；瀧川龜太郎考證《史記會注考證・伯夷列傳第一》頁824～828。

〔註13〕林啟屏教授認為：「經典的詮釋者，亦往往是經典的信仰者。就『學者』是『經典詮釋者』而言，『詮釋者』實是『信仰者』的衍生性角色。」因為「學者當然是基於相信『經典』的普遍真理而成為『信仰者』，當學者須為『信仰』奮戰時，則『詮釋者』的角色便不可或缺。」此二者與政策執行者的矛盾在於「政治的本質是權力關係的互動型態，所謂的真理在面對政治領域的諸般行動裡，恐怕只是一種類似『公關』語言的宣稱而已，並不必然具有實質的內涵。」林啟屏《從古典到正典：中國古代儒學意識的形成》（臺北：國立臺灣大學出版中心，2007年）頁417～419。

任的淑世精神，自覺肩負著儒學及經典中的聖人之道，且有以此為政的想像藍圖。但這種對學術及真理的信仰，在進入政治後，因帝王與官員的權力位階差異，往往使儒生的理念被政治所折衷。顯示了漢儒參與政治，便難以自脫於道、勢的矛盾衝突之外。可見，即便在政壇上具一席之地，漢儒仍難免心靈上的失落之感。

四、董仲舒的人格試探

藉由對夷齊、伍子胥、屈原不遇經驗的分析，可推知董仲舒引其人為例，是出於不遇之情的共感，但就理性反省上，有眾多主、客觀因素，導致董仲舒在不遇的經歷下，不能同彼數子的人生選擇。

客觀因素上，政治環境由封建轉為帝王專制，士人失去周遊列國的機會，失去對君主多元選擇的自由，此與屈原處境最相似。惟屈原之忠，出於其個人的選擇，漢代士人的忠，則是帝制結構下，帝王對臣屬的絕對要求。而此政治結構形成的君臣關係，由於帝王具有絕對且至高無上的權力，卻缺乏實質的制衡力量，因此君臣間失去了雙向尊重的可能，僅能是嚴明的尊卑關係。而同僚關係，因在專制政權下，必然相爭謀求上位機會，由此產生惡性攻訐、黨同伐異，凡此種種，都使士人不遇卻又缺乏選擇餘地時，特別容易感受到人性層面的壓迫與傷害。

主觀因素上，董仲舒感到不遇之悲，源於其年事已高，閱盡官場上的人心險惡，仍不願屈己從人以換取利祿，因而在仕途中進退維谷。從中我們可知，董仲舒所看重者，並非個人仕途之顯達，而是對自我理念的堅持，在品德上不向小人妥協；在理念上有端正人事、風俗的理想，近似於「致君堯舜上，再使風俗淳」的風骨。正因其理念在於公利，而非私利，其理想須在現世之中才能實現，也展現出一種以道自任的儒者精神。

文末董仲舒引同人、大有、謙卦，昭明自身心志。同人卦的〈彖辭〉為：「文明以健，中正而應。『君子』，正也。唯君子為能通天下之志。」朱熹釋曰：「通天下之志，乃為大同。不然，則是私情之合而已，何以致亨而利涉哉？」〔註14〕「同人」意指以正道、公利和同於人。其上九爻辭為：「同人于郊，無悔。」董仲舒既自言無可與偕往之人，引此卦則蘊有即便不得志同道合者，但心懷正道、不與群小同流合汙，亦可保全自我價值理念、無愧於己。「大有」

───────────────

〔註14〕宋・朱熹撰；廖名春點校《周易本義・上經》頁79。

〈彖辭〉為：「柔得尊位大中，而上下應之，曰大有。其德剛健而文明，應乎天而時行，是以『元亨』。」卦象則為：「火在天上，大有；君子以遏惡揚善，順天休命。」〔註15〕取日在天上，照耀大地之意。下卦為乾，象徵有剛健自強的堅強意志；上卦為離，象徵文明及洞察的真知灼見。意指在文明昌盛之時，更須明辨是非、黜惡揚善，戒禍端於至微之時，以防終成不可禦之勢。援引此卦則有對自身的警惕，世有道亦須正身而行。「謙卦」〈彖辭〉有：「人道惡盈而好謙。謙尊而光，卑而不可踰，『君子』之『終』也。」〔註16〕謙的卦象為：山在地下，有藏鋒不露之意，指人立身處世應不自滿、不居功。人有謙退之德，居尊位，更能彰顯其德；居卑位，也因內蘊崇高美德，與人相處時不憤世嫉俗，同時保有志節，性格雖柔而剛，近於「外化而內不化」〔註17〕的境界。由此可見，董仲舒雖處不遇，但在自傷之後，能理性觀照自身與環境的關係：持守世有道則行、無道則隱的處世哲學，緘默自足、退居修德。其人性格，較之屈原、賈誼，少了悲憤，而轉為平和。較之後代世人，在仕途失意之餘，動輒寄情山水、離俗出世的超脫，董仲舒更多了入世的使命感。

第二節　《春秋繁露》的真偽爭議與價值

　　《漢書》為最早記錄董仲舒著作之文獻，分別載於〈董仲舒傳〉及〈藝文志〉：

　　　　仲舒所著，皆明經術之意，及上疏條教，凡百二十三篇。而說《春秋》事得失，《聞舉》、《蕃露》、《清明》、《竹林》之屬，復數十篇，十餘萬言，皆傳於後世。掇其切當世施朝廷者著於篇。〔註18〕

　　　　《公羊董仲舒治獄十六篇》〔註19〕（入春秋二十三家）

　　　　《董仲舒》百二十三篇〔註20〕（入儒五十三家）

　　據〈藝文志〉所載，班固時可見之董仲舒作品，有以公羊義例斷獄之案例十六篇，及其餘作品，合為一書，冠以作者董仲舒之名。而據〈董仲舒傳〉

〔註15〕宋・朱熹撰；廖名春點校《周易本義・上經》頁82。

〔註16〕宋・朱熹撰；廖名春點校《周易本義・上經》頁85。

〔註17〕郭慶藩輯；王孝魚點校《莊子集釋・知北遊》（臺北：華正書局，2004年）頁765。

〔註18〕漢・班固撰；唐・顏師古注；清・王先謙補注《漢書補注・董仲舒傳》頁4057。

〔註19〕漢・班固撰；唐・顏師古注；清・王先謙補注《漢書補注・藝文志》頁2930。

〔註20〕漢・班固撰；唐・顏師古注；清・王先謙補注《漢書補注・藝文志》頁2962。

之記載，並觀察其行文邏輯，為先敘明著作內容、類型，後結以所存篇籍及篇數。可知董仲舒傳世作品，在內容類型上約有兩類：一為「明經術之意，及上疏條教。」此部分為，將其學術思想與政策結合，作為施政綱領，或是鑑於國事，陳疏政見之內容。二為「說春秋事得失」此部分則是其春秋公羊學之理論知識。然而，《春秋繁露》未見於其中，故後世對此書的真偽多有討論。

　　據徐復觀《兩漢思想史》考察，「春秋繁露」作為書名，並明確登載於目錄中，首見於唐朝，由魏徵等人編纂的《隋書·經籍志》：「《春秋繁露》十七卷，漢膠西相董仲舒撰。」而《西京雜記》載有：「董仲舒夢蛟龍入懷，乃作《春秋繁露》。」由此可知《西京雜記》成書時期，已有《春秋繁露》一書。〔註21〕而《西京雜記》作者，據其書末之葛洪跋文所述：

> 歆欲撰《漢書》，編錄漢事，未得締構而亡，故書無宗本，僅雜記而已。……洪家具有其書，試以此記考校班固所作，殆是全取劉書，有小異同耳。并固所不取，不過二萬許言。今抄出為二卷，名曰《西京雜記》，以裨《漢書》之闕。〔註22〕

　　據葛洪之意，《西京雜記》內容為劉歆所撰，經葛洪編校成書。與《漢書》內容相較小有異同，有補充《漢書》之效。以此知在班固之時，尚未有《春秋繁露》一書，而至遲於東晉葛洪時，此書已成形流傳。或可推測，於西漢至東漢間並無此書，在魏晉之際，始有人將董仲舒的散佚篇章輯錄成書。

一、偽書說

　　《春秋繁露》在宋代疑古風氣的影響下，於學者間產生了對其真偽的質疑。認為此為偽書者，如程大昌、陳振孫、戴君仁、黃雲眉等人。程大昌在《祕書省繁露書後》提出：

> 《繁露》十七卷，紹興間董某所進。臣觀其書，辭意淺薄，間掇董仲舒策語，雜置其中，輒不相倫比，臣固疑非董氏本書。又班固記其說《春秋》凡數十篇，〈玉杯〉、〈蕃露〉、〈清明〉、〈竹林〉各為之名，似非一書。今董某進本，通以《繁露》冠書，而〈玉杯〉、〈清明〉、〈竹林〉特各居其篇卷之一，愈益可疑。……他日讀《太平寰

〔註21〕徐復觀《增訂兩漢思想史·卷二》頁307。
〔註22〕晉·葛洪集；成林、程章燦譯注《西京雜記全譯》（貴州：人民出版社，1993年）頁224。

宇記》、《太平御覽》及杜佑《通典》，頗見所引《繁露》語言，顧今
書皆無之，……是其所從假以名書也。……臣然後敢言今書非本真
也。〔註23〕

陳振孫亦言：

其最可疑者，本傳載所著書百餘篇，〈清明〉、〈竹林〉、〈繁露〉、〈玉
杯〉之屬。今總名曰《繁露》，而〈玉杯〉、〈竹林〉則皆其篇名，
此決非其本真。況《通典》、《御覽》所引，皆今書所無者，尤可疑
也。〔註24〕

戴君仁則於〈董仲舒不說五行考〉指出，《春秋繁露》中之五行思想不符
合《漢書・五行志》與本傳中〈天人三策〉裡呈現的董仲舒的陰陽五行觀，因
後兩者的內容可見董仲舒僅推陰陽，而未談論五行，故今本《春秋繁露》應為
偽書。〔註25〕另，黃雲眉亦言：

試以仲舒本傳「質樸之為性，性非教化不成。」二語，與是書「性
者天質之樸也，善者王教之化也，無其質則王教不能化，無其王教
則質樸不能善。」等句對照，其矯意離合之跡，蓋昭昭也。然則是
書故不僅書名偽而書亦偽也。〔註26〕

綜觀以上學者之說，程大昌主要提出四項疑點：一、辭意淺薄，不似董仲
舒之作。二、雜取《漢書・董仲舒傳》中策語的內容寫入《春秋繁露》中，並
以此為造假手法。三、取《漢書》中所著錄的董仲舒作品之名，附會至《春秋
繁露》的篇名。四、他書所引用的《繁露》內容，皆不見於今本內容中。而陳
振孫之說法，則是附和了前述程大昌的三、四項觀點。

黃雲眉則是以〈竹林〉、〈玉杯〉篇名與內容不具關連，而提出質疑。並在
此質疑的基礎上，認為《春秋繁露》中，與〈天人三策〉的相似之語及論述，
皆是造假者「矯意」牽附的證據。

對此書有疑慮，但說法較為中立者，有宋代《崇文總目》編者及歐陽脩。
《崇文總目》提出：「案其書盡八十二篇，義引宏博，非出近世，然期間篇第

〔註23〕漢・董仲舒撰；清・凌曙注《春秋繁露・舊跋》頁9。
〔註24〕張心澂編著《偽書通考・經編・春秋類》（上海：上海書店出版社，1998年）
　　　　頁414。
〔註25〕戴君仁〈董仲舒不說五行考〉（《國立中央圖書館館刊》第二卷第二期，1968
　　　　年）頁9〜19。
〔註26〕黃雲眉《古今偽書考補證》（山東：齊魯書社，1980年）頁300〜301。

已矣，無以是正。又即用〈玉杯〉、〈竹林〉題篇，疑後人取而附著焉云。」〔註27〕歐陽脩亦云：「予在館中校勘群書，見有八十餘篇，然多錯亂重複。又有民間應募獻書者，獻三十餘篇，期間數篇在八十篇外，乃知董生之書，流散而不全矣。」〔註28〕二人皆指出《春秋繁露》一書的篇章次序安排，及文章內容錯亂失序，以及篇名應是自《漢書》附會而來，然而並未特別質疑此書內容是否造假，僅言其書在流傳過程中有散佚、錯亂的現象。

二、非偽書說

認為《春秋繁露》非偽書者有樓鑰、蘇輿、徐復觀、鍾肇鵬等。樓鑰據胡榘所得之羅氏蘭臺本，反駁程大昌之說：「今編修胡君仲方榘宰萍鄉，得羅氏蘭臺本，刊之縣庠，考證頗備。先程公所引三書之言，皆在書中，則知程公所見者未廣，遂謂為小說者，非也。」〔註29〕蘇輿則認為：「且其文詞亦非後世所能到也。《左氏傳》猶未行於世，仲書之言《春秋》，多用《公羊》之說。」〔註30〕徐復觀則提出：

> 融合陰陽五行為一體，視五行為陰陽的分化，大約成於漢宣帝時代前後；《漢書·五行志》，即以五行同時代表陰陽。所以《春秋繁露》中陰陽五行的關係，仍在演進之中，這絕不能推前推後的。它代表了中國學術上的一大轉折點，成為漢代及董氏學術的特性。這是衡斷《春秋繁露》真偽問題的最重大眼目。而許多人對它的懷疑，主要是不能從中國思想史全面來把握其特點。〔註31〕

徐復觀指出，《春秋繁露》中，以陰陽概念為主、五行概念為輔，且陰陽、五行兩者概念並未混同。而在思想發展上，陰陽、五行概念的合流發生於東漢時期。故《春秋繁露》中的陰陽、五行觀正符合西漢時期的思想特色，並據以認為其書並非偽作。其他支持《春秋繁露》內容出自董仲舒之意見，包括書中部分篇目，亦復見於其他文集中之董仲舒著作，以及書中用語，非後世可造假等論點。

〔註27〕張心澂編著《偽書通考·經編·春秋類》（上海：上海書店出版社，1998年）頁412～413。
〔註28〕漢·董仲舒撰；清·凌曙注《春秋繁露·舊跋》頁16。
〔註29〕漢·董仲舒撰；清·凌曙注《春秋繁露·舊跋》頁11。
〔註30〕清·蘇輿《春秋繁露義證》（北京：中華書局，1992年）頁502～503。
〔註31〕徐復觀《增訂兩漢思想史·卷二》頁316。

以《春秋繁露》成書流傳時間，應介於東漢至魏晉時期而言，則應為後人編輯而成，既為後人所編，且無法確知編修者之身分、學術背景等資料，就不能完全排除書中雜入編修者所屬時代的用語、觀念想法的可能，亦不能確知後人雜入的內容份量多寡。

綜觀學者們疑其書之癥結點，可分為內容之真偽，及書名、篇名之真偽。書名、篇名之真偽，歷來學者皆質疑其取用《漢書》所載內容，牽附而成，但考量其為後人編成，則取史冊中之書、篇名以重之，亦為可能作法。且書名、篇名之牽附，亦不足以證成其書內容亦為偽作。

內容部分，有學者疑其文辭淺薄，或言其義引宏博、非後人可偽作，此論點實為評論者個人主觀感受，可能受其所見圖籍資料或學術能力厚薄而有所限制，若缺乏實例，則難以作為論斷其書真偽的可靠憑證。至於其他典籍所錄之《春秋繁露》內容，未見於今本的問題，則在得到更善本中得到解決。

歸結以上學者論點，《春秋繁露》一書，雖出於後人所編，在篇章名稱、次第上，或稍有錯雜、據古依託之嫌；在內容上，或竄入編者所屬時代之觀念及用語，但並非偽作，其大致仍為董仲舒思想之匯集。

且據徐復觀及賴炎元對《春秋繁露》篇章內容之理解，兩人皆對其書作出各篇章內容類型之整理。徐復觀分今本的一至十七篇，及另六篇為「闡發春秋之義」；列十八至六十一篇，為談陰陽、五行之義。〈郊語〉等六篇言尊天及所涉之祭祀、禮制。〔註32〕賴炎元則分一至十七篇為發揮春秋大義；十八至三十七篇為論君主治國原則與方法；三十八至六十四、七十七至八十二篇則主述天人相應；六十五至七十六篇則論尊天祭祀之事。〔註33〕

綜合兩人之分類，雖有多寡之異，但其類別實與《漢書·董仲舒傳》所載「明經術之義」與「說春秋事得失」頗為符合。因此透過此書，可以了解董仲舒獨特的春秋公羊學，以及其學術思想與施政理念結合的脈絡。

第三節　〈天人三策〉之對策時間與價值

關於董仲舒的〈天人三策〉研究，學界多聚焦其對策時間，且各家所持觀點不一，迄今未有定論。據《史記》、《漢書》於建元元年至元朔年間的記載，

〔註32〕徐復觀《增訂兩漢思想史·卷二》頁 310～311。
〔註33〕賴炎元《春秋繁露今註今譯》（臺北：臺灣商務，1984 年）頁 4。

武帝詔舉賢良共有三次：一於建元元年（140B.C.），載於《史記·平津侯主父列傳》〔註34〕與《漢書·武帝紀》〔註35〕；二於元光元年（134B.C.），見於《史記·封禪書》〔註36〕、《漢書·武帝紀》〔註37〕；三於元光五年（130B.C.），見於《史記·平津侯主父列傳》〔註38〕、《漢書·公孫弘卜式兒寬列傳》〔註39〕，以下以此三個時間點為主，試就學者們推論對策時間所持之論據，作整理與略述。

一、建元元年說

支持此說的主要根據有三：一為「舉孝廉政策之施行時間」、二為「武帝設置五經博士之時間」、三為「董仲舒任江都相之時間」。

以舉孝廉政策施行時間為依據，是根據《漢書·董仲舒傳》中「州縣舉茂才、孝廉，皆自仲舒發之。」〔註40〕而來。據此認為董仲舒的對策內容，開啟元光元年十一月舉孝廉的政策。以設置五經博士時間為依據者，亦是源於此語，皆以董仲舒之對策為開啟專為儒家經典置博士官職制度的源頭。而設置五經博士一事，《漢書·百官公卿表》則繫於建元五年。〔註41〕以董仲舒出任江都相之時間為依據者，則是基於《史記·儒林列傳》描述董仲舒時所載「今上即位，為江都相。」〔註42〕一語，認為董仲舒因對策為舉首，獲任江都相，且此事繫於「今上即位」之時，可推測為武帝即位初期之事，故建元元年最為吻合，基於以上三點，則有對策於建元元年之說，司馬光提出此說，

〔註34〕漢·司馬遷撰；瀧川龜太郎考證《史記會注考證·平津侯主父列傳第五十二》頁1183。

〔註35〕漢·班固撰；唐·顏師古注《漢書·武帝紀》（北京：中華書局，1962年）頁155。

〔註36〕漢·司馬遷撰；瀧川龜太郎考證《史記會注考證·封禪書第六》頁493。

〔註37〕漢·班固撰；唐·顏師古注《漢書·武帝紀》頁160。

〔註38〕漢·司馬遷撰；瀧川龜太郎考證《史記會注考證·平津侯主父列傳第五十二》頁1183。

〔註39〕漢·班固撰；唐·顏師古注；清·王先謙補注《漢書補注·公孫弘卜式兒寬列傳》頁4210。

〔註40〕漢·班固撰；唐·顏師古注；清·王先謙補注《漢書補注·董仲舒傳》頁4055。

〔註41〕漢·班固撰；唐·顏師古注；清·王先謙補注《漢書補注·百官公卿表》：「博士，秦官，掌通古今，秩比六百石，員多至數十人。武帝建元五年初置五經博士。」頁871。

〔註42〕漢·司馬遷撰；瀧川龜太郎考證《史記會注考證·儒林列傳第六十一》頁1259。

蘇輿亦持此說。〔註43〕

　　然而認為此說之不足處有二：一為自漢代開國以來，至董仲舒對策之時，期間歷時長度有矛盾。漢代開國至建元元年，共歷時六十七年，然而在董仲舒的第二次對策中則說：漢代開國至今已七十餘年，〔註44〕兩者時間相為矛盾，若據董仲舒之言，對策應晚於建元元年。二為夜郎、康居歸誼時間，對策中提及夜郎、康居已「悅德歸誼」，〔註45〕但據《史記》〈西南夷列傳〉、〈司馬相如列傳〉所載，夜郎通於建元六年後，〔註46〕康居之通則約於元光元年前後，〔註47〕兩者時間皆晚於建元元年。

二、元光元年說

　　此說的主要根據有三：一、董仲舒出任江都相之時間。二、夜郎、康居歸誼時間。三、公孫弘對策且為舉首之時間。董仲舒若於元光元年對策且獲任江都相，則對照《春秋繁露·止雨》所載，止雨一事行於江都王劉非二十一年，此年為元光二年，符合其於對策後獲任的時間順序。夜郎、康居歸誼時間皆為元光元年左右，因此對策於元光元年，則可符合此時間點。而參考公孫弘對策為舉首，則是源於對照董仲舒與公孫弘之對策。劉國民認為兩人所對應之皇帝策問不同，應非同年對策。而公孫弘因對策為舉首之事載於元光五年，故以排除法推測董仲舒對策於元光元年。〔註48〕

　　認為此說不足者則指出，《史記》、《漢書》都明確記載公孫弘對策時間為元光元年，因此不應置公孫弘對策於元光五年，並以此作為排除董仲舒於元光五年對策的依據。〔註49〕

三、元光五年說

　　此說主要以「災異之記」遭竊時間為推論依據。董仲舒因災異之記遭主父

〔註43〕清·蘇輿《春秋繁露義證·董子年表》頁479。
〔註44〕漢·班固撰；唐·顏師古注；清·王先謙補注《漢書補注·董仲舒傳》頁4029。
〔註45〕漢·班固撰；唐·顏師古注；清·王先謙補注《漢書補注·董仲舒傳》頁4038。
〔註46〕漢·司馬遷撰；瀧川龜太郎考證《史記會注考證·西南夷列傳第五十六》頁1204。
〔註47〕漢·司馬遷撰；瀧川龜太郎考證《史記會注考證·司馬相如列傳第五十七》頁1221。
〔註48〕劉國民《董仲舒的經學詮釋及天的哲學》（北京：中國社會科學出版社，2007年）頁76～77。
〔註49〕劉國民《董仲舒的經學詮釋及天的哲學》頁69。

偃竊取、上奏於武帝，幾死，自此後不復言災異。〔註50〕因此推論對策時間應於災異之記遭竊之前。而據《史記·平津侯主父列傳》所載，元光元年時，主父偃方西入關見衛青，此時主父偃尚未為武帝所知，故不可能因嫉恨董仲舒而竊其記以上奏。而主父偃為武帝所識，至其伏誅，約為元光五年至元朔二年間，故災異之記遭竊應發生於此時，而對策不晚於此期間。

又劉國民提出史冊所載之公孫弘對策年份可能有訛誤。其論點認為公孫弘對策於元光元年，其論據為對照《漢書·武帝紀》與《漢書·公孫弘卜式兒寬傳》之武帝策問，二者提問內容基本相同，應屬於同次對策。但兩者繫年不同，〈武帝紀〉繫於元光元年，〈公孫弘卜式兒寬傳〉則繫於元光五年，故認為其中必有一書繫年有誤。而考察何者有誤之推論，則以《史記·封禪書》為參考，其繫公孫弘對策一事於元光元年，劉國民認為《史記·封禪書》所載之時間較為可信，因其記錄方式為「……後六年，……其明年，徵文學之士公孫弘等。」其記年方式較少涉及數字，不易因傳抄而訛誤。反而《漢書》所載之「元」、「五」二字易因形近而訛誤，故推論公孫弘對策應參考《史記·封禪書》之記錄，繫於元光元年，並據此排除董仲舒於同年對策。〔註51〕

而如何繫董仲舒對策時間為元光五年，則提出兩證：一為武帝於元朔元年，針對薦舉孝廉一事詔令：「今或至闔郡而不薦一人，……議不舉者罪。」〔註52〕此舉可與董仲舒對策中「今以一郡一國之眾，對亡應書者。」之內容相為呼應，以及武帝於元朔五年頒行置博士弟子員政策，此亦可與對策中「願陛下興太學、置明師，以養天下之士。」、「諸不在六藝之科、孔學之術者，皆絕其道、勿使並進。」相為呼應，且亦符合班固所言，多項尊儒政策「皆自仲舒發之」的評論。

然此說之疑點在於，與《春秋繁露·止雨》篇之記錄相左。〈止雨〉篇顯示董仲舒於元光二年時已任職江都相，自然不合於元光五年對策，才任江都相之說。且《史記·儒林列傳》載董仲舒任職時間「今上即位，任江都相。」可見任江都相時間應在武帝即位後不久，因此若繫對策時間於元光五年，則有失之太後之疑。而此兩處疑點，劉國民則提出董仲舒可能於建元元年對策，且出任江

〔註50〕漢·班固撰；唐·顏師古注；清·王先謙補注《漢書補注·五行志》頁1919～1920。

〔註51〕劉國民《董仲舒的經學詮釋及天的哲學》頁74～77。

〔註52〕漢·班固撰；唐·顏師古注《漢書·武帝紀》頁166。

都相，但此年對策的內容並非今日載於《漢書》本傳中的〈天人三策〉。〔註53〕

整理以上各說，各家推論〈天人三策〉對策時間的主要依據為：一、《漢書》本傳中，以尊儒政策多「自仲舒發之」一語，連繫舉孝廉、置博士弟子員等政策實施的時間，作為繫年依據。二、以「今上即位，任江都相」一語，取武帝即位時間、董仲舒派任江都相的時間作為推測依據。三、參考夜郎、康居歸誼時間、主父偃竊取災異之記的時間等內容為推測依據。

雖然《漢書》以董仲舒為尊儒政策之倡導者，學者亦多依班固之言推論對策時間，但是，置博士弟子一事，於《漢書》、《史記》皆繫於元朔五年，且由官居御史大夫之公孫弘所建請實施，而此政策之提出是否涉及董仲舒，皆未提及，因此「皆自仲舒發之」一語，是否為一事實的描述，或是一概括讚賞之詞？僅以此語作為對策年份的推論依據是否可靠，實不無疑慮。〔註54〕然就《古文苑》中，董仲舒〈詣丞相公孫弘記室書〉內容，官員之間對當代局勢、政策的磋商、研議，逐步促使新政策成形亦是合理的情形。

因此，若以現有資料，欲推定〈天人三策〉的對策時間實有窒礙，但綜合各家推論可知，〈天人三策〉的內容與武帝當時詔舉賢良的頻率、當代尊儒政策具有密切聯繫。且對策內容，亦反映了武帝時期的漢帝國，與周邊民族的互動情形，及國家內政情況，如中央與地方間政令宣達、執行效率等。亦可見自漢武帝即位起，執政者對儒學及儒家經典的重視，且將之與政策逐步結合、推行實施的發展歷程。因此，我們可藉由「對策」此種具高度實用性的文體，來考察執政者在提問之中，所抱持的施政理念、意向，以及其所遭遇的施政問題。再藉由對策者的回應，理解其對國策走向的期待，及其思想理念。

小結

從〈士不遇賦〉可知，在漢代帝王專制、君尊臣卑的態勢已然穩固的情況下，當董仲舒面對君王威勢與臣僚讒害的壓迫，往往採取的是一種退避、不與世俗相刃相靡的姿態。如因災異之記下獄後，不復言災異。或任膠西相時，察

〔註53〕劉國民《董仲舒的經學詮釋及天的哲學》頁79~80。

〔註54〕深川真樹提出：「有學者認為，漢武帝將董仲舒思想作為指導思想，但持此觀點的學者並未論證漢武帝如何接受董仲舒思想，似乎只是依據武帝採納『推明孔氏，抑黜百家』的建議一事，先驗地預設了董仲舒的意識形態化。」深川真樹《影響中國命運的答卷：董仲舒賢良對策與儒學的興盛》（臺北：萬卷樓，2018年）頁9。

覺膠西王有篡上異心，婉言以諫，最終託病辭歸。可見董仲舒在壓力中選擇忠於自我理念。身為一政治人物，這象徵其理念與主張不會因上位者的權威或是私人名利而屈服、變異。因此其行為，表面看似退避，實則是對價值信念的持守。這在當時的時代氛圍、君臣結構中，何嘗不是一種勇氣？因此可先站在此人格認識的基礎上，再理解董仲舒所提出的政治理論及其中用心。

〈天人三策〉是應對皇帝施政疑難的答覆，與現實政治聯繫最為緊密。從中，我們能看出當代政治情勢、政策走向、社會氛圍及各種學術哲理所欲對治的時代問題。因此，這應是研究董仲舒政治思想的最佳材料，徐復觀亦認為：〈天人三策〉可視為《春秋繁露》的精華。〔註55〕而《春秋繁露》為後人輯錄而成，內容可能雜有後世詞彙、觀念，故在文獻的可信度上略遜於〈天人三策〉，但其書內容豐富，可能有對策時所不及言明的想法觀念、哲理結構，或是再行延伸的相關細節，若能適當參照，應能與對策中的論點達到比較及裨益之效。

回應當代問題、與政治實務最高度關聯的文獻，應屬〈天人三策〉，而在學術思想的廣博、豐富度而言，則是《春秋繁露》略勝一籌。因此，本文關注董仲舒的政治思想，將以〈天人三策〉為起點開展，從漢武帝的策問中，了解當代所面臨的政治、經濟民生等問題，以更貼近董仲舒所提供的施政策略、理念；再參照《春秋繁露》的相關論點作為補充，以求更全面關照其施政構想及藍圖。

〔註55〕徐復觀認為：「仲舒的〈賢良對策〉，係應策問所提出的，故不能不受策問所提問題的限制。但大體上說，它是《春秋繁露》的拔萃，或者可以說是一種「濃縮」本。在《春秋繁露》中，許多地方，是以構成他的奇特的哲學體系為主，使讀者不容易接受，反而淹沒了他許多寶貴的思想內容。〈賢良對策〉則以現實政治問題為主，他的天的哲學，在力求簡括中反退居於不太重要的地位，反容易為人所受。」徐復觀《增訂兩漢思想史‧卷二》頁422。

第三章　漢武帝之執政困境與需求

　　〈天人三策〉經由《漢書》的記載，後世多以此作為武帝獨尊儒術、罷黜百家的依據。然而董仲舒若確實以一己之力影響國君的施政走向，當是朝政上的重要事件，不僅是個人政治生涯的里程碑，也是儒學領域的巨大成就。但與董仲舒同時的司馬遷，卻未在《史記》上對此事有任何著墨，亦未為董仲舒單獨立傳，反而在較晚出的班固《漢書》，才為此事加以記載、推尊。

　　再者，細究〈天人三策〉中，武帝對應制者的稱呼，應制者非僅董仲舒一人，而為一批儒者。故有研究者認為，董仲舒的策論，可能出自劉向、劉歆父子整理宮中祕書時，因應當時政治問題，才進而使其受到重視。但在武帝時，僅為茫茫策論的其中之一而已。〔註1〕

　　因此，下文探討董仲舒在武帝尊儒行動中的位階，以及認識「對策」此種文體所牽涉的君臣關係及其切合時政的特質。再透過〈天人三策〉中，武帝策問的內容，瞭解當時的施政困境，藉以釐清武帝實行尊儒政策的考量及需求。

　　武帝時期的尊儒政策，據《史記・儒林列傳》載：

> 孝文帝本好刑名之言，及至孝景，不任儒者，而竇太后又好黃老之術，故諸博士具官待問，未有進者。及今上即位，趙綰、王臧之屬明儒學，而上亦鄉之，於是招方正賢良文學之士。……及竇太后崩，武安侯田蚡為丞相，絀黃老、刑名、百家之言，延文學儒者數百人，而公孫弘以春秋白衣為天子三公，封以平津侯，天下之學士靡然鄉風矣。〔註2〕

〔註1〕姚彥淇〈董仲舒與漢武「尊儒」關係之臆探〉（國立新竹教育大學語文學報第十四期，2007年）頁100。

〔註2〕漢・司馬遷撰；瀧川龜太郎考證《史記會注考證・儒林列傳第六十一》頁1254。

　　由此段資料可知，司馬遷即身處於此陣學術思潮轉變的關鍵時期，但在述及武帝興舉儒學的一系列行動時，列趙綰、王臧、田蚡為政策倡導之首；藉儒學獲致君王青睞授爵者，則列舉公孫弘。而言及董仲舒之處，僅在〈儒林列傳〉，且著重於其善治春秋經的學術成就上。可見在親身經歷政治學術思想，由黃老轉向儒學的司馬遷眼中，董仲舒僅是此波推動儒學進入政治的眾多儒生之一，並非關鍵要角，而是在《漢書》中，其地位才得到大幅提升。

　　且在〈天人三策〉的武帝策問中，對策者非僅董仲舒一人，如：「武帝制曰：……今子大夫待詔者百有餘人，……各悉對，著於篇，……以稱朕意。」〔註3〕另在《史記・平津侯主父列傳》中亦載：「上方鄉文學，招俊義以廣儒墨，弘為舉首，……太史公曰：漢之得人，於茲為盛，儒則公孫弘、董仲舒、兒寬。」〔註4〕可知董仲舒曾參與武帝策問，雖地位略遜公孫弘，但仍經由策論大放異彩，然而此學術風潮之興，與其說是儒生在策論中抬高儒學的地位，反而更似武帝已先有以儒學作為施政標竿的定向，才進而廣招儒生取用之。因此，或許不宜視董仲舒為武帝獨尊儒術、罷黜百家的源頭，而應視為促使儒學與現實政治結合的思想提供者。

　　因此對〈天人三策〉的探究，可著重於兩個層面：一是記錄了武帝在施政上的困境，以及期望達到的施政成效；二為董仲舒在對策中所提供的施政綱領，及其中反映的政治理念與思想特質。

第一節　策論的語境與漢初君臣關係

　　對策制度的設置，是應對君王所提出的治國疑問，並提出解決策略。保守者可避免施政錯誤；積極者則可提出治國原則、理念或制度，並供後世長遠依循。《文心雕龍・議對》認為，策論的形制始於漢代，進行方式是君問臣答，作為一種君臣間政見交流的模式：

> 對策者，應詔而陳政也；射策者，探事而獻說也。言中理準，譬射侯中的，二名雖殊，即議之別體也。古者造事，選事考言，漢文中年，始舉賢良，晁錯對策，蔚為舉首。及孝武益明，旁求俊乂，對

〔註3〕漢・班固撰；唐・顏師古注；清・王先謙補注《漢書補注・董仲舒傳》頁4017～4057本文所引用之〈天人三策〉內容皆依此本。

〔註4〕漢・司馬遷撰；瀧川龜太郎考證《史記會注考證・平津侯主父列傳第五十二》頁1190。

策者以第一登庸；射策者以甲科入仕，斯固選賢要術也。……贊曰：
議惟疇政，名實相課，斷理必剛，摛辭無懦，對策王廷，同時酌和，
治體高秉，雅謨遠播。〔註5〕

於實用層面而言，對策可作為政府的選才之法，亦是個人登庸致用之途；就內容層面而言，則關乎治國之方，故持論須以正派思想為理據，不宜譁眾取寵，方能使政策在宣導、施行上以理服人，且多有援引古聖先賢經驗作為參考的特色，以求達到以古驗今之效。

對策首重「言中理準」，需要正中靶心，這指出對策為一種命題式的回答，內容並非全然自由、開放的個人理念發表。不論是「應詔陳政」，或「探事獻說」，都顯現對策者需準確回應執政者的提問。執政者肩負善治天下之任，故策問內容，即可能反映當下國家局勢，及其特別關注的施政問題。而對策者的回應則反映了學者、群臣對此議題的觀察、考量，並以其學識、見聞、歷練作為立基點，在國君未能周全顧及的部分予以補充或修正。據此推想，對策者勢必要深明當前政治局勢、走向、困境、優勢等國家內外情況、條件，方能在對策時一語中的。因此，對策雖列為文體之一，但就形式、內容而言，其政治性、實用性皆遠高於文學性甚至哲理性，務求針砭時弊、切合實用。

對應制者而言，它則是兼具個人仕途與思想理念兩者，藉以求取顯用的媒介。策論正因關乎登庸致用、得見於君，故在鋪陳其說上，必然牽涉「說服」的藝術。《韓非子・說難》即指出，說服之難，不只在於說服者本身的學問、辯才，或不畏權威的勇氣，而在於正確掌握欲說服者的需求與其隱微的欲望：

凡說之難，在知所說之心，可以吾說當之，……所說陰為厚利而顯為名高者，而說之以名高，則陽收其身而實疏之；說之以厚利，則陰用其言而顯棄其身矣，此不可不察也。……凡說之務，在知飾所說之所矜而滅其所恥，……欲納相存之言，則必美名明之，而微見其合於私利也；欲陳危害之事，則顯其毀誹而微見其合於私患也。……夫龍之為蟲也，柔可狎而騎也，然其喉下有逆鱗徑尺，若人有嬰之者，則必殺人，人主亦有逆鱗，說者能無嬰人主之逆鱗，則幾矣。〔註6〕

〔註5〕梁・劉勰撰；王更生注譯《文心雕龍・議對》（臺北：文史哲出版社，2004年）頁442～444。

〔註6〕張素貞校註《新編韓非子・說難第十二》（臺北：國立編譯館，2001年）頁238～254。

較劉勰之論，韓非立足於法家的君臣結構下，著重從君臣間，權力不平等的緊張關係以及人心複雜隱微的欲求進行分析，點出人臣進說之難。身為遊說者，須掌握人君之思，巧避其惡、暗迎其好，方能盡其欲言之辭。

綜觀策論的寫作需求、用途與心理戰術等因素，韓非之說雖有過度迎合執政者的傾向，但考之於漢代君尊臣卑日益明顯的權力態勢下，君臣於論學、論政時，確實不乏「嬰人主之逆鱗」而身死囹圄刀鋸的例子。因此對策者如何在擁護理念與明哲保身間取得平衡，便成為漢代大臣共同面對的難題。

據賈山形容，漢初君王之威勢如雷擊般摧折眾臣，有過之而無不及：

> 雷霆之所擊，無不摧折者；萬鈞之所壓，無不糜滅者。今人主之威，非特雷霆也；勢重，非特萬鈞也。開道而求諫，和顏色而受之，用其言而顯其身，士猶恐懼而不敢自盡，又乃況於縱欲恣行暴虐，惡聞其過乎！震之以威，壓之以重，則雖有堯舜之智，孟賁之勇，豈有不摧折者哉？如此，則人主不得聞其過失矣；弗聞，則社稷危矣。〔註7〕

其中描述當時臣下懼於君王絕對的權威，往往不敢直言進諫，甚至造成士不能盡其才，君王不得聞其過的負面影響，同時反映漢代君臣的權力關係嚴重失衡的現象。此現象自漢初以來歷歷可數，如高祖劉邦在楚漢之爭勝出後，反藉不忠罪名殺恩人丁公，以此重建君臣倫理、強化忠君觀念。

素有寬厚美名的文帝，放任吳王劉濞、淮南王劉長坐大，即使面對賈誼、晁錯的削藩建議，皆「寬，不忍罰」，使劉濞更加蠻橫。〔註8〕但在處理新垣平假造「人主延壽」之玉以媚上一事，卻處以誅三族之罪。〔註9〕量此二例，文帝對諸侯王的寬忍，應是基於當時皇室之力尚不足與地方諸侯相抗，因擔憂削藩將動搖國本而採取的一時之計。但新垣平一案，阿諛媚上固為不正之舉，但處以夷三族之刑，其間罪、罰的比例亦失之過重。可見在君王可掌控的權力範圍內，對其君臣關係，常殘酷而寡恩。

景帝時，為削弱同姓諸侯力量，採晁錯之議削藩，引發諸侯王以清君側之名起兵叛亂。景帝為平定七國之亂，不惜誅殺晁錯換取諸侯退兵、為己解難。

〔註7〕漢・班固撰；唐・顏師古注；清・王先謙補注《漢書補注・賈鄒枚路傳》頁3789。

〔註8〕漢・司馬遷撰；瀧川龜太郎考證《史記會注考證・吳王濞列傳第四十六》頁1129。

〔註9〕漢・班固撰；唐・顏師古注《漢書・文帝紀》頁128。

此事不僅看到一心為皇帝出謀獻策的大臣，只是任其利用的棋子，臨難便可任意拋棄，且後續造成的漣漪效應為「是後官者，養交安祿而已，莫敢復議。」〔註10〕對爾後臣下對應君王的互動模式起了寒蟬效應。

　　漢代君臣間權力關係，由此可見一斑。君王為了維護自身威勢、穩定統治力量，可輕易折殺、犧牲為其盡忠效力之臣。因此，識時務者，或屈己以從君意；或調整學說，以求易於為國君接納，同時為己提供庇護。故應制者面對君王之提問，不僅需釐清國君施政之關注點，亦需關照時局中矛盾衝突的各方勢力，才能在回應施政需求、維護個人理念，與明哲保身之間取得平衡。

第二節　〈天人三策〉之策問內容

　　策論內容因以實用為導向，可反映當代社會、國君需求。故〈天人三策〉在內容上雖不比思想繁多豐富的《春秋繁露》為佳，但從策問中，卻可見君王所關注的現實問題、人格特質、時代氛圍；透過對策者之回應，則可見其思維邏輯、理念軸心，及其如何在失衡的君臣關係中，變化其思想的痕跡。以下透過〈天人三策〉中，武帝之策問，分析其所遭遇的施政問題。

一、第一策

　　第一策的策問可略分為三個層面：（一）以歷史經驗作為治國借鑒，其中法先王、法後王之問，應指向郡縣制的設置與落實。（二）探究天人之際，詢問災異、福瑞在人間之應驗與關聯。（三）詢問內政措施的修正以獲致更好的施政成效。

> 夫五百年之間，守文之君、當塗之士，欲則先王之法以戴翼其世者甚眾，然猶不能及，日以仆滅，至後王而後止。豈其所持操或誖謬而失其統與？
>
> 凡所為屑屑，夙興夜寐，務法上古者，又將無補與？
>
> 三代受命，其符安在？災異之變，何緣而起？性命之情，或夭或壽，或仁或鄙。習聞其號，未燭厥理。伊欲風流而令行，刑輕而姦改，百姓和樂，政事宣昭，……百穀登、德潤四海，……施虖方外，延及群生。

〔註10〕漢・司馬遷撰；瀧川龜太郎考證《史記會注考證・禮書第一》頁411。

　　「法先王」為效法古代君王的施政理念或措施，力圖重建禮樂制度、復返往昔之理想境界。「法後王」則不以古為高，主張取法近世君主因勢制宜，與時俱進的理念，在急遽變動、問題日新月異的情勢下，積極調整策略、尋求足以對治問題之方。林聰舜教授認為此兩種施政理念，實可視為儒家、法家兩種思維，〔註11〕而此提問，顯現出武帝希望順應政治社會中權力結構的變動，改變漢初不得已而施行的郡國制，轉而確立郡縣制，將權力完全收歸於皇帝一人。

　　災異、福瑞的印證則是探求人事處理的妥善與否。福瑞涉及了政權神授的概念，可視為漢政權對於其政權正當性的憂慮；災異則關乎君王對國祚永續的渴求。因此天人關係宜關注漢代政權來源之解釋，以及世局之變異源於人為或天意，此兩項垂詢皆欲得知，人對未來發展是否掌握主動權及決定權。

　　內政上，武帝著重法律與治安的關聯，並期望達到「風流而令行，刑輕而姦改」的境界，並據此延伸出對人性的探討，詢問人之情性既皆秉自天生，何以有仁鄙壽夭之異，以及法律施用輕重及其效度之關聯。繼安定內政之後，最終能達到遠播國威、四海來歸的理想。

　　綜觀第一策的主要問題，皆指向欲明天、人間之職分與關聯，且格外重視在天人關係中，人是否具備主動性，期望證明人的獨立價值，以及人對命運的主導性。

二、第二策

　　第二策策問則從天人之間，轉向對社會制度的關注：

> 夫帝王之道，豈不同條共貫與？何勞逸之殊也？
>
> 夫帝王之道豈異指哉？或曰良玉不瑑，又曰非文無以輔德，二端異焉。殷人執五刑以督姦，傷肌膚以懲惡。成康不式，四十餘年天下不犯。
>
> 今陰陽錯繆，氛氣充塞，群生寡遂，黎民未濟，廉恥冒亂，賢不肖混淆，未得其真。
>
> 今子大夫待詔百有餘人，或道世務而未濟，稽諸上古之不同，考之於今則難行。

〔註11〕林聰舜教授認為：「郡縣制是法家所推動的，封建，則是儒家所主張的周制。」並評論賈誼提出的「眾建諸侯而少其力」策略為：「表面上維護半封建半郡縣的制度，承認諸侯王存在的現實，但實際上是以漸進的手段，完成中央集權的目標。」指出此為：「兼具儒家形式與法家精神的主張。」林聰舜《西漢前期思想與法家的關係》（臺北：大安出版社，1991年）頁97。

　　此次策問可分為五個層面：（一）詢問治國何有勞逸之殊？此問題應可與黃老治術所代表的無為而治，以及儒家、法家相對積極的施政模式相互參照，反映武帝對政治意識形態的選擇問題，且有意將漢初以來的無為而治轉向積極有為。（二）禮制繁簡何宜之問。此可與漢代對禮制的作用並觀考察。（三）執法刑度寬嚴之問。此可與第一次策問中，內政、法律的部分合觀。（四）人才任用方面，賢、不肖混淆之問。（五）對儒生提出質問：儒者提出之施政理念往往迂闊於實務，難以解決當今面臨之困境。此可與第一策中法先王、法後王問題合觀，皆為對儒家理念與實務結合的質疑。可見，相對於第一策重視天人之際，第二策的問題則指向具體落實於人世中的政策制度與施用問題。

三、第三策

　　第三策策問則聯繫天人、古今之間，並提出不論論天與述古，都應將關注核心立足於人事及當代問題：

> 蓋聞：「善言天者必有徵於人；善言古者必有驗於今」故朕垂問天人之應，上嘉唐虞，下悼桀紂，寖微寖滅、寖明寖昌之道，虛心以改。

　　第三策的策問，聯繫天人、古今之議題，認為談論災異、福瑞，皆應驗合於人事；法古為治，亦須適用於今務，並再次重申欲得一可行之長遠、適用於所有情勢的治國準則。此次策問的主軸皆指向「明道」是為「致用」，不論言古或言天，都應發揮實際之成效，才有談論的價值，是承襲第二次策問，且更標誌出對「實效」的重視。

　　歸納三次策問提出的問題，可略分為三個層面：一為對政治意識型態選擇之問；二為尋求政權正當性之及政權永續之問；三為具體內政外交政策之問。

　　第一策中，法先王、法後王之問，與第二策中治國勞逸殊方之問，兩者皆可視為漢武帝對政治意識形態的選擇疑慮。其中涵括對黃老的無為而治、法家的強力干涉，兩種治術效益的探討，以及對儒家高懸理想、迂闊難行的質疑與解決方式的詢問。漢武帝之所以對這三種治術猶疑難決，可能涉及對亡秦的警惕、漢初黃老治術之不足，以及皇室權力分配之問題，最終形成尊儒的需求。

　　對天人、古今的探究，皆是出於對政權的維護。天人之際與祥瑞符應之探問，反映漢政權尋求君權神授的解釋，希望正本清源，讓歷史上首次出現的平民政權得到無可置疑的認可。而古今政權更迭與災異之說的探究，則是由歷史借鏡，作為當今施政依據，求取長治久安的治國之道。

具體施政策略的詢問，如法律與治安的關聯、禮制用度之繁簡、人才舉措之問，皆為在內政上追求經濟安定、降低犯罪、強化行政體系等成效，最終達到遠揚國威的野心。此反映了漢武帝對當下民生經濟與法律不足以止亂的憂慮，且又心懷向外擴展國勢之意圖。

第三節　漢武帝的執政困境

總結武帝策問中所展現的統治需求與困境，包含政治意識形態的選擇與確立、政權正當性之索求、內政外交之施政困境三者，將之結合相關史料，或可更理解武帝時期所面臨的政治環境及施政問題。

一、政治意識型態的選擇

武帝以儒家思想為政治意識形態，有歷史脈絡可循。遠從漢代對亡秦總結出之教訓，至漢初以來的黃老治術逐漸顯出不足；近則為武帝切身經歷的權力分配問題，都可能是促使武帝尊儒的原因。

（一）亡秦之教訓

秦終結了戰國以來諸侯分裂、征伐的局面，成為一統帝國、極權政治之首。但以少數人構成的統治階級，欲統領天下兆民及過往的諸侯領地，此政治局勢卻是無前人之跡可循。而秦朝為了統率其帝國所做的諸多措施，如文字、貨幣、度量衡等制度的統一，促進了經濟、物資及文化的交流，修長城以禦邊等國防創舉，卻只換來後世以「暴秦」作為對秦朝的概括描述。此蓋出於漢初學者們對秦亡之因所做的歸結。如陸賈言：

> 秦始皇設刑罰，為車裂之誅，以斂姦邪，築長城於戎境，以備胡、越，征大吞小，威震天下，將帥橫行，以服外國，蒙恬討亂於外，李斯治法於內，事逾煩天下逾亂，法逾滋而天下逾熾，兵馬益設而敵人逾多。秦非不欲治也，然失之者，乃舉措太眾、刑罰太極故也。〔註12〕

一句「秦非不欲治也」，可知漢初學者對秦朝所頒定的各項治國措施及其預期獲得的成效，並非視而不見，但秦朝二世而亡的殷鑑近在目前，因此漢初君臣皆以永保國祚、傳之無窮作為首要目標。對亡秦之反省，他們看見的是，在制度、法令之外，有更關鍵的治國要素，即執政者的中心思想及其相應而成

〔註12〕王利器《新語校注·無為》（北京：中華書局，1986 年）頁 62。

的君民關係，這才是牽動國家發展最重要的根源。《史記・秦本紀》於始皇三十四年，錄有一段秦朝眾臣以法先王、法後王為名，實為針對封建制與郡縣制的選擇而起的論辯。法先王是遵循上古聖王之治，法後王則有應時而變的彈性。秦一統六國後，便曾針對治國方式應效法先王分封諸侯，抑或成立郡縣、集權中央，發生過兩度論辯。〔註13〕

　　分封諸侯，是依循周制，屬於法先王的理念，支持者有丞相王綰與博士淳于越。王綰認為：「諸侯初破，燕、齊、荊地遠，不為置王，無以填之。請立諸子，唯上幸許。」淳于越亦認為：「殷周之王千餘歲，封子弟功臣，自為枝輔，……無輔拂，何以相救哉？事不師古而能長久者，非所聞也。」支持封建制度者，理由為君王勢力鞭長莫及，難以顧及偏遠轄區，又以殷、周之國祚綿長，是源於諸侯國之保護、輔助為說詞，故認定封建諸侯是治國的理想制度。

　　主張郡縣制度者，則以李斯為代表。李斯駁王綰，提出：「周文武所封子弟，同姓甚眾，然後屬疏遠，相攻擊如仇讎，諸侯更相誅伐，周天子弗能禁止。」反駁淳于越時更直指復古之不當，認為：「五帝不相復，三代不相襲，各以治，非其相反，時變異也。……且越言乃三代之事，何足法也。」又提出控制群眾思想利於治的觀點：「私學相與非法教，人聞令下，則各以其學議之，入則心非、出則巷議，誇主以為名，異取以為高，率群下以造謗。如此弗禁，則主勢降乎上，黨羽成乎下。」李斯認為執政者應著眼當下問題，並以歷史上明確的教訓作為施政考量。指出周朝行封建制度，最終造成諸侯凌駕天子之上的現象，提醒君王應以前人為鑑，才不致重蹈覆轍，更需防堵未來可能產生的不良效應，並積極尋求最佳策略。直言施政若不考量時代已然變遷，漠視過去的歷史教訓、一味復古，只是愚昧。

　　較之法先王，法後王著眼往昔制度已有明確缺失的史證，轉而尋求其他的施政策略，展現與時俱進的特質。但從李斯考量的初衷，到其採取的手段，最後導向了焚書坑儒的結果。由此可見，法家應時而變、維護君王權勢的思想，雖有其進步、易受君王青睞的一面，但其最初的考量，到最後政策的定案，中間施行的手段卻走向了暴虐無情的極端，反而成為秦朝迅速覆滅的一項原因。

　　法後王的施政理念以及秦朝執政團隊擬出的施政策略，顯現出法家嚴厲寡恩的缺失。漢初學者對秦之所以亡，亦多有論述。陸賈曾應高祖「試為我著

〔註13〕漢・司馬遷撰；瀧川龜太郎考證《史記會注考證・秦始皇本紀第六》頁111、117。

秦所以失天下，吾所以得之者何？及古成敗之國。」〔註14〕的要求，提出解答，今錄於《新語》；賈誼對亡秦的檢討，則載於〈過秦論〉。兩者皆指出秦朝任法不任德、君王以私害公、任人不賢等層面，提醒漢代君主逆取順守之道。

任法不任德方面，陸賈言：「桓公尚德以霸，秦二世尚刑而亡，故虐行則怨積，德布則功興」〔註15〕、賈誼於〈治安策〉亦云：

> 湯武置天下於仁義禮樂，而德澤洽，禽獸草木廣裕，德被蠻貊四夷，累子孫數十世，此天下所共聞也。秦王置天下於法令刑罰，德澤亡一有，而怨毒盈於世，下憎惡之如仇讐，既幾及身，子孫誅絕，此天下之所共見也。是非其明效大驗邪！人之言曰：「聽言之道必以其事觀之，則言者莫敢妄言。」今或言禮誼之不如法令，教化之不如刑罰，人主胡不引殷、周、秦事以觀之也？〔註16〕

兩人皆指出秦朝因獨任刑罰治國、不施仁義教化、待民苛薄寡恩，導致失去民心及政權。至於重刑可能導致的弊端，陸賈分析為：

> 夫刑重者，則身勞；事眾者，則心煩。心煩者，則刑罰縱橫而無所立；身勞者，則百端迴邪而無所就。是以君子之為治也，塊然若無事，寂然若無聲，官府若無吏，亭落若無民。……豈恃堅甲利兵，深刑刻法，朝夕切切而後行哉？〔註17〕

此說與《老子》：「法令滋章，盜賊多有。」的概念相應，司馬遷亦於〈酷吏列傳〉引此言曰：「信哉是言也！法令者治之具，而非制治清濁之源也。」〔註18〕非言法令無用，而是說過於嚴密的法網，對一般民眾恐有陷人於罪之虞；但對有心投機之徒，則無以防堵巧法鑽漏之行。循此而下，則法網日嚴，卻民怨四起、犯行不止，是立法者與投機者的惡性循環。陸賈此說再輔以其〈無為〉：「夫法令者，所以誅惡，非所以勸善，故曾、閔之孝，夷、齊之廉，豈畏死而為之哉？教化之所致也。」〔註19〕他認為，徒法不足以為治，欲中止「事眾」、「刑重」的根本之道在於推行教化。法治須與教化並濟，才能在整體

〔註14〕漢‧司馬遷撰；瀧川龜太郎考證《史記會注考證‧酈生陸賈列傳第三十七》頁1075。

〔註15〕王利器《新語校注‧道基》頁29。

〔註16〕漢‧班固撰；唐‧顏師古注；清‧王先謙補注《漢書補注‧賈誼傳》頁3686。

〔註17〕王利器《新語校注‧至德》頁118。

〔註18〕漢‧司馬遷撰；瀧川龜太郎考證《史記會注考證‧酷吏列傳第六十二》頁1261。

〔註19〕王利器《新語校注‧無為》頁65。

社會中形成良善風俗、養成淳厚民心，最終達到君民和諧，國家無事的境界。

在君王私欲無度方面，陸賈說：「關東群盜並起，秦發兵誅擊，所殺亡甚眾，然猶不止。盜多，皆以戍漕轉作事苦，賦稅大也，請且止阿房宮作者，減省四邊戍轉。」〔註20〕、「秦始王驕奢靡麗，好作高台榭、廣宮室」〔註21〕此顯現在帝王集權的制度下，君王掌握天下資源，卻耗費財貨、民力只為滿足個人私欲。不獨阿房宮，如修築皇陵、長城，皆是為滿足君王需求而起的浩大工程，但未考量民眾負擔能力，導致民怨四起，亦在社會引起追崇奢靡之風。

任人不賢方面，陸賈提出：「秦以刑罰為巢，故有覆巢破卵之患；以李斯、趙高為杖，故有頓仆跌傷之禍，何者？所任者非也。故杖聖者帝，杖賢者王，杖仁者霸，杖義者強，杖讒者滅，杖賊者亡。」〔註22〕、「秦王不能自信其自，而從邪臣之說，夫馬鹿之異形，眾人所知也，然不能分別是非也，況於闇昧之事乎？」〔註23〕此為針對秦末李斯、趙高專權擅政、君權旁落於佞臣的朝政景況，指出任賢與否、國君能否明辨眾臣之善惡曲直，與國家盛衰息息相關。

藉由對亡秦之檢討，可見法家的統御手段：極度的擴張君權，御下多以陰謀詭計，欲以之為齊一臣民的主要手段。但其高壓而欠缺情理、彈性的統治方式背離民心，被認為是秦朝迅速滅亡的原因。因此，漢初學者見只求速成、表面效益，卻不通情理的施政策略，無益於從根本改善社會風氣。所以在秦朝獨以法家為治的失敗經驗中，漢初學者提供給君王的治國方略，勢必增加教化、任賢、寬和等柔性內涵作為調劑，以免重蹈秦之覆轍。

（二）黃老治術之不足

漢代士人既著力探究秦朝實施高度法家政治的失敗，因此君王即便傾心法家的治術及理念，但在漢承秦弊、以史為鑒的浪潮下，漢代顯然已失去了讓法家公然站上政治舞台的空間。但面對政治，法家實提供了較為完整的策略，因此漢初執政者們為了確保法家的運作成功，選擇以道家作為包裝。以道家學說推闡法家的刑名統御術，形成了盛行於漢初的黃老思潮。

黃老思想源於戰國中晚期，此時的學術已多有融合現象，兼取各家之長，涵納於自家學說之中作為輔翼，以壯大自身學說、獲得君王青睞。如融合法家

〔註20〕漢・司馬遷撰；瀧川龜太郎考證《史記會注考證・秦始皇本紀第六》頁124。
〔註21〕王利器《新語校注・無為》頁67。
〔註22〕王利器《新語校注・輔政》頁51。
〔註23〕王利器《新語校注・辨惑》頁76。

思想的荀子、融合了老子思想的韓非等……。黃老思想，冠黃帝之名以自高，內容主要以老子學說，結合法家刑名又兼合各家而成。〔註 24〕發端於戰國中期，可上溯至《呂氏春秋》及《管子》，黃老思想在法家主導的秦朝稍退，在漢代發展為重要治術，集大成於《淮南子》一書。

　　黃老之治的效用，源於結合了法家的刑名、君王的南面之術；融入儒家的民本思想；並以道家無為思想轉化之。民本思想對人民有悲憫之情，展現在政策上則有與民興利的相關政策。對原始道家無為的轉化在於，相較先秦老、莊的不求用，處於平盛漢代的黃老則適於求用，因此黃老變化原始道家較消極避世的態度，轉為積極入世。漢初藉此「為無為」的統治策略，幫助國家度過戰後動盪、凋敝的時局。〔註 25〕

　　漢初統治者以此「為無為」的原則施政，在外交層面，展現於對匈奴的和親政策；經濟層面，則有調降、減輕租稅、繇役的政策，及各項政府撙節措施；法律層面：在漢承秦制「相國蕭何，攈摭秦法，取其宜於時者，作律九章。」〔註 26〕後，陸續對嚴苛秦法多所取消，如「孝惠皇帝、高后之時，黎民得離戰國之苦，君臣俱欲休息乎無為，故惠帝垂拱，高后女主稱制，政不出房戶，天下晏然、刑罰罕用、罪人是希。」〔註 27〕、惠帝四年「三月甲子，皇帝冠，赦天下。省法令妨吏民者；除挾書律。」〔註 28〕、呂后時期施行「除三族罪、妖言令。」〔註 29〕、景帝時期則有減笞法、定箠法之措施。〔註 30〕以上政策皆放

〔註 24〕陳師麗桂釋《淮南子・主術》：「以道家的無為、儒家的民本思想，配合法家刑名的明法、因勢、循名責實等政治架構與技術，申論人君之道，與君臣相與之理。」本文收錄於邱燮友、周何、田博元編著《國學導讀・淮南子》（臺北：三民出版社，1993 年）頁 457。

〔註 25〕陳師麗桂釋《淮南子・脩務》：「私志不得入公道，嗜欲不得枉正術，循理而舉事，因資而立功，……事成而身無伐，功立而名弗有。」對黃老「無為」的說明：「充分利用身邊資源，審時度勢而為，重視『為』的方法，以求其效益，屬積極之無為，有以靜制動的特質，轉化了老子守柔處後的本質。」說明「有為式無為論」：「賦老莊消極的無為以積極、顯實之義，朝應用一途去開展，以循道勤務、興制立功去改造道家的「無為」，使落實為順自然以積極建立事功。勤勉、力學因此亦成為「無為」的重要內涵。」本文收錄於邱燮友、周何、田博元編著《國學導讀・淮南子》頁 458。

〔註 26〕漢・班固撰；唐・顏師古注；清・王先謙補注《漢書補注・刑法志》頁 1539。

〔註 27〕漢・司馬遷撰；瀧川龜太郎考證《史記會注考證・呂后本紀第九》頁 186。

〔註 28〕漢・班固撰；唐・顏師古注《漢書・惠帝紀》頁 90。

〔註 29〕漢・班固撰；唐・顏師古注《漢書・高后紀》頁 96。

〔註 30〕漢・班固撰；唐・顏師古注；清・王先謙補注《漢書補注・刑法志》頁 1544。

寬了社會言論、行動及讀書自由，使人民免於恐懼且恢復文化的活力。其效用為穩定漢初政權，使初建立的王朝，在戰後能提高庶民經濟、安定社會民心。在此基礎之上，也成為了漢帝國未來發展、壯大的能量。

然而武帝在策問中論及治道之衰，自三代至秦，積重而難返。其論述中，對漢初之治，卻未有隻字片語的評述。漢初以來採行的黃老治術，亦能達到尊君明法、安定社會的功效，然而此治術雖成功安定了漢初社會的秩序、富足了民生與國力，但到了武帝時期，已漸漸無法滿足帝王對內、對外欲加強控管的需求，故需另尋一套新思維作為施政依據以滿足其統治理想。

黃老治術最後退出政治舞台的因素，一般多認為是黃老思想在本質上缺乏積極進取的銳氣。黃樸民認為：「黃老學固然有積極之因素，但是在實際施政上卻是採取消極保守之態勢，內容與形式有巨大矛盾。」〔註31〕賈誼〈治安策〉，深察當時政治局勢，並沉痛地提出各項建言，諸如同姓諸侯坐大，危害中央；漢廷面對匈奴，以和親獻璧之姿屈尊於匈奴之下；天下不分貴賤盡皆逐利，豪門大賈蓄積財利，富可敵國等危機。〔註32〕

賈誼固然對當代政治問題有深刻覺察，並積極提出策略，但文帝顧忌現實情勢、中央條件不足，即便深知賈誼遠見，仍難以執行其主張。〔註33〕但由此仍可得知，黃老思想在漢初雖有益於君王治理的一面，但在國家整體發展藍圖上，仍有守成不進取的缺失。另一方面，則是因循無為、寬合容忍的策略，雖緩和了諸侯王與中央朝廷的勢力矛盾問題，但也反向導致了地方勢力的坐大。諸侯王勢力一直困擾著漢初的統治者。高祖時期，異姓諸侯雖已多被剷除，但在文、景時期為了削弱同姓諸侯勢力，行晁錯削藩之議引發了七國之亂，終究暴露了在權勢角力上，寬容為政之不足。〔註34〕

〔註31〕黃樸民《天人合一：董仲舒與兩漢儒學思潮研究》（湖南：岳麓書社，2013 年）頁 52～53。

〔註32〕漢・班固撰；唐・顏師古注；清・王先謙補注《漢書補注・賈誼傳》頁 3652～3692。

〔註33〕陳師麗桂言：「因推行「黃老治術」而進入調養狀態的文帝朝廷與社會，在賈誼看來，（據〈治安策〉所述）竟是如此地千瘡百孔，不忍卒睹，……他把漢廷至武帝朝才能解決的問題，包括削藩、伐匈奴等理論，提前了幾十年來要求文帝實行，由於時空條件、主客觀因素等諸多難以配合，注定了不能見諸實現的結果。」〈從《新書》看賈誼融合儒、道、法的思想要論〉（《國文學報》第 24 期，1996 年）頁 138～187。

〔註34〕李宗桂〈董仲舒政治哲學探微〉《二十一世紀當代儒學論文集Ⅰ：儒學之國際展望》（桃園：中央大學儒學研究中心，2015 年，頁 429～438）頁 429。

且在策問中，武帝屢次自述重視農事、以為農先，以及欲拓權四方、壯大國勢的野心，其實高度脗合法家思想。《商君書》探討壯大國勢之要素，提出首重農戰：「國待農戰而安，主待農戰而尊。」、「入使民盡力，則草不荒；出使民致死，則勝敵。勝敵而草不荒，富強之功，可坐而致也。」〔註35〕其說明富國強兵之目的與達致手法，相當符合武帝需求。但亡秦之鑑近在目前，批評秦法苛暴的聲浪不絕於世，因此，雖然法家思想最迎合一統、集權君王的心意，卻受制於漢代無法公然以法家作為統治意識形態的命運，故在帝國發展至武帝時期，黃老治術亦開始顯現其不足時，就恰好給了儒家登上政治舞台的契機。

（三）權力分配與尊儒

武帝的尊儒行動，與大量起用儒生的時間，皆於竇太皇太后崩殂時始，然在武帝之前，已有皇帝逐漸重視儒學的先兆。此可自《史記・儒林列傳》記錄漢初君王在哲學思想的偏好與對儒生之進用情況，略見一斑：

> 孝惠、呂后時，公卿皆武力有功之臣。孝文時頗徵用，然孝文帝本好刑名之言。及至孝景，不任儒者，而竇太后又好黃老之術，故諸博士具官待問，未有進者。〔註36〕

此段描述文帝時，謂其「本好刑名之言」；描述竇太后時，言其「好黃老之術」，但對景帝的描述則較為不同。《史記》描寫文帝及竇太后時，除了說明在其任內，以黃老治術為治國方針外，亦明確指出其喜好，但在描述景帝時，僅言其「不任儒者」，此語僅能看出施政舉措，卻不能斷言喜好。但我們可從景帝的兩件行動，略見其對儒學的接納度，應是超越其前的君王。

> 竇太后好老子書，召轅固生問老子書。固曰：「此是家人言耳。」太后怒曰：「安得司空城旦書乎？」乃使固入圈刺豕。景帝知太后怒而固直言無罪，乃假固利兵，下圈刺豕，正中其心，一刺，豕應手而倒。太后默然，無以復罪，罷之。〔註37〕

竇太后召儒學博士轅固生問老子書，卻遭轅固生批評為一家之言，怒使之入圈刺豕。景帝暗假其利劍，終使解圍。且景帝嘗以王臧為太子傅，負責教育國家未來接班人，為其培養理想的帝王人格、道德襟懷與治國理念。因此，被

〔註35〕貝遠晨注譯；陳滿銘校閱《新譯商君書・農戰》（臺北：三民，1996 年）頁 23。
〔註36〕漢・司馬遷撰；瀧川龜太郎考證《史記會注考證・儒林列傳第六十一》頁 1254。
〔註37〕漢・司馬遷撰；瀧川龜太郎考證《史記會注考證・儒林列傳第六十一》頁 1257。

任命的人選，其個人名望、品行、理念，不僅須禁得起檢視，相對也反映出當時君王對國家未來發展的規劃。而王臧的學術背景，是魯國治《詩經》的儒學大師申培的弟子〔註38〕，由此兩件行動，可見景帝在位時，對儒學應有較高的接納度，只是未明顯展現在官員的派任上。

《史記》描述武帝時，則明確記載了武帝對儒學的喜好：「及今上即位，趙綰、王臧之屬明儒學，而上亦鄉之。」〔註39〕但武帝對儒學的喜好，卻在與政策結合上，屢次遭受竇太后的阻撓。如立明堂一事，〈儒林列傳〉載：趙綰、王臧與武帝議立明堂，事未果，因「竇太后好老子言，不說儒術，得綰、臧之過以讓上，上因廢明堂事，盡下趙綰、王臧吏。後皆自殺。」〔註40〕可見在武帝即位初期，竇太后對朝政仍有高度影響力。

竇太后之政治經驗，自其為文帝皇后至武帝即位之時，已歷四十餘年，且武帝即位初期，政事的處置，尚須請示竇太后，可見其對政治之把持。則在此四十餘年中，朝中必不乏相關的人脈與勢力，此可自武帝登基時的執政團隊獲得驗證，除了原丞相衛綰被以不積極任事遭免職，武帝即位後的三公，分別為丞相竇嬰、太尉田蚡、御史大夫趙綰，之前任太子傅的王臧，則任郎中令。

竇嬰為竇太后堂兄之子，因助平定七國之亂而封侯。田蚡為武帝親舅。除趙綰、王臧有儒學背景，與武帝關係及對儒學的喜好較為接近外，三公之二的竇嬰及田蚡，二人雖亦好儒術，但身分皆為外戚。此執政團隊的組成，顯現的意義是既能給予外戚政治上的地位，尤其以竇氏居於丞相之位最具象徵意義，但同時又具有好儒的思想傾向，符合武帝的喜好。而此執政團隊推動的尊儒舉措及後續效應，再次反映出竇太后在政壇上的權力地位。《史記》記載：

> 魏其、武安俱好儒術，推轂趙綰為御史大夫，王臧為郎中令。迎魯申公，欲設明堂，令列侯就國，除關，以禮為服制，以興太平。舉適諸竇宗室毋節行者，除其屬籍。時諸外家為列侯，列侯多尚公主，皆不欲就國，以故毀日至竇太后。太后好黃老之言，而魏其、武安、趙綰、王臧等務隆推儒術，貶道家言，是以竇太后滋不說魏其等。及建元二年，御史大夫趙綰請無奏事東宮。竇太后大怒，乃罷逐趙

〔註38〕漢・司馬遷撰；瀧川龜太郎考證《史記會注考證・儒林列傳第六十一》頁1256。
〔註39〕漢・司馬遷撰；瀧川龜太郎考證《史記會注考證・儒林列傳第六十一》頁1254。
〔註40〕漢・司馬遷撰；瀧川龜太郎考證《史記會注考證・儒林列傳第六十一》頁1256。

縮、王臧等，而免丞相、太尉，以柏至侯許昌為丞相，武強侯庄青
翟為御史大夫。魏其、武安由此以侯家居。〔註41〕

此次改革，包括設明堂、列侯就國、解除關禁、舉發皇室成員不檢行為等措施。設明堂，即效仿古代天子設立君王朝會諸侯的場所及相關制度，而建立明堂朝覲制度，具有明上下尊卑、尊隆皇權的作用。其次，列侯是漢代對異姓大臣的最高封爵，而此政策要求未任官職的列侯返回封地，除可減輕首都的經濟負擔外，以周勃的例子觀之，雖其曾平定諸呂之亂，有穩定劉氏江山之功，仍不免遭文帝提防，最終免其丞相職位，使其返回封國。李開元便以此指出，皇帝對京城中列侯的勢力，頗感威脅。〔註42〕因此，列侯就國也可視為皇帝打擊、疏遠重臣的策略。〔註43〕除關，則是解除諸侯的關禁，表明天下一家，可削弱諸侯對其封國的掌控力及諸侯國獨立性。而舉適諸竇宗室毋節行者，除其屬籍，則是舉發外戚、皇室中品行不良者，撤銷其貴族身分。

查此一系列措施，立明堂、以禮為服制，是為尊崇皇室、明階級尊卑，有較明顯的儒生派作風；除關、令列侯就國，與舉發貴族之毋行者，則有明顯削弱諸侯、外戚勢力、強化皇權的意味。最後在列侯不滿就國一事，譖言於竇太后，又加以趙綰奏請武帝不須「奏事東宮」，引發竇太后怒氣，導致驅逐王臧、趙綰；廢除竇嬰、田蚡職位。而此兩件事，皆與外戚勢力被削減有關，反映出武帝即位初期，朝政大權仍由竇太后主導，外戚與皇帝之間仍存在著權力分配問題。

武帝對此事件的應對，則是以退為進，將王臧、趙綰下獄，任命許昌為丞相、庄青翟為御史大夫。直到竇太后崩逝，才以喪禮舉辦不周為由，將二人免職，復用田蚡，但不再起用屬於竇氏的竇嬰。且在竇太后即將逝世之時，武帝才有較明顯的尊儒政策。

〔註41〕漢・司馬遷撰；瀧川龜太郎考證《史記會注考證・魏其武安侯列傳第四十七》頁 1137～1138。

〔註42〕李開元以西漢時期，陳平、周勃等誅除諸呂之事，分析列侯對皇權的潛在威脅提出：「列侯，乃漢初軍功受益階層之代表，諸呂之變，主要是以呂氏為中心的宮廷政治勢力和漢初軍功受益階層政治勢力衝突的結果，是列侯大夫們所發動的一次成功的政變。」而分析此次政變成功理由為「列侯們居於京城之中，能夠互相聯繫串通。」所以使列侯就國，便能降低其叛亂的風險，使皇權安定。李開元《漢帝國的建立與劉邦集團——軍功受益階層研究》（北京：生活、讀書、新知三聯書店，2000 年）頁 212～214。

〔註43〕漢・司馬遷撰；瀧川龜太郎考證《史記會注考證・絳侯周勃世家第二十七》頁 800。

　　從人事的變動、政策的施用上，可窺見潛伏於政局中的各派勢力角逐。自呂后以降，漢代君王之得位，多與母系勢力相關，〔註44〕加以漢初時期皇室有制衡異姓諸侯的需求，因此許多君王面對已然成形的外戚勢力，多所顧忌。透過人事的變動，或可推想，武帝之尊儒、疏離黃老，除了象徵國家發展策略的轉變外，亦可能著眼於君王自身人馬的培植。漢初君王欲擺脫易有兵權威脅的軍功階級，以及易產生長輩、平輩間尊卑混淆的同姓諸侯王，以及傾軋皇權的外戚勢力。而要脫離這三方的勢力角逐，君王就須培養自身的人馬，較能保障其對自我的忠誠。

　　藉由尊儒行動中，設立五經博士、察舉孝廉、興辦太學等措施，不僅可建立君王自身的人才庫，又不會主動將既得利益團體間的矛盾衝突尖銳化，因此尊儒政策，亦可能是武帝為穩固君王自身勢力的一個環節。

二、政權正當性之需求

　　探究武帝在策問中提出的問題，除第二次策問的內容多指向具體落實於現世的制度，諸如：禮儀之繁簡、律令、教化制度的制定、施用原則。第一、三次策問內容較為相近，皆指向以歷史上聖王得祥瑞之符、暴君受災殃之說，探求今世的祥瑞之應：

> 烏虖！凡所為屑屑，夙興夜寐，務法上古者，又將無補與？三代受命，其符安在？災異之變，何緣而起？〔註45〕

> 蓋聞「善言天者必有徵於人，善言古者必有驗於今」。故朕垂問乎天人之應，上嘉唐虞，下悼桀紂，寖微寖滅，寖明寖昌之道，虛心以改。〔註46〕

　　合觀一、三策的內容，可發覺武帝有「天職掌人事」的想法，認為天之執掌包涵：能對人間、統治者降災異祥符的能力；能決定國運發展之興衰；能掌人之性命長短、仁鄙等。這三項對天職的認知，雖各有其側重點，但大致皆指向一個核心：天對人，無論個人或社會群體，皆有掌控性。其中隱有尊天與天

〔註44〕邢義田提出：「真正左右兩漢皇帝繼承的，通常是皇帝背後成群結黨的外戚和宦官。漢代外戚得勢，自呂后已開其端。呂后除力保自己兒子繼高帝後登上皇位，更於惠帝死後，連立惠帝兩個幼子恭、弘為少帝，自己臨朝稱制。」邢義田《天下一家：皇帝、官僚與社會》（北京：中華書局，2011 年）頁 26。

〔註45〕漢・班固撰；唐・顏師古注；清・王先謙補注《漢書補注・董仲舒傳》頁 4019。

〔註46〕漢・班固撰；唐・顏師古注；清・王先謙補注《漢書補注・董仲舒傳》頁 4043。

命觀的思想於其中。

尊天，是建立在認同天對人世有介入、指導的前提下必然產生的情感與思想。而以人世治亂發展作為天象祥災的解讀憑據，並將此尊天思想與法古施政連結。此種連結，是希望經由對往昔治世有祥瑞、亂世有災異的說辭，推導出因果關係或具有可信度的內在關聯，以探求在天人感應的架構下，人如何上應天命，並獲取理想的治國之道，尊天與法古二者便由此連繫為一。

值得探討的是，武帝何以有此天人關係的預設立場？且此種尊天法古的思想，亦與司馬遷「究天人之際，通古今之變，成一家之言。」〔註47〕的概念極為類似。個別思想家藉由融通古今、天人，提出一己創見，並藉以作為人世間現實問題的處理依據，此應是漢初學者共同關心的議題。而漢初如此關注古今、天人關係，是否有其特殊理由？

分析尊天法古的理論邏輯，其中同時有「以史為鑑，以惕己行」的理性層面，亦具有以自然現象解釋人世的非理性層面。然而自先秦戰國以來，對天的觀點，便不乏有以物理角度看待天與災異現象的學說。若以物理角度視災異之象，皆不過是罕見的自然現象，天與人事間不存在因果連結，而古籍、傳聞中天命歸於有德之君的內容，即為面對政權更替，由人所附會上去的解釋。

因此，或可據以推論，尊天法古觀，對相信的人而言，能達到督促自我、黽勉行道的功效；對不相信、卻用此論點的人而言，尚能藉操作天人關係的解釋，以達到穩固政權、拉攏民心的功效。

而一個政權，對天人關係的了解與詮釋，「為治道提供方向」是它的作用，「解釋政權的正當性」，證明自己是天命所歸，則是它被君王需要的理由，而兩者皆是它能達成的效果。漢代作為中國有史以來第一個平民出身的政權，確實面臨著「政權正當性」的解釋需求。〔註48〕

漢之興，起於秦末的農民起義，而漢代的開國之君劉邦出身鄉里，漢代是中國史上第一個非貴族卻登上至尊之位、掌天下之權的朝代，自然會有此需求。《史記·儒林列傳》載有景帝之時，轅固生與黃生對政權更替，與政權正當性的論辯：

　　清河王太傅轅固生者，齊人也。以治詩，孝景時為博士。與黃生爭

〔註47〕梁·蕭統編；唐·李善注《文選·司馬子長報任少卿書》（上海：上海古籍出版社，1986 年）頁 1865。
〔註48〕馮友蘭《中國哲學史新編（第三冊）》頁 52。

論景帝前。黃生曰：「湯武非受命，乃弒也。」轅固生曰：「不然。夫
桀紂虐亂，天下之心皆歸湯武，湯武與天下之心而誅桀紂，桀紂之
民不為之使而歸湯武，湯武不得已而立，非受命為何？」黃生曰：
「冠雖敝，必加於首；履雖新，必關於足。何者，上下之分也。今
桀紂雖失道，然君上也；湯武雖聖，臣下也。夫主有失行，臣下不
能正言匡過以尊天子，反因過而誅之，代立踐南面，非弒而何也？」
轅固生曰：「必若所云，是高帝代秦即天子之位，非邪？」於是景帝
曰：「食肉不食馬肝，不為不知味；言學者無言湯武受命，不為愚。」
遂罷。是後學者莫敢明受命放殺者。〔註49〕

　　黃生主張湯、武為「弒君」，此說雖能使君臣地位恆不可易，達到鞏固君
權、益於集權制度的作用，卻使漢代秦而立喪失正當性。轅固生以天命為民心
所歸，認為失德之君自可取而代之。此說雖不能維護君權的神聖不可侵犯，卻
能巧妙解釋漢代秦而立的正當性。此次論辯，景帝最終以「食肉不食馬肝，不
為不知味；言學者無言湯武受命，不為愚。」作結。古人以馬肝有毒，而景帝
以毒物比擬湯武革命、受命之議題，是以此議題具有難以處理的爭議，僅能以
擱置結束論辯。

　　以景帝的處理方式可知，漢政權之受命與否、其正當性是否經得起檢視，
成為漢代帝王宛如芒刺在背的問題。而時至武帝時期，因其深具「欲有為於天
下」的野心，或可如此推想：武帝欲拓威四方之際，其施政可能改變漢初以來
休養生息的傳統，開始興用民力，導致輿論、國情由穩定進入變動。因此，更
需要一套詳實的天人理論來解釋其政權的正當性，以鞏固國家的安定。

三、軍事與內政問題：軍事、經濟、法律、禮制

　　據《史記・匈奴列傳》〔註50〕與《漢書・匈奴傳》〔註51〕記載的漢匈關
係：高祖時期，劉邦曾遭白登之圍，後因陳平重賄閼氏才得以脫險。自此時開
始，便奠定了高祖至武帝初年，以和親、經濟輸送為主的對匈政策。

　　呂后時期，延續和親、以防禦為主的策略，雖換取了漢初時期，國內休養
生息的機會，卻反使匈奴對漢態度益發驕慢。在文帝時期，即便有和親之誼，

〔註49〕漢・司馬遷撰；瀧川龜太郎考證《史記會注考證・儒林列傳第六十一》頁1257。
〔註50〕漢・司馬遷撰；瀧川龜太郎考證《史記會注考證・匈奴列傳第五十》頁1160
　　　～1164。
〔註51〕漢・班固撰；唐・顏師古注；清・王先謙補注《漢書補注・匈奴傳》頁5691。

匈奴仍屢次背信犯邊，甚至攻擊朝那蕭關；殺漢廷官員北地督尉、擄掠人民及
畜產，不僅造成人民、漢政府的實質損失，也嚴重挑戰漢廷的威信及主權。景
帝時期，因朝廷陷於七國之亂，內憂纏身，更難以顧及外患，因此延續和親之
計，雖無重大戰事，但邊境仍屢傳小規模戰爭。

　　對此漢匈關係的觀察，班固在〈匈奴傳〉的論贊中即指出和親、賄賂匈奴
政策之不當，認為自呂后至景帝時期，匈奴對漢的種種侮慢、背信都是「和親
無益，已然之明效也。」〔註52〕傳統的柔性策略，雖能換取一時之安定，但絕
非長遠之計，無法根本解決匈奴對漢形成的威脅。因此在武帝時期，國內政權、
經濟邁向安定，條件成熟後，便轉變了對匈政策。

　　武帝對匈奴策略之檢討，在元光二年出現明確轉折。建元六年，匈奴請和
親，武帝仍行和親之傳統策略，但之後邊境仍屢次遭犯。元光二年，武帝決定
於馬邑設兵伏擊匈奴，〔註53〕事雖未成，但已顯示武帝的對匈策略由消極轉為
積極，由和親獻璧，轉為武力征伐。但這對外政策的轉變，也勢必將國內轉為
戰備型態。處於備戰狀態中的國家，所需兵力、人力、經費、糧食的需求都將
大為提高，即便累積了漢初以來寬裕的財富、糧食，也面臨入不敷出的窘境。
因此這項對外策略的轉變，影響層面不只外交一環，基於兵源、財源衍生而出
的影響，便反映在土地、經濟、法律等內政層面。

　　漢初因黃老之治，施行與民休息政策，改善了戰後民生經濟凋敝的問題。
《史記‧平準書》記錄期間發展：〔註54〕

> 至孝文時，莢錢益多，輕，乃更鑄四銖錢，其文為「半兩」，令民縱
> 得自鑄錢。故吳諸侯也，以即山鑄錢，富埒天子，其後卒以叛逆。
> 鄧通，大夫也，以鑄錢財過王者。故吳、鄧氏錢布天下，而鑄錢之
> 禁生焉。匈奴數侵盜北邊，屯戍者多，邊粟不足給食當食者。於是
> 募民能輸及轉粟於邊者拜爵，爵得至大庶長。
> 孝景時，上郡以西旱，亦復修賣爵令，而賤其價以招民；及徒復作，
> 得輸粟縣官以除罪。益造苑馬以廣用，而宮室列觀輿馬益增修矣。
> 至今上即位數歲，漢興七十餘年之間，國家無事，非遇水旱之災，
> 民則人給家足，都鄙廩庾皆滿，而府庫餘貨財。京師之錢累巨萬，

〔註52〕漢‧班固撰；唐‧顏師古注；清‧王先謙補注《漢書補注‧匈奴傳》頁5710。
〔註53〕漢‧司馬遷撰；瀧川龜太郎考證《史記會注考證‧匈奴列傳第五十》頁1164。
〔註54〕漢‧司馬遷撰；瀧川龜太郎考證《史記會注考證‧平準書第八》頁511。

貫朽而不可校。太倉之粟陳陳相因，充溢露積於外，至腐敗不可食。
眾庶街巷有馬，阡陌之閒成群，而乘字牝者儐而不得聚會。守閭閻
者食粱肉，為吏者長子孫，居官者以為姓號。故人人自愛而重犯法，
先行義而後絀恥辱焉。當此之時，網疏而民富，役財驕溢，或至兼
并豪黨之徒，以武斷於鄉曲。宗室有土公卿大夫以下，爭于奢侈，
室廬輿服僭于上，無限度。物盛而衰，固其變也。

由此可見，漢初採行的政策包括：降低對國家資源的控管、減免農民田租
等重農抑商政策，以及降低賦稅、納粟除罪、買爵等制度。使社會經濟逐漸復
甦，人民、政府漸有餘財。經濟無虞則民心安定、知禮守法。此為其政策之益
處，但亦伴有隱憂。由於經濟復甦，人對物質的追求日益提升，造成社會不論
階級貴賤盡逐利，民心漸變。且此貪婪之心又因當時法令寬鬆、政府控管度低，
使諸侯富賈憑藉富貴兼併土地、壟斷資源、私鑄貨幣謀取暴利，資產甚至富可
敵國。司馬遷描述這種富商聚斂財富，「冶鑄煮鹽，財或累萬金，而不佐國家
之急，黎民重困。」〔註55〕對社會與政府皆形成危害。就社會層面而言，司馬
遷認為貧富的差距，自然會形成人際間主從尊卑的態勢：「凡編戶之民，富相
什則卑下之、伯則畏憚之。千則役、萬則僕，物之理也。」〔註56〕人們對於財
產數倍於己的人，會低聲下氣、心生畏懼，甚至為其役使。可見財富不僅是人
們維生的根本，更可以成為證明自身成就的指標，掌握財富的人就等同掌握了
權力。因此，當貧富落差懸殊，便造成巨商富賈無視法紀、橫行鄉里，形成治
安問題。就政府層面而言，富商所擁資產可能重於皇室，但卻不能為國家所用，
最終可能成為執政者欲整肅的目標。因此，在武帝對匈奴、西南夷的態度轉為
強硬後，影響了國內民生、經濟的變化，使這些長期積累的社會問題浮上檯面。
《史記‧平準書》載：

自是之後，嚴助、朱買臣等招來東甌，事兩越，江淮之閒蕭然煩費
矣。唐蒙、司馬相如開路西南夷，鑿山通道千餘里，以廣巴蜀，巴
蜀之民罷焉。彭吳賈滅朝鮮，置滄海之郡，則燕齊之閒靡然發動。
及王恢設謀馬邑，匈奴絕和親，侵擾北邊，兵連而不解，天下苦其
勞，而干戈日滋。行者齎，居者送，中外騷擾而相奉，百姓抏獎以

〔註55〕漢‧司馬遷撰；瀧川龜太郎考證《史記會注考證‧平準書第八》頁514。
〔註56〕漢‧司馬遷撰；瀧川龜太郎考證《史記會注考證‧貨殖列傳第六十九》頁1327
　　　～1328。

> 巧法，財賂衰秏而不贍。入物者補官，出貨者除罪，選舉陵遲，廉
> 恥相冒，武力進用，法嚴令具。興利之臣自此始也。〔註57〕

武帝即位後，對四夷政策的轉變，由消極轉為積極，如開築西南夷道、征伐匈奴。為此，國防預算及兵源需求遽增，進而導致人民擔負更重的賦稅、繇役。人民為了減輕負擔，巧法鑽漏，更加劇了社會法紀敗壞。《漢書·食貨志》載董仲舒言秦朝之錯誤施政，導致「富者田連仟伯，貧者亡立錐之地」、「重以貪暴之吏，刑戮妄加，民愁亡聊，亡逃山林，轉為盜賊，赭衣半道，斷獄歲以千萬數。」「漢興，循而未改。」〔註58〕武帝又對四夷開始採取積極拓展、侵略的策略，導致犯罪率增加，富者或以買爵方式躲避勞役、一般庶民則極盡投機之法，以求減輕賦稅、勞役，即使重罰亦難以遏止不法。

政府又積極尋找增加財源的方式，如壟斷鹽鐵、幣制改革及鬻官制度等。前兩者可達到收羅貴族富商財產，並藉由控制財政，達到加強中央集權的目的，〔註59〕而鬻官制度則可能造成官吏品質良窳不齊的弊端。

在禮制方面，武帝提出在不同時代，不僅治國有勞逸之別，禮制儀文亦有繁簡之異：「蓋儉者不造玄黃旌旗之飾，及至周世，設兩觀、乘大路，朱干玉戚、八佾陳於庭，而頌聲興。夫帝王之道，豈異指哉？」並提問：禮制儀文對國家而言，究竟是「良玉不瑑」？還是「非文無以輔德」？

禮制設立之初，原為別貴賤、定尊卑。而在秦後漢初之時，受限於社會長期戰亂凋敝之故，即便是高級官員，都沒有能與其身分相配的禮制規格，如《史記·平準書》所載：「自天子不能具鈞駟，而將相或乘牛車。」〔註60〕直到景帝時，才「益造苑馬以廣用，而宮室列觀輿馬益增脩矣。」且文、景在位時皆尚簡樸，如文帝生前親訂薄葬且行之、慎夫人衣不曳地等，景帝亦曾頒布〈尚儉詔書〉。據此推想，武帝以前的漢代官方禮制，應是較為儉素。

武帝提出此問，可能有意改變儉素禮制，轉崇尚奢華的意圖。其中原因，可能出自禮制在別尊卑外，尚能藉由排場營造，達到標榜身分、滿足虛榮心的

〔註57〕漢·司馬遷撰；瀧川龜太郎考證《史記會注考證·平準書第八》頁511～51。

〔註58〕漢·班固撰；唐·顏師古注；清·王先謙補注《漢書補注·食貨志》頁1592。

〔註59〕林劍鳴認為武帝時期的幣制改革，成熟於元鼎四年時設置的水衡都尉，有效遏止私鑄貨幣。武帝以幣制改革、壟斷鹽鐵、造皮幣等方式剝奪富商貴族財富、增加政府收入，進而加強中央集權。林劍鳴《新編秦漢史》（臺北：五南出版社，1992年）頁498～520。

〔註60〕漢·司馬遷撰；瀧川龜太郎考證《史記會注考證·平準書第八》頁510。

作用。如漢初，叔孫通為高祖行朝儀於安樂宮，便使劉邦發出：「吾迺今日知
為皇帝之貴也。」〔註61〕的讚嘆，虛榮心態便已顯露無遺。然而在叔孫通徵求
制禮之儒生時，有魯地兩生以「今天下初定，死者未葬、傷者未起，又欲起禮
樂。禮樂所由起，積德百年而後可興也。」為由拒之。雖不知其人是否有其他
難言之因而拒絕徵召，從中仍可想見，禮制所備之服儀、行止規範，牽涉廣泛，
諸如音樂、禮器、裝束、場地、人員安排等，方能藉以達到別貴賤、顯尊榮之
效果。但執行上必然耗費相當之物資、金錢，因此，在國庫空虛之時無力為之，
這應是漢初禮制尚儉更實際的原因。但以武帝時期所累積而來的經濟、社會
發展，應也達到了轉變的水準。

小結

　　亡秦的戒惕、黃老治術顯現出的不足，以及皇室權力分配的問題，皆促使
武帝定調以儒家治術為標竿。在施政上，武帝透露出對內平治安民、對外擴張
四方的盛世渴望。在天人關係上，則希望得到治國方略的指點以及政權的解釋
權。在具體制度上，對法制、禮制特別著重。法制上，關注治安問題、希望有
效降低犯罪率。禮制上，可能隱有誇耀排場的意圖。在上述前提下，董仲舒如
何參酌武帝的訴求，並與自身的政治主張取得平衡或融通，使其學說受到君王
青睞，又可同時將自己的理念推行於現實政治中？次章從董仲舒的論對內容，
搭配《春秋繁露》中的相關內容，認識其政治理念。

〔註61〕漢·司馬遷撰；瀧川龜太郎考證《史記會注考證·劉敬叔孫通列傳第三十九》
　　　　頁 1087。

第四章　董仲舒的政治思想

前言

在〈天人三策〉的論對中，董仲舒將人間政治的架構溯源於天，提出：「天為群物祖」，與世間萬物如同父子關係，帝王的使命就在實現天命。因此，理想的人際倫理、人的行為舉止、政治王道等，都應該從天道中得到依據。但又以天道隱微難見，唯獨聖人能體察理解，而聖人之言，即留存於《春秋》的微言大義中，藉此將《春秋》與天人關係連結起來，成為其政治學說的論述根源。

整理董仲舒的三次論對，略可分為三項重點：（一）建構天人關係，提出形上的治國依據，從中我們可理解董仲舒定義的「道」的本質。（二）由「道」衍生出的君王職責。（三）漢繼秦弊後，應有的因應策略。以下列出對策中的相關部分，簡述其內容，作為本章各小節的源頭：

一、道的本質與治國之道

董仲舒在第一、三策著重建構天人關係，從中可見其對天道性質的描述。第一策說「道」：

> 國家將有失道之敗，而天乃先出災害以譴告之，不知自省，又出怪異以警懼之，尚不知變，而傷敗乃至。以此見天心之仁愛人君而欲止其亂也。自非大亡道之世者，天盡欲扶持而全安之，事在彊勉而已矣。道者，所繇適於治之路也，仁義禮樂皆其具也。故聖王已沒，而子孫長久安寧數百歲，此皆禮樂教化之功也。

> 夫人君莫不欲安存而惡危亡,然而政亂國危者甚眾,所任者非其人,而所繇者非其道,是以政日以仆滅也。夫周道衰於幽厲,非道亡也,幽厲不繇也。……孔子曰:「人能弘道,非道弘人。」也。故治亂廢興在於己,非天降命不可得反,其所操持誖謬失其統也。
>
> 臣聞天之所大奉使之王者,必有非人力所能致而自至者,此受命之符也。天下之人同心歸之,若歸父母,故天瑞應誠而至。

第三策說「道」:

> 臣聞夫樂而不亂、復而不厭者謂之道,道者萬世亡弊,弊者道之失也。先王之道必有偏而不起之處,故政有眊而不行,舉其偏者補其弊而已矣。三王之道所祖不同,非其相反,將以捄溢扶衰,所遭之變然也。……故王者有改制之名,亡變道之實。

第一策藉由天以陰陽、四季成歲、化育萬物,及《春秋》中災異出現的次序,說明天以愛人為心,定義出「道」的本質為溥愛無私。對道的描述,尚有「所繇適於治之路」意指有益於平治天下的方式即為道。「道者萬世無弊」表示在不同時代與社會條件下,仍可一體適用者,方為正道。「樂而不亂、復而不厭」,則指出正道必須讓人樂於依循、人性化的管理。可知董仲舒所定義的治國之道,具有目標導向、恆常適用性,與人性化三種特質。

董仲舒亦藉由政權更替的歷史發展,提出道與政治的關係。新王受命改制,無論是和平或革命的過程,皆反映前朝在施政上必有偏失之處,因而有新政權應天而起。由此提出受命之君,除了有「非人力所能致」的符瑞為表徵外,亦須有「天下之人同心歸之」的民心為基礎。由此印證政權雖有更替,但「道」永恆不變。藉以惕勵新政權應力行改革,掃除前朝之弊、復崇正道以應天,以此惕勵人君,國家廢興皆操之於己,提升君王對國事的責任心。

完成對道的定義後,董仲舒再探詢形上的天道下行於人間,成為王道後,其仁愛的本質可對應到的施政方向。

第一策說:

> 王者欲有所為,宜求其端於天。天道之大者在陰陽。陽為德,陰為刑。刑主殺而德主生。是故陽常居大夏,而以生育養長為事。陰常居大冬,而積於空虛不用之處,以此見天之任德不任刑。天使陽出布施於上而主歲功,使陰入伏於下而時出佐陽,陽不得陰之助,亦不能獨成歲。

> 夫萬民之從利也，如水之走下，不以教化堤防之，不能止也。是故
> 教化立而奸邪皆止者，其堤防完也。教化廢而奸邪並出，刑罰不能
> 勝者，其堤防壞也。古之王者明於此，是故南面而治天下，莫不以
> 教化為大務，立大學以教於國、設庠序以化於邑，漸民以仁、摩民
> 以誼、節民以禮，故其刑罰甚輕而禁不犯者，教化行而習俗美也。

第三策說：

> 夫天亦有所分予，予之齒者去其角，傅其翼者兩其足，是所受大者
> 不得取小也。古之所予祿者，不食於力，不動於末，是亦受大者不
> 得取小，與天同意者也。夫已受大，又取小，天不能足，而況人乎？
> 此民之所以囂囂苦不足也。身寵而載高位，家溫而食厚祿，因乘富
> 貴之資力，以與民爭利於下，民安能如之哉？……富者奢侈羨溢，
> 貧者窮急愁苦，窮急愁苦而上不救，則民不樂生，民不樂生，尚不
> 避死，安能避罪？此刑罰之所以蕃而姦邪不可勝者也。故受祿之家，
> 食祿而已，不與民爭業，然後利可均布，而民可家足。此上天之理，
> 而亦太古之道，天子之所宜法以為制，大夫之所當循以為行也。

第一策將天道連繫於施政，以陰陽、四時遞嬗的寒暖變化，指出施政應德
主刑輔。具體政策有廣設太學、庠序等教育機構，以仁義禮樂為教化之具，導
民以德，才能從根本上降低犯罪、淳厚風俗。

第三策則以動物的尖齒、利角不兼具，說明「調均」的觀念。提出官不與
民爭利，防止富貴者過度佔據社會資源，企圖達到「利可均佈」的資源分配，
使百姓可衣食無虞，不致為維生冒死犯罪，則國家可得晏平。

由此可見，董仲舒認為仁政的實質精神，應涵蓋對人內、外層面的照顧。
內為精神層面的品德陶冶；外則為經濟物質條件的滿足，唯有兩者兼具，才是
愛民的真正表現。

二、君王的職責

董仲舒認為，治國除了應法天為治，施行德主刑輔的政策外，國君身為國
家的樞機，其品德、言行將牽動國家的發展，他在第一策中描述國君的定位：

> 臣謹案春秋之文，求王道之端，得之於正。正次王、王次春。春者，
> 天之所為也。正者，王之所為也。其意曰，上承天之所為，下以正
> 其所為，正王道之端云爾。

> 臣謹案春秋謂一元之意，一者萬物之所從始也，元者，辭之所謂大
> 也。謂一為元者，視大始而欲正本也。春秋深探其本，而反自貴者
> 始，故為人君者，正心以正朝廷，正朝廷以正百官，正百官以正萬
> 民，正萬民以正四方。……四海之內聞聖德而皆徠臣，……而王道
> 終矣。

董仲舒以君王居天、民之間，指出國君的職責為上承天道、下化萬民。從而提出君王應自正其身、重視施政之端，方能收治國之效。

董氏同時藉由擴充《春秋》「元」之概念，提出慎始、返本的觀點，將施政的成敗歸於君王自身，國君應時時自我省察，自正其行，以端正百官及朝風，所頒行之政策都應合乎正道。第二策則提出為君應有的心態、行為及職責，須足為民眾效法的典範，如此則能收上行下效、淳厚民風，甚至四海來歸的成果，他說：

> 臣聞堯受命，以天下為憂，而未以有位為樂也，故誅逐亂臣、務求
> 賢聖，……眾聖輔德，賢能佐職，教化大行，天下和洽，萬民皆安
> 仁樂誼，各得其宜，動作應禮，從容中道。

此處提出君王自正的內容，包含心態與行動。董仲舒託言古代聖王，認為國君應抱持「以天下為憂，不以有位為樂」的心態，並將關注重心由自身轉向百姓。在實際行動上，則提出遠離不肖之人、廣求賢佐，以確保政策推行順當無礙。

董仲舒重視君王之定位及職責，實基於本正而末應的效果，以及見微知著的事物發展定律。在第三策中，他以歷史為鑑，提出「善惡相從」於國君，證明君王自正的重要，他說：

> 言行，治之大者，君子之所以動天地也。故盡小者大，慎微者著。……
> 善積而名顯，德章而身尊，此其寖明寖昌之道也。積善在身，猶長
> 日加益，而人不知也。積惡在身，猶火之銷膏，而人不見也。……
> 夫善惡之相從，猶景鄉之應形聲也，故桀紂暴謾，讒賊並進，賢知
> 隱伏，惡日顯，國日亂，晏然自以如日在天，終陵夷而大壞。夫暴
> 逆不仁者，非一日而亡也，亦以漸至，……此其寖微寖滅之道也。
> 爾好誼，則民鄉仁而俗善。爾好利，則民好邪而俗敗。由是觀之，
> 天子大夫者，下民之所視效，遠方之所四面而內望也……豈可以居
> 賢人之位而為庶人之行哉。

　　董仲舒重視君王自正、施政以德的原因，在於後續的影響：一、影響周邊官員、人才品質的良窳；二、影響民風的厚薄。此兩項效應相互疊加，將影響未來國勢的漸變及走向。因此提出國家的整體運作、政府聲望、民間風氣等，實皆繫於國君一人的修養與作為，國家局勢的變化，其實都「相從於微」，此微小卻能左右國家的端苗，即為國君。而國君既身居治國成敗的樞機，欲使民風淳善、政權永續，除了國君自正其行，還須輔以行教化、任賢等配套措施。

三、漢代的因應

　　董仲舒既以「道」有恆常不變性，則秦失政權，正代表秦政有偏弊之處。漢代秦而起，便不能延續秦的錯誤政策，必須有所改正。

第一策說：

> 秦繼其後，獨不能改，又益甚之，重禁文學，不得挾書，棄捐禮誼而惡聞之，其心欲盡滅先王之道，而顓為自恣苟簡之治，故立為天子十四歲而國破亡矣。
>
> 為政而任刑，不順於天，故先王莫之肯為也。今廢先王德教之官，而獨任執法之吏治民，毋乃任刑之意與？孔子曰：「不教而誅謂之虐。」虐政用於下，而欲德教之被四海，故難成也。
>
> 今漢繼秦之後，如朽木糞牆矣，雖欲善治之，亡可奈何。法出而奸生，令下而詐起，如以湯止沸，抱薪救火，愈甚亡益也。……為政而不行，甚者必變而更化之，乃可理也。當更張而不更張，雖有良工而不能善調也。當更化而不更化，雖有大賢不能善治也。……更化則可善治，善治則災害日去，福祿日來。……為政而宜於民者，固當受祿於天。夫仁誼禮知信五常之道，王者所當修飭也。

第二策說：

> 帝王之條貫同，然而勞逸異者，所遇之時異也。

第三策說：

> 道之大原出於天，天不變，道亦不變，是以禹繼舜，三聖相受而守一道，亡救弊之政也，故不言其損益也。繇是觀之，繼治世者其道同，繼亂世者其道變。今漢繼大亂之後，若宜少損周之文致，用夏之忠者。

　　在上述各策中，董仲舒回應治國為何有勞逸之殊，乃源於所承之世的狀

態。若承繼治世,直承其政即可。若承襲亂世,就應依前朝朝政敗壞之程度行損益,或變救、更化等措施,並提出「更化」必要之因。

　　更化的時機是「為政而不行」之時。當君王勵精圖治,有心於政卻不得成效時,就代表承襲前朝而來的現行制度已有缺失。且制度層面的缺失,已非用心施政即可彌補的弊端,此即更化的時機,應全面檢討施政方向、制度的偏弊,提出改革方案。對於進行更化的要點,則提出態度須堅定、方向須正確,果決的掃除弊政,為政善於民。

　　漢朝繼秦之後,董仲舒著重分析秦獨任法之弊,再分析今世之弊,並以古代聖王之治皆重視教育、適才適所、以禮勸德、以罰止惡的政風,作為理想的治國方式,企圖以此取代獨任法治的制度。

　　第一策提出,秦朝徒任法治國,是一種「苟簡之治」,企圖以單一、毫無彈性的法律,要求民眾不犯禁,是簡易而投機的統治方式,其負面影響是「奸生」、「詐起」,可見以嚴刑峻罰管理人民,僅能治標,不能治本,且造成民眾巧法鑽漏的習性、形成澆薄的風俗。接續又指出今世之弊為獨任執法之吏、廢德教之官,批評當代獨任法治、輕忽教化的政策走向,而這兩者皆指出漢代秦而起,卻延續前朝的錯誤政策,即是「為政不行」的原因,也再度印證了更化的必要。而對於徒任法之盲點,第二策有詳細分析,他說:

> 師申商之法,行韓非之說,憎帝王之道,以貪狼為俗,非有文德以
> 教訓於天下也。誅名而不察實,為善者不必免,而犯惡者未必刑也。
> 是以百官皆飾空言虛辭而不顧實,外有事君之禮,內有背上之心,
> 造偽飾詐,趣利無恥,又好用憸酷之吏,賦斂亡度,竭民財力,百
> 姓散亡,不得從耕織之業,群盜並起,是以刑者甚眾,死者相望,
> 而姦不息,俗化使然也。
> 師帥不賢,則主德不宣、恩澤不流。今吏既亡教訓於下,或不承用
> 主上之法,暴虐百姓、與姦為市,貧窮孤弱,冤苦失職,甚不稱陛
> 下之意。……群生寡遂、黎民未濟,皆長吏不明,使至於此也。

　　上文指出,任法之盲點有三:(一)單憑法條斷獄、不通情理,則可能有罰不中實情的缺失。(二)造成官場上詐偽虛誠的風氣。(三)導致酷吏傷民,以及刑不止奸的問題。由此可見,救弊之法,在於官吏品質的把關。並分析良吏、劣吏對社會的影響:良吏能宣達主德、教化百姓;劣吏則可能不承上意、專斷獨行、暴虐百姓。由此提出應建立一套養才、擢才的妥善機制:

第二策說：

> 陛下親耕籍田以為農先，……憂勞萬民，思惟往古，而務以求賢，
> 此亦堯舜之用心也，然而未云獲者，士素不屬也。夫不素養士而欲
> 求賢，譬猶不瑑玉而求文采也。故養士之大者，莫大虖太學。太學
> 者，賢士之所關也，教化之本原也。

> 夫長吏多出於郎中、中郎，吏二千石子弟選郎吏，又以富訾，未必
> 賢也。且古所謂功者，以任官稱職為差，非所謂積日絫久也。故小
> 材雖絫日，不離於小官。賢材雖未久，不害為輔佐。是以有司竭力
> 盡知，務治其業以赴功。今則不然，絫日以取貴，積久以致官，是
> 以廉恥冒亂，賢不肖渾殽，未得其真。……毋以日月為功，實試賢
> 能為上，量才而授官，錄德而定位，則廉恥殊路，賢不肖異處也。

養才方面，董仲舒提出廣設太學、以德行培養未來的官員，使其成為未來
推行教化之本源。選材方面，主張以考問試才，依能力擢才，以稱職與否而非
以資歷深淺作為升遷標準。以此區別賢、不肖之官員，避免劣吏充斥官場。

教化方面，董仲舒藉由對命與性的論述，說明教化之必要：

第一策說：

> 臣聞命者天之令也，性者生之質也，情者人之欲也。或夭或壽、或
> 仁或鄙，陶冶而成之，不能粹美，有治亂之所生，故不齊也。

第三策說：

> 人受命於天，固超然異於群生，入有父子兄弟之親，出有君臣上下
> 之誼，會聚相遇，則有耆老長幼之施，粲然有文以相接，驩然有恩
> 以相愛，此人之所以貴也。生五穀以食之，桑麻以衣之，六畜以養
> 之，服牛乘馬，圈豹檻虎，是其得天之靈，貴於物也。故孔子曰：
> 「天地之性人為貴。」明於天性，知自貴於物。知自貴於物，然後
> 知仁誼，然後重禮節。重禮節，然後安處善。安處善，然後樂循理，
> 然後謂之君子。

董仲舒認為，人的「命」超然貴於群生，因人有倫常之愛、君臣之義。有
高度智慧與文化，可以複雜的文辭交流溝通。有裁度萬物而用的能力與智慧。
人天生有倫理道德、智慧能力，具備可受教化之質亦有可受教化之具。因此人
的天命，就是自主行道、自我修德，以成君子。

「性」，為天生質樸之意，但須教化方成。董仲舒論人民之性，指出民之

性為仁為鄙，取決於上位者的施政，著重的是整體的民風形成。教化的目的在於端正人民行為、淳善社會風氣。而端正人民行為的根本之道，則著重於逐利問題。人之情即是對欲望的追求，故須制定規範，使人民能滿足欲望但不過度，防止人民因逐無窮之欲而犯禁。因此提出制定禮法，區別上下之位，使人各安其份。除禮法外，又再度提出設立庠序及太學，以仁義禮為教化內容，從內在導民向善。

　　整理〈天人三策〉的論對可見，董仲舒以君權神授、天道溥愛的論述，作為政權更替的根源，指出君王應站在博愛百姓的立場施政，並引用《春秋》，指出國君應以正道帶領、化育百姓，再藉由對天道的各項定義，規範了君王的職責，諸如君王自正、德主刑輔、養才任官之法等具體施政項目。因此，本章各小節，將〈天人三策〉提出之重點議題，分為政權正當性、王道本質、君王自正、刑與德、官職制度五個方向，結合《春秋繁露》中的相關論述，進行更完整的探討。

第一節　政權的正當性

　　漢代是中國史上第一個平民政權，導致漢代對政權正當性的需求。林聰舜教授指出，劉邦雖憑藉個人才智與特殊機緣，在短時間內竄起、成就帝業，但其平民身世，導致統治基業薄弱的問題。甚至在朝中出現「群臣爭功，醉或妄呼，拔劍擊柱」的現象，都可見統治者的絕對權威尚未完全建立。[註1] 面對此問題，在表象的儀制上，叔孫通透過定朝儀，以顯君威；在權力結構的分配上，則逐步削弱諸侯、外戚權力，這些皆是出於建立絕對君權的考量，但還不足以使君權獲得不可侵犯的神聖性。對此，董仲舒提出天命說，用以論證政權正當性的來源，再藉由移孝作忠的論述，建立君尊臣卑的君臣關係，完成強化君權的目的。

一、天命觀

　　景帝時，黃生與轅固生對政權正當性進行了論辯。而同一項辯題，在董仲舒的論證中，他將爭議性的弒君論置換為較為和平的受命論。以堯、舜禪讓，以及湯伐桀、武王伐紂的歷史為論據，指出歷來政權的移轉，本多「易姓而王」

[註1] 林聰舜《漢代儒學別裁——帝國意識形態的形成與發展》（臺北：臺大出版中心，2013 年）頁 44。

的情況。一般觀點是依據易姓而王的過程，區分為禪讓、革命，兩種轉移政權的模式。但董仲舒以順受天命的觀點，將此兩種模式統合為一，一方面認可革命的正當性，一方面將此正當性透過天命，與仁政連結。

> 天之生民，非為王也，而立王以為民也。故其德足以安樂民者，天子之。其惡足以賊害民者，天奪之。詩云：「殷士膚敏，祼將于京。侯服于周，天命靡常。」言天之無常予，無常奪也。故封泰山之上，禪梁甫之下，易姓而王，德如堯舜者七十二人。王者，天之所予也，其所伐，皆天之所奪也。……故夏無道而殷伐之，殷無道而周伐之，周無道而秦伐之，秦無道而漢伐之。有道伐無道，此天理也。……君也者，掌令者也，令行而禁止也。今桀紂令天下而不行，禁天下而不止，安在其能臣天下也？果不能臣天下，何謂湯武弒？〔註2〕

董仲舒認為，不論禪讓與革命，都不是個人意志、行為的專斷獨行，而是順應天命之予、奪，而天命則建立在國君能否有效統領萬民、使百姓心悅臣服。因此，所有針對暴政而起的革命，皆是代天行道，以此降低篡位弒逆的負面形象，將充滿爭議的弒君論轉為平和的受命論，同時建立漢政權的正當性。探究弒君論與受命論，二者的差異應源於對「正義」的切入點各有不同。

弒君論者以倫理為正義，認為君臣階級須嚴格恪守。弒君逆倫就是不義，沒有任何但書。此論點的效果在於維護倫理、穩固君權，具有使亂臣賊子懼的意義。受命論者則以國家人民為正義，認為君王施政若是殘民以逞其私慾，即是無道不義；其施政若可使民樂生、國家安定，即是有道合義。當論述軸心由弒君轉向受命論時，可關注兩項被置換的觀念：一為行為人的變換，二為正義的定義。

弒君論中的行為人，即革命者，亦是未來的執政者。弒君，表示行為由人所發起，革命者既違逆人倫，又獲取君位及以天下為私產的利益。因此革命者注定背負了逆倫與貪奪財勢的負面觀感。但受命論中的行為人為天，革命者的身份轉變為天意的執行者、不具主動性，因此淡化了其在弒君論中悖逆無義的形象。

主張弒君論者，以君臣倫理為正義，此說可捍衛國君至上的地位。但進入受命說的理路後，弒君者被美化為膺受天命者，且認同政權可被替換，此說的

〔註2〕漢・董仲舒撰；清・凌曙注《春秋繁露・堯舜不擅移湯武不專殺第二十五》頁122～123。

代價是君權的絕對性消失、君權降低。但在繼起的朝代中,國君莫不渴望嚴明的君臣倫理,以固守其地位。因此,「受命」的政權,若要維持其統治的正當性、杜絕他人的覬覦,施政就須合於天道。只要君王有道,所有的革命與對君權的窺伺,都得不到正當性。反之,若君王無道,則人人得而誅之。此對正義內容的置換,既可緩和漢代秦而起時產生的弒君爭議、解釋漢政權的正當性,也可藉由天道,達到警惕國君理性施政的效果。

由受命論的理路可知,政權正當性建立在天道的基礎上,因此董仲舒的政治理念,絕大多數都可溯源於天,其學說往往被稱為天的哲學。雖有學者認為,欲以抽象的天命限制君權是一種虛化的、無規範力的論點,〔註3〕但吳龍燦則認為,受命論具有合理化漢代政權的作用,以此貼合執政者需求,則董仲舒的哲學以天論開展,即是必然的發展。〔註4〕且由上述分析可知,天命論實為弒君論的轉換:以天命予奪為說辭,實以認同革命為本質,故仍具有相當的警示作用。且有理想的政治家,並不純為君王服務,因此,受命論一方面賦予了政權正當性,一方面藉天道構築執政正道,以對君權達到限制作用。董仲舒透過受命論,在天的內涵上極力著墨,目的便是將其對王道的理想鎔鑄其中。

二、樹立君權與移孝作忠

政權正當性的問題在受命論中可以得到解套,但亦使君權略微下降。且漢初時期,君權在諸侯王與外戚勢力的交相傾軋下,每多掣肘。所以建立君權的絕對性、嚴明上下尊卑分際,實為因應當代現實問題的產物。且在〈天人三策〉中,董仲舒指出:「今吏既亡教訓於民下,或不承用主上之法,暴虐百姓,與姦為市,貧窮孤弱,冤苦失職,甚不稱陛下之意。」可見建立君臣尊卑的目的,除了穩固君權外,尚有實務層面的考量:君王對臣屬的掌控度越高,代表君王的意志越能被貫徹、政令越能被完整執行,故基於對施政效率的考量,亦主張提升君權。

董仲舒提升君權的途徑有二:一、由天人關係推衍出事天以孝;二、以土德絭合忠孝。在天人關係上,以「天地者,萬物之本,先祖之所出也……君臣父子夫婦之道取之。」〔註5〕為基礎,指出天尊於人、孝道不可廢的觀念:

〔註3〕參閱本書第一章,頁8,注29、30 蕭公權、徐復觀之說。
〔註4〕吳龍燦《天命、正義與倫理——董仲舒政治哲學研究》(北京:人民出版社,2013年)頁180。
〔註5〕漢・董仲舒撰;清・凌曙注《春秋繁露・觀德第三十三》頁151。

天子者，天之子也。以身度天，獨何為不欲其有子禮也？今為其天
子，而闕然無祭於天，天何必善之？〔註6〕

天子之禮，莫重於郊。郊常以正月上辛者，所以先百神而最居前。禮
三年喪，不祭其先，而不敢廢郊。郊重於宗廟，天尊於人也。〔註7〕

今郊事天之義，此聖人故云云。故古之聖王，文章之最重者也，前
世王莫不從重，粟精奉之以事上天，至於秦而獨闕然廢之，一何其
不率由舊章之大甚也。天者，百神之大君也，事天不備，雖百神猶
無益也。何以言其然也？祭而地神者，春秋譏之。孔子曰：「獲罪於
天，無所禱也。」是其法也。故未見秦國致大福如周國也。〔註8〕

《春秋繁露》有〈郊祀〉、〈郊祭〉、〈郊事對〉、〈郊義〉四篇用以闡釋郊祭，
其表述重點有三：（一）郊祭為每年最先舉辦的祭祀，未行郊祭，則不當祭百
神，藉以表明天重於諸神，天最貴的論點。（二）國家遭逢大喪，或是民貧飢
寒等重大狀況，都不會停止舉辦郊祭，表明天不僅位居眾神之上，甚至高於人
間的親倫，提出「天尊於人」的論點。（三）藉之以正「天子」之名：天子為
天之子，將事天與孝道連結，指出天子祭天，是孝親之道的展現。除了以郊祭
為論據外，又以秦為史鑑，批評秦朝廢止郊祭、不孝敬天，因此國家不得天之
福佑。此說法定義了天與君王的關係，且其中「事天以孝」的論點，也成為建
構君臣間「事君如事天」、「忠君如孝」的基礎。〔註9〕董仲舒特別抬高郊祭的
目的，實有高度的政治考量，可由西漢時期的郡國廟制，以及對《孝經》的推
崇進行探討。

提出郊祭的獨特性，可達到與諸侯國的郡國廟祭區別、提升皇權的效果。
西漢時期的郡國廟制始於高帝十年，有令「諸侯王皆立太上皇廟於國郡」，之
後又陸續增加高帝廟、孝文廟等。林聰舜教授提出此制度設立的目的，是透過
在王國立廟，強化「庶孽」依附朝廷的血緣關係，以達到「承衛天子」的目標，

〔註6〕漢・董仲舒撰；清・凌曙注《春秋繁露・郊語第六十五》頁232～233。
〔註7〕漢・董仲舒撰；清・凌曙注《春秋繁露・郊事對第七十一》頁243。
〔註8〕「此聖人故云云」下有脫文。漢・董仲舒撰；清・凌曙注《春秋繁露・郊語第
六十五》頁231～232。
〔註9〕吳龍燦提出：「『孝』是天子以至於庶人踐行的第一德行。董仲舒把『孝』與祭
天、祭祀祖先聯在一起，使『孝』獲得了天經地義的神聖性和正當性。漢代的
『孝』觀念，養父母還是第一義，並且注重養志，但是『孝』觀念已經逐漸由
父母推及其他家人和社會關係。」吳龍燦《天命、正義與倫理——董仲舒政治
哲學研究》頁385～386。

可視為朝廷主權的宣示。但是,當諸侯王皆能祭祀歷代先皇時,皇帝與諸侯的位階皆為皇室之後,模糊了兩者間的身分差距。[註10]因此,強調郊祭先於所有祭祀、郊祭是天子特權,便能將皇帝與諸侯遠遠區隔,彰顯皇帝的獨特性與神聖地位,符合董仲舒尊君與強幹弱枝的理念。

漢代特別重視「孝」、標榜以孝治天下,實與君臣權力關係相連結,此可由漢代置《孝經》博士、察舉孝廉等措施見其端倪。在儒家的思想中,「孝」一直具有政治意義,如《論語》:「其為人也孝弟,而好犯上者,鮮矣;不好犯上,而好作亂者,未之有也。」[註11]、《孝經》:「君子之事親孝,故忠可移於君;事兄悌,故順可移於長;居家理,故治可移於官。」[註12]、「以孝事君則忠,以敬事長則順。忠順不失以事其上,然後能保祿位而守其祭祀。蓋士之孝也。」[註13]《大戴禮記》:「未有君而忠臣可知者,孝子之謂也。」[註14]以上引文都反映了「孝」的行為表徵,是在言行、態度上順從尊長。因此,能從孝子中尋找忠臣,即是出於兩者皆具有「順服」的共通點,臣民若能順從君王,國家便能和諧不亂。[註15]可見孝的功用,除了維繫家庭倫理,更能維護社會秩序。故漢代重視孝道,是著眼於培養順服皇帝的忠君精神。

在土德與地的概念結合上,則運用五行、四時與天地三者,董仲舒提出:

> 木,五行之始也。水,五行之終也。土,五行之中也。此其天次之序也。木生火,火生土,土生金,金生水,水生木,此其父子也。木居左,金居右,火居前,水居後,土居中央,此其父子之序,相受而布,是故木受水,而火受木,土受火,金受土,水受金也。諸授之者,皆其父也。受之者,皆其子也。常因其父以使其子,天之道也。是故木

〔註10〕林聰舜教授以誅除諸呂,迎代王即天子位,與七國之亂,劉濞以「匡正天下,以安高廟」為口號二事為例,指出郡國廟制的後遺症,是由宗法上賦予諸侯王追逐最高政治權力的資格與正當性。林聰舜《漢代儒學別裁:帝國意識形態的形成與發展》頁190。

〔註11〕宋·朱熹《四書章句集註·論語·學而》頁47。

〔註12〕清·陳柱《孝經要義·廣揚名章》(上海:商務印書館,1936年)頁54。

〔註13〕清·陳柱《孝經要義·士章》頁27。

〔註14〕清·王聘珍撰;王文錦點校《大戴禮記解詁·曾子立孝》(北京:中華書局,1983年)頁82。

〔註15〕阮元認為《孝經》的精神在「順」:「《孝經》順字凡十見。順與逆相反。《孝經》之所以推孝弟於天下者,順而已矣。……是以卿大夫士本孝弟忠敬以立身處世,故能保守其祿位、守其宗廟,反是,犯上作亂、身亡祀絕。」清·陳柱《孝經要義》頁9。

已生而火養之，金已死而木藏之，火樂木而養以陽，水克金而喪以陰。土之事天竭其忠，故五行者，乃孝子忠臣之行也。〔註16〕

春主生，夏主長，季夏主養，秋主收，冬主藏，藏冬之所收成也。是故父之所生，其子長之。父之所長，其子養之。父之所養，其子成之。諸父所為，其子皆奉承而續行之。不敢不致如父之意，盡為人之道也。故五行者，五行也。由此觀之，父授之，子受之，乃天之道也，故曰：「夫孝者，天之經也。」〔註17〕

地出雲為雨、起氣為風，風雨者，地之所為，地不敢有其功，名必上之於天命，若從天命者。故曰：天風天雨也。莫曰：地風地雨也。勤勞在地，名一歸於天，非至有義，其孰能行此？故下事上，如地事天也，可謂大忠矣。土者，火之子也。五行莫貴於土，土之於四時無所命者，不與火分功名。……忠臣之義、孝子之行，取之土。土者，五行最貴者也。……此謂孝者，地之義也。〔註18〕

土若地，義之至也。故《春秋》君不名惡，臣不名善，善皆歸於君，惡皆歸於臣。臣之義比於地，故為人臣者，視地之事天也。為人子者，視土之事火也。……是故孝子之行、忠臣之義，皆法於地也。地事天也，猶下之事上也。〔註19〕

　　董仲舒的五行觀，可論人倫，亦可論官職。以五行言人倫，是將五行相生的次序比為父子關係，同時將天之五行與四時相配，則五行相生，如四時順遞成歲。由五行相生提出：父授子受、子承父業、事父以孝的關係。並將五行比為五德，指出人應仿效五行所蘊含的品德自我砥礪。又在五行之中，特別抬高土德的位階。在五行與四時相配的結構中，於時間順序上，土屬季夏，不隸屬四時。在空間上，土居中央，為天之肱骨，以土不隸屬四時、四方，卻能輔助四時以成化又不居功，據此標榜「土德最貴」。

　　然而，五行原屬於父子孝道的範疇，董仲舒說：「五行者，五行也。由此觀之，父授之，子受之，乃天之道也。」忠的概念則蘊於天地關係中，並說：「下事上，如地事天也，可謂大忠矣。」但董仲舒在論述的過程中常將忠臣、孝子

〔註16〕漢・董仲舒撰；清・凌曙注《春秋繁露・五行之義第四十二》頁177～178。
〔註17〕漢・董仲舒撰；清・凌曙注《春秋繁露・五行對第三十八》頁173。
〔註18〕漢・董仲舒撰；清・凌曙注《春秋繁露・五行對第三十八》頁172～173。
〔註19〕漢・董仲舒撰；清・凌曙注《春秋繁露・陽尊陰卑第四十三》頁180～181。

並提，亦將土與地並提，藉此模糊忠與孝的界限。如：「忠臣之義、孝子之行，取之土。」、「有忠臣之義、孝子之行，皆屬地之義。」又〈陽尊陰卑〉中，說：「土若地，義之至也。」、「為人臣者，視地之事天也。為人子者，視土之事火也。」可見，董仲舒藉由名詞的混用，以土與地的結合，融合忠與孝，成為臣事君的典範，將「孝親」轉為「忠君」。而「孝」為天賦之倫，既具有尊上的意義，又有不可選擇的絕對性，因此移孝作忠，成為鞏固君臣關係的方式。〔註20〕

董仲舒藉天子祭郊，定義出「事天以孝」的倫理觀念，將尊天比為孝親。又將四時與五行搭配，提出「天之經」為孝。再以地事天解釋「地之義」為忠。最後藉由土與地的雷同，以及天子事天以孝，與臣事君如地事天的連結，綰合了忠臣與孝子的身份，將忠與孝的概念融合，使忠君轉為如孝親般的天倫關係，完成移孝作忠的君臣關係。

三、嚴明尊卑與君臣倫理

移孝作忠，是透過天倫將尊君絕對化，成為一種無所逃於天地間的定則。相對於先秦時孟子提出「君之視臣如土芥，則臣視君如寇讎。」的君臣互動觀念，董仲舒的理念相對是一種退步的思想，但考量漢初君權不夠穩固，以及帝制已然形成的時代條件下，似乎是必然的發展。〔註21〕

除了時勢是促成嚴明尊卑的一項因素，董仲舒亦在以史為鑒的途徑上，了解國家長治久安的根本在於樹立君王的權威、建立強幹弱枝的政權結構。從〈盟會要〉中，可見他從歷史中得到的體悟：

> 患乃至於弒君三十一、亡國五十二，細惡不絕之所致也，辭已喻矣。
> 故曰：立義以明尊卑之分、強幹弱枝，以明大小之職，別嫌疑之行，
> 以明正世之義，采摭托意，以矯失禮，善無小而不舉、惡無小而不
> 去，以純其美、別賢不肖，以明其尊。……王澤洽，始於除患正一
> 而萬物備，故曰：「大矣哉。」〔註22〕

〔註20〕劉國民認為：「董仲舒藉五行相生之序，闡述了儒家的忠孝之道，從而建立了天道的神聖根據，加強了人在天道下無可逃避的責任感。」劉國民《董仲舒的經學詮釋及天的哲學》頁173。

〔註21〕劉國民認為當代尊君卑臣形成的原因有二：「一是君主必須把一切最高權力掌握在自己手上，不能容許大權旁落、君弱臣強的情況發生。二是君主必須超越一切批評之上，君主縱有過失，也要由臣子承擔責任。因此尊君必然歸於卑臣。」劉國民《董仲舒的經學詮釋及天的哲學》頁205。

〔註22〕漢·董仲舒撰；清·凌曙注《春秋繁露·盟會要第十》頁77。

　　董仲舒自春秋衰世的記載中，認為國家走向弒君、滅亡的結局，是源於平時施政上累積的許多隱微過失，在長期發展之下，最終成為不可挽救的禍患。〈盟會要〉從這些歷史教訓中提出的治國指要有：區別尊卑、強幹弱枝、率下以正、明辨賞罰等方法，其中「明尊卑」、「明大小之職」，都有尊君、集權中央之意。在西漢初期，天下初定時，為了安定統治而實行郡國制，並非全承秦制。然而秦行郡縣制、分戶令，反映了時代的趨勢。〔註23〕戰國時期，各國為了壯大自身實力，與敵國競逐，便需要擴大兵源及財源。兵源遂由貴族轉為全民、國君亦直接向平民徵收田地稅，平民階層便成為國家統治的對象。〔註24〕這種以「個別人身」〔註25〕為支配對象的方式，讓統治者能更全面掌控國內資源，也成為時代發展的新趨勢。因此，西漢時期因權宜之計而行的郡國制，在諸侯勢力已逐漸剷除、武帝欲積極有為的時代背景下，自然須讓位於郡縣制，完成全面的中央集權。

　　在董仲舒的理解中，君王失權，將導致對臣民的控制力降低，此為國家亂亡的徵兆，因此他在〈保位權〉明確指出君權的重要性：

> 國之所以為國者，德也；君之所以為君者，威也。故德不可共，威不可分。德共則失恩；威分則失權。失權則君賤矣，失恩則民散矣。民散則國亂，君賤則臣叛。是故為人君者，固守其德以附其民；固執其權以正其臣。〔註26〕

　　君權建立在德與威的行使上。德與威，相當於賞與罰，法家視之為治國二柄。因一般人皆樂賞而畏罰，故透過賞、罰，可達到導引、抑制臣民行動的效果，君王可藉以遏止人民犯禁，或引導臣民為其所用。因此董仲舒亦以此為固守君權的兩項利器。此處以反面論述分析，人民的行止是出於樂賞畏罰，因此當國君賞罰之權遭人取代或瓜分，則臣民將不尊其主。隱憂即是分權者憑藉賞罰之權，獲取控制臣僚、人民的機會，可能成為未來叛君亂國者。此段論述，

〔註23〕林啟屏教授指出，秦的郡縣制，是一種變古力量的落實。而「變古的歷史觀」對於處在變動中的政治社會，是一種進步的主張。並引邢義田：「郡縣制的推行，是皇帝制度成立的一塊基石。」林啟屏《從古典到正典：中國古代儒學意識之形成》頁336。

〔註24〕林聰舜《西漢前期思想與法家的關係》頁12。

〔註25〕林啟屏教授引西嶋定生之言：「戰國時期君臣關係已發生變化，過去通過氏族集團行使支配的方式已不能有效面對新世代的競爭，因而改為以個人為支配對象的作法。」林啟屏《從古典到正典：中國古代儒學意識之形成》頁338。

〔註26〕漢・董仲舒撰；清・凌曙注《春秋繁露・保位權第二十》頁97～98。

即描繪了君王因喪權而致亡國的因果關係。所以，為了穩定國家，就必須建立嚴明的尊卑之序以及禮制，使各階層安守其份。

董仲舒對君臣關係的論述有許多切入點。有以《春秋》之義論君臣、以陰陽論君臣、以天地關係論君臣、以人體運行論君臣。四者雖同為君臣關係的論述依據，但以不同角度立說，各有不同的側重點。

（一）自《春秋》之義論君臣

董仲舒所歸納的「春秋之義」，代表其認同的治國重點，其中一項便是嚴明尊卑之位，〈精華〉指出：「春秋慎辭，謹於名倫等物者也。……是故大小不踰等、貴賤如其倫，義之正也。」〔註27〕並指出《春秋》中所表現的尊王之法，在於任賢：「任賢，則主尊國安。」、「所任非人，則主卑國危」，並援引《易經》：「鼎折足，覆公餗」為喻，指出臣屬的才德以及對君主的敬重態度，是維繫君臣倫理、維持國家安定的重要因素。

而尊王之法，除了謹於任人，尚須嚴守階級上下關係，以致在部分論述中，董仲舒將君尊臣卑的關係推向極端。例如：

> 孔子曰：「唯天為大，唯堯則之。」則之者大也，巍巍乎其有成功也。言其尊大以成功也。齊桓晉文不尊周室不能霸，三代聖人，不則天地不能至王。自此而觀之，可以知天地之貴矣。夫流深者，其水不測。尊至者，其敬無窮。故天之所加，雖為災害，猶承而大之。……罪不臣子莫大焉。〔註28〕

> 且春秋之義，臣有惡君名美，故忠臣不顯諫，欲其由君出也。書曰：「爾有嘉謀嘉猷，入告爾君子于內，爾乃順之于外，曰：此謀此猷，惟我君之德。」此為人臣之法也。〔註29〕

> 人臣之行，貶主上之位，亂國之臣，雖不篡殺，其罪宜死。〔註30〕

> 春秋立義，天子祭天地、諸侯祭社稷、諸山川不在封內不祭。有天子在，諸侯不得專地、不專封、不得專執天子之大夫。不得舞天子之樂、不得致天子之賦，不得適天子之貴，君親無將，將而誅。〔註31〕

〔註27〕漢・董仲舒撰；清・凌曙注《春秋繁露・精華第五》頁42～43。
〔註28〕漢・董仲舒撰；清・凌曙注《春秋繁露・奉本第三十四》頁156。
〔註29〕漢・董仲舒撰；清・凌曙注《春秋繁露・竹林第三》頁23～24。
〔註30〕漢・董仲舒撰；清・凌曙注《春秋繁露・楚莊王第一》頁2。
〔註31〕漢・董仲舒撰；清・凌曙注《春秋繁露・王道第六》頁59。

董仲舒將臣事君，比為地事天，故君王對臣民而言，是如同天的地位，尊君如同尊天。〈奉本〉提出：「天降災異，猶承而大之」的論點，將尊君視同尊天，認為君王居至尊之位，縱使有過，臣屬亦須承受、不應妄加批評。〈竹林〉篇亦指出，臣子發現君王的過失，應委婉進諫、為君諱之。若有治國良謀，亦應私下提供國君，且功成不居。可見在君臣合作的關係中，寧可犧牲臣子的美名，也要以維護君王尊嚴為第一要務。因此在〈楚莊王〉篇便直言，臣子一旦言行貶低君主，或踰權行君王之禮制，乃至心中對君主有不軌念頭，皆屬大逆不道，當誅之。

臣子具體的尊君之法，除了不僭越君王之禮，尚有受君令而不違、不專擅行事。可見臣子從內心思想、外顯之言行，到禮制的等級規範，皆為維繫君權、尊君之用，目的是避免以下僭上的紛亂與爭奪產生，以維持社會秩序。

（二）以陰陽論君臣

陰、陽觀念在董仲舒的哲學體系中，是相當基礎的材料，它可應用的層面幾乎無所不及。陰、陽，在本質上為兩種相反的力量與概念，但運作上卻又具有相輔相成的關係，再加上對大自然的觀察，物多生於陽暖之時、而死於嚴寒，董仲舒因此賦予陽尊陰卑的價值判斷。將這些特點，化用於人事時，便可將陰、陽轉換為主從秩序、善惡關係，向階級、施政等方面解釋，用以說明人際的互動，與政策的主從配當。董仲舒提出：

> 天下之尊卑，隨陽而序位。……貴者，居陽之所盛，賤者，居陽之所衰，藏者，言其不得當陽。不當陽者，臣子也。當陽者，君父也。故人主南面，以陽為位也，陽貴而陰賤，天之制也。〔註32〕
>
> 物莫無合，而合各有陰陽。陽兼於陰，陰兼於陽，夫兼於妻，妻兼於夫，父兼於子，子兼於父，君兼於臣，臣兼於君。君臣父子夫婦之義，皆與諸陰陽之道。君為陽，臣為陰；父為陽，子為陰；夫為陽，妻為陰。陰道無所獨行，其始也不得專起，其終也不得分功，有所兼之義。是故臣兼功於君，子兼功於父，妻兼功於夫，陰兼功於陽，地兼功於天。〔註33〕
>
> 難者曰：大旱雩祭而請雨，大水鳴鼓而攻社。天地之所為，陰陽之

〔註32〕清·蘇輿《春秋繁露義證·天辨在人第四十六》頁336～337。
〔註33〕漢·董仲舒撰；清·凌曙注《春秋繁露·基義第五十三》頁199～200。

所起也，或請焉，或怒焉者何？曰：大旱者，陽滅陰也。陽滅陰者，
尊壓卑也，固其義也。雖太甚，拜請之而已。……大水者，陰滅陽
也。陰滅陽者，卑勝尊也，日食亦然，皆下犯上，以賤傷貴者，逆
節也，故鳴鼓而攻之。〔註34〕

諸在上者皆為其下陽，諸在下者各為其上陰，陰，猶沉也。何名何
有，皆并一於陽，昌力而辭功，……上善而下惡，惡者受之，善者
不受。土若地，義之至也。是故《春秋》君不名惡，臣不名善。善皆
歸於君，惡者歸於臣。臣之義，比於地，故為人臣者，視地之事天
也。〔註35〕

君貴居冥而明其位，處陰而向陽，惡人見其情，而欲知人之心。……
人臣居陽而為陰，人君居陰而為陽。陰道尚形而露情，陽道無端而
貴神。〔註36〕

　　董仲舒的陰陽論述，可分為三個向度：一為界定上下尊卑，二為賦予善惡
的價值判斷，三為概述君臣職位的性質。〈基義〉中，以萬物皆由陰、陽相合
而成說明人倫的組成，再輔以陽尊陰卑的觀念，將人倫中的雙方別出上下尊
卑，即完成初步的君尊臣卑的架構。而在「諸在上者皆為其下陽，諸在下者皆
為其下陰。」則顯示了此尊卑結構不僅適用於人倫三綱，也適用於所有具階層
關係、以等級構成的單位、制度中。相對下位者皆須遵從相對上位者的發號施
令，如同當代的科層組織，而此概念即體現於其官僚制度的設構中。

　　陰、陽關係除了尊卑上下外，董仲舒又賦予了陰陽以價值判斷：「是故推
天地之精、運陰陽之類，以別順逆之禮，安所加以不在？在上下、在大小、在
強弱、在賢不肖、在善惡。惡之屬盡為陰，善之屬盡為陽。」〔註37〕陰、陽，
尚可作為好壞的分類，用以區別人才的賢愚與善惡。臣子行事，應持守善歸於
君、惡歸於己的原則。臣子行事勤勞、功成不居，將美名一歸於君主。倘如行
事不成，而有惡名，也是臣子承擔，不歸責於君。尤其在〈精華〉中，論旱祭、
雩祭的處置方法時，將陰滅陽比為卑勝尊，必須鳴鼓而攻之，若將此類比為臣
屬奪權叛逆，則國君出兵伐之，是合理的。但是將陽滅陰比為尊壓卑，當君王

〔註34〕鍾肇鵬主編《春秋繁露校釋（校補本）·精華》（石家莊：河北人民出版社，
　　　　2005年）頁161。
〔註35〕鍾肇鵬主編《春秋繁露校釋（校補本）·陽尊陰卑》頁722～725。
〔註36〕漢·董仲舒撰；清·凌曙注《春秋繁露·立元神第十九》頁96。
〔註37〕漢·董仲舒撰；清·凌曙注《春秋繁露·陽尊陰卑第四十三》頁181。

侵壓臣屬時，卻僅能拜請之。兩者間的處置差異，不以行事當否為考量，而以身份尊卑為依據，如此的君臣互動關係，頗有過度尊上抑下傾向，但亦可見其不惜犧牲臣權，以維護君權的旨意。

　　由君尊臣卑，以及善歸於君、惡歸於臣的關係中，可再推導出人臣的行事規範。陰、陽在董仲舒的定義中並非平等關係，而是陰隨陽而起、陽主陰副。在四時運行中，陰也是居於空處，由陽稍取之以為助，因此陰居於輔助地位，由陽主導而行。據此延伸出人臣的行事，皆以君王為準。臣子的行事原則，具體展現為聽令於上、不專斷獨行，不與上位者爭功。而君臣各自的職責性質，〈立元神〉則提出了君道是「居陰而為陽」，臣道則是「居陽而為陰」，指出身為人臣，應誠實呈現其才能，為君王裁度任用。

（三）以天地論君臣

　　天、地在董仲舒的論述中，多用以論述君臣關係與職責，雖不似陰、陽觀念，能普遍靈活運用於各種人倫或政策施用上，但藉由天、地的論述，卻能更明確定義出理想的君、臣職責。以下將〈天地之行〉〔註38〕中，分別描述君、臣定位及職責的段落，表格呈現如下：

以天定義君王之行

天之行	德	君之行
高其位	尊	君居尊位
下其施	仁	行仁政，為政善於民
藏其行	神	深居隱處，不見其體
見其光	明	任賢使能、觀聽四方
序列星	相承	量能授官，賢愚有差
近至精	剛	引賢自近，以備肱骨
考陰陽	成歲	考實事功，次序殿最，所以成世
降霜露	生殺	有功者進，無功者退，所以賞罰
執道為萬物主		執常為一國主
要件：剛		要件：堅
列星亂則亡天		邪臣亂則亡君
剛其氣	陽道制命	堅其政

〔註38〕漢・董仲舒撰；清・凌曙注《春秋繁露・天地之行第七十八》頁271～274。

以地定義臣之行

地之行	德	臣之行
卑其位以事天	卑	奉職應對以事貴
上其氣以養陽	養	供設飲食、候事疢疾以致養
暴其形	忠	委身致命，事無專制
著其情	信	竭愚寫情，不飾其過
受其死	藏終	伏節死義難，不惜其命，以救窮
獻其生	助明	推進光榮，襃揚其善
成其事	助化	受命宣恩，輔成君子
歸其功	致義	功成事就，歸德於上
明其理，為萬物母		明其職，為一國宰
要件：信		要件：忠
傷其根，亡枝葉		奸臣危其君，君危則亡國
務暴其情		務著其情

　　以上表列出理想之君、臣職責與定位。君王必須居於尊位，施政核心是善養百姓、行仁政。具體行事為發號施令、掌控施政方向、任用賢能以安定國家。任賢又可細分出君王應引賢自近、考察其實、依能授官、據績效以為賞罰黜陟。此段內容亦可與〈執贄〉相參：「天子，似於聖人，純仁淳粹而有知之美。擇於身者，盡為德音；發於外者，盡為潤澤。」〔註39〕同樣著重行仁政、導民以善，指出國君應以仁為質、且有明辨是非之智。由於君王居於主導的地位，以養民為務，所以確立施政方向後，施政態度就須堅定不移。對臣子則應具有絕對的掌控力，使臣子尊奉君令以貫徹君主意志、完成施政藍圖，此即「陽道制命」的君道觀。

　　相對於君王，臣子處於卑位，以事君奉上為務。行事不專斷獨行、以達成君命自任，必要時可伏節死義，具犧牲奉獻的情操；忠實呈現自身才能優劣，供君王裁度任用；明其職守本分，輔成君德，歸功於君。在天、地的論述結構中，臣子似完全處於輔助之位，旨在完成君王意志，但在「伏節死義」的敘述中，有「不惜其命以救窮」；在敘述其職責為「一國宰」之處，對應地之行：

〔註39〕漢・董仲舒撰；清・凌曙注《春秋繁露・執贄第七十二》頁247～248。

「為萬物母」，兩者似亦透露，臣子之責，除了達成君命，更有救百姓於困窮之中、使萬民得以遂生的高度理想。如〈順命〉：「人於天也，以道受命；其於人，以言受命。不若於道者，天絕之；不若於言者，人絕之。臣子大受命於君，辭而出疆，唯有社稷國家之危，猶得發辭而專，安之。」〔註40〕雖以尊上為普遍原則，但事關國家安危時，即有權變的必要，可見百官雖皆為國君的下屬，但行事的最高原則，仍是以國家、百姓為重。

（四）以人體運行論君臣

董仲舒也以人體運作，比喻君臣互動關係。人體運作中，心為主宰，使役肢體以完成動作，心與肢體互動良好，則生活無礙，以此比喻君臣互動關係。

> 君明，臣蒙其恩，若心之神，而體得以全。臣賢，君蒙其功，若形體之靜，而心得以安。上亂，下被其患，若耳目不聰明，而手足為傷也。臣不忠而君滅亡，若形體妄動，而心為之喪。是故君臣之禮，若心之與體，心不可以不堅，君不可以不賢。體不可以不順，臣不可以不忠，心所以全者，體之力也。君所以安者，臣之功也。〔註41〕

此段對君、臣職責之論述，與〈天地之行〉相同。君居至尊之位，如一體之心，地位至貴無敵，職在發號施令。君王有權無責，對百官分職而治。任才唯賢，依其能力派任官職、使各司其責。君王須主動親近賢聖之人以得賢佐。以上論述，雖皆不出〈天地之行〉的範疇，卻更著重於君、臣各司其職所形成的良性連鎖效應：當君令下達，臣屬無所違逆，則君令臣行，施政順暢無礙，百姓可安居樂業、國家平治，最終君王可收無為而治之效、得福瑞之應。以此見國家順利運作，須仰賴君臣雙方和諧、有序的互動。君、臣本份為「君賢臣忠」。臣須忠，方能嚴守尊卑，不僭越奪權。君須賢，則包含施政方向，須堅持正道；御下方式須嚴明上下之別。君、臣相輔相成，缺一不可。君賢臣忠的觀念，亦暗示臣下之忠與尊君，實奠基於君王賢明仁德之上，而非純粹單向、一味的要求臣下愚忠。

以上整理春秋、陰陽、天地、人體四面向，對君臣本份及互動關係的論述。從中可見，以陰陽為論，較著重於明確區別君臣上下從屬關係，甚至近於尊君抑臣的地步。在天地的論述中，則較具體定義君、臣的主要職司及本份，其中部分論述似可彌補陰陽論中，過度尊君抑臣的缺失。而在人體運作的論述中，

〔註40〕漢・董仲舒撰；清・凌曙注《春秋繁露・順命第七十》頁241。
〔註41〕鍾肇鵬主編《春秋繁露校釋（校補本）・天地之行》頁1070。

則著重於君臣互動關係的品質，將影響國家整體發展的盛衰。

小結

尊君的論述，自君王受天命為起點，以持守奉行天道為終點。凡得天命、行正道之君，皆為絕對之尊。尊君的目的，是為避免分權而造成的國家危機，小則為君令不行，君王遭蒙蔽、民眾受害於惡質官員的剝削。大則懷篡逆之心挑戰君權，造成國家動亂。然而絕對尊君的風險，是君權可能無限膨脹，缺少制衡的力量，將導致傾全國之資源、人力，以奉君王一人逸樂。董仲舒為此設定的制衡力量為天命，天會依君王施政有道、無道而予奪其命：

> 天子不能奉天之命，則廢而稱公，王者之後也；公侯不能奉天子之命，則名絕而不得就位，衛侯朔是也；子不奉父命，有伯討之罪，衛世子蒯聵是也；臣不奉君父，雖善以叛言，晉趙鞅入於晉陽以叛是也。……曰不順奉於天者，其罪如此。〔註42〕

〈順命〉以所有不尊奉其上的後果，皆斷絕其倫。藉以要求君、臣皆須盡忠職守，君王應法天施行仁政；臣屬應奉守君令而不違、不專、不僭越。否則，君王將失去政權；臣子將失其爵位。董仲舒藉受命、陽尊陰卑的論述，縮合君王施政有道與尊君兩項理念。一方面提倡臣屬絕對的尊君，提升君權於不可動搖的高度，順應帝制的政治結構、滿足君王對權勢完全掌控的願望；一方面藉由新政權以行仁政而獲致天命、取代舊政權的受命觀，暗中呼應漢代秦而起的歷史發展，以此作為對君權的限制、要求君王為政應以民為心，否則亦將被取而代之，仍頗有儒家從道不從君的色彩。〔註43〕

第二節　王道本正與《春秋》之義

董仲舒認為：「天意難見也，其道難理。」〔註44〕並認為《春秋》中的微

〔註42〕漢・董仲舒撰；清・凌曙注《春秋繁露・順命第七十》頁241～242。

〔註43〕劉國民認為：「董仲舒以陰陽之道解釋『三綱』，論證了君尊臣卑的合理性，但他守住了儒家天下為公的思想，他贊成天命對君權的予奪、贊成湯武革命以及禪讓所造成的君主易位，這與漢初黃老家不同。」他引漢初黃老派人物黃生之言：「冠雖敝，必加於首。履雖新，必關於足。何者？上下之分也。」指出「漢初的黃老家否定革命，而董仲舒的『三統說』、『受命改制說』則肯定異姓而王的合理性。」劉國民《董仲舒的經學詮釋及天的哲學》頁209。

〔註44〕漢・董仲舒撰；清・凌曙注《春秋繁露・天地陰陽第八十一》頁279。

言大義是：「天地神明之心、與人事成敗之真，固莫之能見也，唯聖人能見之。」
〔註45〕天意隱微難見，唯獨聖人能體察領會，而聖人對天意的體察，保留在
《春秋》之中。《春秋》歷記各代君王施政的成敗，從中提出施政之宜，此即
天道，可為治國圭臬，並以此連結奉天與法古兩項概念，成為開展其政治思想
的基點。然而，董仲舒在詮釋《春秋》時，偶有不同於《公羊傳》原意之新解，
或藉傳文未言明處加以延伸的現象，可見其一方面借助《春秋》的經典地位，
加強其說的權威性；一方面亦以經典為自身註腳，建構其學說。〔註46〕

　　董仲舒重視改制，認為受命之王，皆應改制以應天，並提出「改制不易
道」的觀點，可見改制具有形式與內容兩層面。形式層面，是透過改制的儀
式，宣示新政權的合法性。內容層面，則是遵循合於天理、合於古代聖王之
道的統治方式，以正道作為施政的內容。而此萬世不易的治國正道，董仲舒
將之寓於《春秋》。藉《春秋》，將施政之宜與不宜寄託於天啟中，並上溯於
天之「元」與「災異」，稱為「二端」。「元」，用以定義國君的職責；「災異」
則作為國君施政偏誤的示警，兩者的目的皆在加強君王照顧國家、人民的使
命感，亦可視為君尊臣卑的結構下，防止君權無限上綱的補救方法。以下由
改制更化，以及王道二端，認識董仲舒如何將形上之天道，轉換為君王施政
之本的過程。

一、改制更化

　　董仲舒的改制說認為，繼三代之後，受天命的政權為漢而非秦，並藉孔子
著《春秋》，絕筆於哀公十四年西狩獲麟，視此為為漢立法，然而針對西狩獲
麟的說明，董仲舒似有基於《公羊傳》的原義上，略作延伸的情形。《公羊傳》
對西狩獲麟的解讀為：

　　　十有四年春，西狩獲麟。何以書？記異也。何異爾？非中國之獸也。
　　　然則孰狩之？薪采者也。薪采者則微者也，曷為以狩言之？大之也。
　　　曷為大之？為獲麟大之也。曷為為獲麟大之？麟者，仁獸也。有王

〔註45〕漢・董仲舒撰；清・凌曙注《春秋繁露・郊語第六十五》頁230～231。
〔註46〕劉國民說明董仲舒詮釋《春秋》的方法：「董仲舒開發的《春秋》大義，正是
　　　　他自己的思想，他首先有了此主觀思想，然後通過解釋《春秋》詞序，把此種
　　　　思想附會到裡面去。董仲舒是藉《春秋》經傳，建立自己的思想體系，此解釋
　　　　方法是『六經注我』，故詮釋的主觀性較強。……目的是借助聖人作的經典，
　　　　具有權威性和神聖性，為他的思想建立《春秋》經典的依據。」劉國民《董仲
　　　　舒的經學詮釋與天的哲學》頁170～171。

者則至，無王者則不至。有以告者曰：「有麕而角者。」孔子曰：「孰為來哉！孰為來哉！」反袂拭面，涕沾袍。顏淵死，子曰：「噫！天喪予。」子路死，子曰：「噫！天祝予。」西狩獲麟，孔子曰：「吾道窮矣！」《春秋》何以始乎隱？祖之所逮聞也。所見異辭，所聞異辭，所傳聞異辭。何以終乎哀十四年？曰：「備矣。」君子曷為為《春秋》？撥亂世，反諸正，莫近乎《春秋》。即未知其為是與？其諸君子樂道堯舜之道與？末不亦樂乎堯舜之知君子也，制《春秋》之義以俟後聖，以君子之為，亦有樂乎此也。〔註47〕

傳文中，首先推尊獲麟一事，因麒麟的出現，象徵有王者至。再接續孔子聽聞此事，自傷「吾道窮矣」。之後探究《春秋》起止時間的意義，始於祖輩所得聞知之時，止於王道已大備於其書。並說明《春秋》的撰作動機為：透過其中所載的王道及褒貶，可以「撥亂世反諸正」。最後期待有後聖出現，承繼聖王之道。然而，既推尊獲麟，孔子又何以為獲麟一事長嘆？從《左傳》對照哀公十四年魯國發生之事：四月，陳恆弒其君，孔子齋戒三日，向魯君請討伐陳恆，遭拒。〔註48〕可見魯國當時，政治上並無明君在位，而麒麟出現又已死亡，此事與孔子請伐亂臣賊子遭拒一事並觀，則見孔子雖有明尊卑、正名分的匡正亂世之心，卻有無法將此心、此志推行實踐之悲，遂有「吾道窮矣」之嘆。可知孔子之嘆，應是出自對政治氛圍的敗壞，及自身力挽狂瀾終究不成的失望。而董仲舒對西狩獲麟之事，解讀如下：

有非力之所能致而自至者，西狩獲麟，受命之符是也。然後託乎《春秋》正不正之間，而明改制之義。一統乎天子，而加憂於天下之憂也，務除天下所患，而欲以上通五帝，下極三王，以通百王之道。〔註49〕

孔子作《春秋》，先正王而繫萬事，見素王之文焉。緣此觀之，帝王之條貫同，然而勞逸異者，所遇之時異也。〔註50〕

「託乎春秋正不正之間」、「通百王之道」，尚可與傳文「君子曷為為春秋？撥亂反諸正，莫近乎春秋。」的理念互通，兩者皆認為《春秋》寄寓了聖

〔註47〕清·陳立《公羊義疏》（上海：商務印書館，1937年）頁1959～1971。

〔註48〕周·左丘明撰；晉·杜預集解《春秋左傳集解》（南京：鳳凰出版社，2010年）頁864。

〔註49〕漢·董仲舒撰；清·凌曙注《春秋繁露·符瑞第十六》頁87～88。

〔註50〕漢·班固撰；唐·顏師古注；清·王先謙補注《漢書補注·董仲舒傳》頁4035。

王之道，可作為理想政治之典型，為現世政治樹立是非善惡的標準。但在《公羊傳》中，孔子對獲麟的反應是自傷「吾道窮矣」，且將此事與其得意門生顏淵、子路之死並列的脈絡中可知，西狩獲麟，應視為孔子政治理想失落的象徵。但董仲舒將獲麟視為「受命之符」，以及新王改制之義寄託於《春秋》、視孔子為有德無位的素王，這些觀念實未言明於《公羊傳》中，但《公羊傳》本身解經的模糊處，讓董仲舒能作出延伸解讀。

　　《公羊傳》以對經文自問自答的方式寫成，但對於同一句經文提出的若干問題，彼此卻不一定具有緊密的因果關係，故有時可獨立看待，亦可重組形成新的解讀。摘要此段傳文的重點，包括：麟至，表示有王者出現；當時政壇並無明君，引起孔子對聖王理想的失落之感；《春秋》載有聖王之道，後聖可取法於此。若將這些觀點重組，拼湊因果關聯，就可能得出與董仲舒貼近的想法脈絡：麟的出現，可視為最大的前提，代表世上有王者出現。但現實上並沒有，故此符瑞應驗在承載聖王之道的《春秋》與其作者孔子身上。但聖王之道，在此時是以微言大義的形式存在於典籍之中，故仍須兼具德位的君王將其實現。但在漢朝人的史觀中，秦朝已成為完全負面的歷史教訓，不當配聖人的名號，則《公羊傳》所言之「後聖」，自然應由當世漢朝的皇帝膺其名號。

　　不論是孔子為素王，或《春秋》是為漢立法的論點，董仲舒已明確指出，能王天下者，必有天降之符瑞為受命象徵，且符瑞之出現，前提是領導者能得民心之所向，即「天下之人同心歸之，若歸父母，故天瑞應誠而至。」藉此規範出理想君王的典範：即是能善養百姓、使其安居樂業之人。

　　董仲舒將天命繫於有德之人，又援引孔子為例證，大幅削弱了君王的階級身分問題，也賦予了漢代平民政權合法化的可能，同時埋下了要求國君行仁政的依據。在三代改制的脈絡中，董仲舒認為，無法善養百姓的秦朝，不是得天命的政權，故以漢代周而起，[註51] 這個安排也暗示了繼之而起的漢朝，若仍無法奉行愛民之天意，也將失去天命的認可。由此觀之，國家整體走向、發展盛衰，皆繫於君王的智慧與能力，因此，董仲舒提出，在新的朝代建立，或新任國君即位後，需要透過一場儀式，一方面宣示新政權的建立，一方面提出未

〔註51〕吳龍燦解釋：「秦繼晚周亂世，本應通過改制『救溢扶衰』，但是並沒有這麼做，反而亂上加亂，……所以漢不承認繼秦，而是直接繼周。」吳龍燦《天命、正義與倫理——董仲舒政治哲學研究》頁160。

來的施政主軸，此即改制與更化。改制為呼應新政權受天命而起，更化則是反省前朝覆滅之因，據以擬定更適宜的施政內容。受命改制的儀式可以安定人心，而更化則表現出鑑於歷史教訓，擁有改絃更張的改革決心與追求進步的理想。董仲舒對於改制與更化的想法，主要見於〈三代改制質文〉、〈符瑞〉與〈楚莊王〉三篇：

> 何以謂之王正月？曰：王者必受命而後王。王者必改正朔、易服色、制禮樂、一統於天下，所以明易姓、非繼人，通以己受之於天也。王者受命而王，制此月以應變，故作科以奉天地。故謂之王正月也。……示天之變反命，故天子命無常，唯命是德慶。故春秋應天，作新王之事。〔註52〕

> 今所謂新王必改制者，非改其道、非變其理。受命於天，易姓更王，非繼前王而王也。……今天大顯己物，襲所代而率與同，則不顯不明非天志。故必徙居處、更稱號、改正朔，無他焉，不敢不順天志而明自顯也。若夫大綱、人倫道理、政治教化、習俗文義，盡如故亦何改哉？故王者有改制之名，無易道之實。〔註53〕

〈三代改制質文〉對改制的操作有較詳細的具體說明，包括形式上要改正朔、制定符合當朝的禮樂。改制的目則在宣示「一統於天下」的政權移轉，以及不再延續前朝的錯誤施政，將行正道以應天命，表現出「天道無親，常與善人」的觀念。〈符瑞〉則提出改制的目的，天子有「加憂於天下之憂，務除天下之患」的責任，施政須「極理以盡情性之宜」，亦即順應民之情性而為，才是符合天道的施政方式。另外，據〈三代改制質文〉中，比較三代改制的內容，僅是改變部分典章制度，但並不更動社會基本秩序，如三代共同不變的制度為「不刑有身、正月不殺」，顯現了刑尚寬緩之施政方向，其意義在於表明為政以仁為核心。可見董仲舒認為改正月、服色等形式，是基於宣示意味，而更化救弊、為民除患，才是實質的內容，符合其「改制不易道」的精神。

回顧〈天人三策〉，對於三代改制的歷史溯源並無著墨，而是直指漢代應採用的治國模式：「今漢繼大亂之後，若宜少損周之文致，用夏之忠者。」此可與〈三代改制質文〉提出的「主天法商而王，以質救周文之衰弊。」相參，

〔註52〕漢‧董仲舒撰；清‧凌曙注《春秋繁露‧三代改制質文第二十三》頁105～107。
〔註53〕漢‧董仲舒撰；清‧凌曙注《春秋繁露‧楚莊王第一》頁7～9。

皆指出以質救文，重視本質、不飾虛華的施政風格。〔註54〕

二、王道根源

　　新王得到政權的首要任務，是奉行天之正道，而王道之正，皆可上溯於天，在〈二端〉中，藉由《春秋》，提出「元」與「災異」，作為國君施政的兩大依據：

> 《春秋》至意有二端，不分二端之所從起，亦未可與論災異也。小大微著之分也，夫覽求微細於無端之處，誠知小之為大也、微之將為著也。……故聖人能繫心於微，而致之著也。是故《春秋》之道，以元之深正天之端，以天之端正王之政，以王之政正諸侯之位，五者俱正，而化大行。然書日蝕星隕有蜮、山崩地震、夏大雨水、冬大雨雪、隕霜不殺草、自正月不雨至於秋七月、有鸛鵒來巢，《春秋》異之，以此見悖亂之徵。是小者不得大，微者不得著，雖甚末，亦一端。孔子以此效之，吾所以貴微重始是也。因惡夫推災異之象於前，然後圖安危禍亂於後者，非《春秋》之所甚貴也。然而《春秋》舉之以為一端者，亦欲其省天譴而畏天威，內動於心志，外見於事情，修身審己，明善心以反道也者，豈非貴微重始、慎終推效者哉！〔註55〕

　　董仲舒認為，施政重點在能以小觀大、見微知著。而施政之「微」可分為本、末兩種。「元」為本，「災異」為末，兩者皆是以小觀大，透過天象的規律與變異，作為施政的依據。透過天之元，體察施政的正道；以災異，反省施政之偏誤。而以災異為末，是因天降災異的目的，是讓國君犯錯之後能及時補救，

〔註54〕陳蘇鎮引《史記正義・高祖本紀》提出周代之弊：「僿，猶細碎也。言周末也，文細碎、鄙陋、薄惡。」又引《史記正義・遊俠列傳》：「小人以僿，謂細碎苛法亂政。」據此提出「秦政之苛薄少恩和奢華虛偽，都是周道之弊的極端展現。」陳蘇鎮《〈春秋〉與「漢道」——兩漢政治與政治文化研究》（北京：中華書局，2011年）頁197～198。吳龍燦解釋「文」為：「就社會意義上而言，文則引申為禮樂儀制。」；釋「質」則為：「質樸、質地、本性、內在精神，在文質語境中，質描述禮之質樸內容或精神實質。」並認為：「秦政把禮的政治化走向極端，即專行刑法律令為治，文之敝到了極致，故漢用夏之忠，乃『復情以歸大一』，寧保質而少文『承衰救弊』重建文質兼備、德禮統一的統治體系。」吳龍燦《天命、正義與倫理——董仲舒政治哲學研究》頁230。

〔註55〕漢・董仲舒撰；清・凌曙注《春秋繁露・二端第十五》頁86～87。

所以不當視為施政的常態。君王若只依靠天現異象時，才反省施政之弊，代表只圖救危於末，而不重視平時施政的品質，此種心態不值得推崇，故將災異視為「政之末」。「元」，則是天運行的根源，君王統御萬民，亦應以身作則，以正道端正、治理天下，自然能達到本正末應、國家平治的理想。可見，「元」代表了君王修德自正，以及施政的規準，故可視為「政之本」。

　　元與災異，皆將治國之道上溯於天，法天為政、以災異為警惕，欲君王明察其施政之優劣得失。以下分別分析董仲舒的災異觀，以及對「元」概念的延展，以見其變化「天之元」，作為「王道之正」，最終得出「施政之本」的論述過程，藉以釐清董仲舒建構其王道根源的方式。

（一）災異

　　董仲舒的天人感應論，除了同類相召，天、人可雙向影響的物理性關係外，更賦予天以意志。天如人類一般，具有喜怒好惡之情，且有權威性質，因此可感知人世狀態與國君施政之偏失，繼而降下災異，作為警示。由此將災異與施政有道、無道，連結為因果關係，成為限制君權的一種方式。而董仲舒將天人災異的根源，上歸至《春秋》，但其災異觀，若與《公羊傳》對照，則兩者仍有相當的出入。

　　《公羊傳》中，記載自然界的異象所在多有，但多數僅是做一客觀紀錄，並不將災異與人事關聯。據黃肇基研究，《公羊傳》中僅有兩處將自然天象，與人事作出因果連結〔註56〕，且明確提出災、異之辭：一於僖公十五年之雷震；二於宣公十五年之蝝生：

> 僖公十五年：
>
> （經）己卯，晦，震夷伯之廟。
>
> （傳）晦者何？冥也。震之者何？雷電擊夷伯之廟者也。夷伯者，
> 曷為者也？季氏之孚也。季氏之孚則微者，其稱夷伯何？大之也。
> 曷為大之？天戒之，故大之也。何以書？記異也。〔註57〕

〔註56〕黃肇基認為《公羊傳》說災祥應驗的地方只有兩處：僖公十五年秋「己卯，晦震夷伯之廟」與宣公十五年「冬，蝝生。」並引王引之《經義述聞》、陳柱《公羊家哲學》、徐復觀《兩漢思想史》，提出：「《春秋》雖記災異，但未明應驗之事，故《春秋》本無天人感應思想，為後世學者董仲舒、何休附會而成。」黃肇基《漢代公羊學災異理論研究》（臺北：文津出版社，1998年）頁94～95。

〔註57〕清・陳立《公羊義疏》頁816～818。

　　顏師古注：「孚，信也。所信任之臣也。」此處《公羊傳》記雷擊之象源自人間之失，因夷伯作為陪臣地位，以其地位之卑，不應有廟，因此當日天出異象，白晝晦而無光、雷擊夷伯之廟，可視為對其僭越之舉的警告。

　　宣公十五年：

　　（經）冬，蝝生。

　　（傳）未有言蝝生者，此言蝝生何？蝝生不書，此何以書？幸之也。
　　幸之者何？猶曰受之云爾。受之云爾者何？上變古易常，應是而有
　　天災，其諸則宜於此焉變矣。〔註58〕

　　《公羊傳》認為《春秋》原不特別記錄「蝝生」之事，此處記錄為事出有因，由於上位者「變古易常」，擅改古制，故而引發天降災害。

　　以上兩個例子皆可見《公羊傳》中，將人事與天象異常彼此關聯。人為之失，將導致天降災異。災異之象，便成為溝通天人的媒介。而此論點為董仲舒所繼承，然而，比較《公羊傳》與董仲舒的觀點，董仲舒有同於《公羊傳》之處，亦有不同之新意衍生，如董仲舒說：

　　臣謹案春秋之中，視前世已行之事，以觀天人相與之際，甚可畏也。
　　國家將有失道之敗，而天乃先出災害以譴告之，不知自省，又出怪
　　異以驚懼之，尚不知變，而傷敗乃至。以此見天心之仁愛人君而欲
　　止其亂也。自非大亡道之世者，天盡欲扶持而全安之。〔註59〕

　　凡災異之本，盡生於國家之失。國家之失，乃始萌芽，而天出災異
　　以譴告之，譴告之而不知變，乃見怪異以驚駭之，驚駭之尚不知畏
　　恐，其殆咎乃至。以此見天意之仁，而不欲害人也。謹案災異以見
　　天意，天意有欲也，有不欲也。所欲所不欲者，人內以自省，宜有
　　懲於心，外以觀其事，宜有驗於國，故見天意者之於災異也，畏之
　　而不惡也，以為天欲振吾過、救吾失，故以此報我也。春秋之法，
　　上變古易常，應是而有天災者謂幸國。〔註60〕

　　相較於《公羊傳》的論述，董仲舒明確為天增加了主體性。在《公羊傳》中，天災異象是「應是而生」，即對應人事而發生，天本身不具有意識和獨立個性。但在董仲舒的解釋中，轉為「天盡欲扶持而全安之」、「天不欲陷人」、

〔註58〕清・陳立《公羊義疏》頁1275～1278。
〔註59〕漢・班固撰；唐・顏師古注；清・王先謙補注《漢書補注・董仲舒傳》頁4022。
〔註60〕漢・董仲舒撰；清・凌曙注《春秋繁露・必仁且智第三十》頁144～145。

「天欲振吾過、救吾失。」分析《公羊傳》與董仲舒的用詞，《公羊傳》用「應」，董仲舒用「欲」。「應」為「對應」、「反應」之意，用詞較為中性，形塑而成的天，形象較為被動。而「欲」為「想要」之意，此用詞展現出較強烈的主動性，形塑的天，有人格化的傾向。天不僅具有思想，且以積極主動的態度涉入人間世事，甚至具有道德性，因天降災異向人示警，為先災後異，董仲舒以此階段性的示警，即是出自天有仁愛、不願害人之心。

可見董仲舒雖承繼《公羊傳》中，天人之間以災異為中介的內容，也據此延伸出天具主體性、道德性等異於《公羊傳》的部分，藉此發展出天道以仁為本質的觀點，以之作為規諫君王以愛民為施政主軸的根源。

且災異的出現，是出自天欲扶衰救弊、以仁心待君王的警示，因此提出面對災異的正確態度，應是「畏之而不敢欺也，信之而不獨任，事之而不專恃。」〔註61〕國君應理解天意之仁，對異象不迷信，亦不過度惶恐，積極把握人所可為之處，導正施政偏弊。並提出，君王體察天意好惡的方法不假外求，只需：「人內以自省，宜有懲於心，外以觀其事，宜有驗於國。」〔註62〕天所認同的正道，不僅展現在歷史興衰中，亦根植於人心，故可內省而得。只要君王反身而誠、篤行實踐，便足以扭轉劣勢。由此將災異中的主導者，由天轉為人，可知董仲舒的災異觀，並非宗教般的迷信，最終仍以人為主體。〔註63〕

（二）元

董仲舒將王道上溯於天，除了君王受命於天之外，天之所以能成為一切規範的根源，源於當時人們對自然大化的觀察。天創生萬物，人亦包含於其中，天因此晉身為人之先祖。且天以陰陽寒暑、日月風雨之節度，涵養萬物而不殆，對世間萬物的化育長養，亦足以對人事有示範之效，因此主張君王治國應法天而立道。〈二端〉提出：「《春秋》之道，以元之深正天之端，以天之端正王之政。」以「元」作為天的規律，配合天以仁德為核心，以及各種對天道法則的論述，將其施政理念、原則置入其中，塑造出理想的王道。

〔註61〕漢・董仲舒撰；清・凌曙注《春秋繁露・祭義第七十六》頁260。

〔註62〕漢・董仲舒撰；清・凌曙注《春秋繁露・必仁且智第三十》頁144。

〔註63〕劉國民認為：「受命之符、符瑞、災異是天之為，又基於人之為，而人之為具備優先性，因此，它們在肯定天命的一定作用時，更強化了人為的重要作用。」並且呼應〈天人三策〉中：「事在強勉而已矣。」的論點，因此提出：「董仲舒的受命之符、符瑞、災異的思想，表現出理性的性格，尤其是道德理性更為突出。」劉國民《董仲舒的經學詮釋與天的哲學》頁286～288。

　　〈天人三策〉提出，治國之要，本於察微與慎始，因端苗不察，終將演變為不可阻擋之勢，故君王須謹於個人言行，以及謹慎評估每一項決策的後續影響。而察微之法，在於察「元」。天之運行本於元，元概括了天理秩序，也是王道效法的對象。而要連接形上的「元」，與形下的「施政正道」，董仲舒在論述上透過不同詞彙的抽換，完成「元」至「政道」的過渡，使「元」的抽象概念，可延展擴充至人事層面。觀察《春秋繁露》，描述「元」的概念時，多使用微、正、始、本等詞彙作為說明，皆指向天道隱微、為政法天、正本清源、本正末應的概念，故以下試由「元年」、「春王正」中，「元」與「正」兩個詞彙的運用，探尋董仲舒由天道導引出王道的過程，並透過「本」，見其中表述的施政重點。

1. 元年

董仲舒以《春秋》記首年為「元年」之用語，提出重始、正本之意：

> 臣謹案春秋謂一元之意，一者，萬物之所從始也：元者，辭之所謂大也。謂一為元者，是大始而欲正本也。春秋深探其本，而反自貴者始。

> 唯聖人能屬萬物於一，而繫之元也。終不及本所從來，而承之不能遂其功。是以春秋變一謂之元，元猶原也，其義以隨天地終始也。故人唯有終始也而生，不必應四時之變，故元者，為萬物之本。〔註64〕

> 君人者國之元，發言動作，萬物之樞機。樞機之發，榮辱之端也。失之毫釐，駟不及追。故為人君者，謹本詳始、敬小慎微。……君人者，國之本也。夫為國，其化莫大於崇本。崇本則君化若神。不崇本，則君無以兼人。無以兼人，雖峻刑重誅，而民不從。是所謂驅國而棄之者也，患孰甚焉？〔註65〕

　　董仲舒透過《春秋》，連結天、人關係。他以《春秋》紀年時，將國君即位的首年稱為元年為材料，連結一與元，釋為源頭、本始之意。並說明這樣的紀年法，是為了表示新任國君執掌政權，應重視開端、本原之意。讓元從「正天之端」的形上層次，進入人事的形下層次。元的作用是引導萬物順利成長、完成大化的循環運行，因此是萬物依循的正道。天以元為依循的準則，

〔註64〕漢・董仲舒撰；清・凌曙注《春秋繁露・重政第十三》頁81。
〔註65〕漢・董仲舒撰；清・凌曙注《春秋繁露・立元神第十九》頁92～93。

國家則以君王為運作的樞機。[註66] 君王立身正、行正道,則國家可運作順暢,萬民可因之遂生。由於國君的言行、決策必然牽動國家發展,所以〈三代改制質文〉中,屢次強調奉元的目的,在於本正而末應。[註67] 提出,本若不正,則「承之不能遂其功」指出國君若言行不正、施政不當,即使臣民敬上不違,亦無法平治國家。可見董仲舒強調「重始」與「本正」的原因,在於要求國君自律其品德言行,成為百官、萬民之典範,建立起良好的價值觀與風氣。

董仲舒藉由「元」,提出國君為國家發展的根本,且牽動國家的發展。再透過對《春秋》經文:「王正月」的解釋,提出國君的首要任務,是以正道統領百姓,置入正義、正道的內涵,作為對君王修德及施政的期許。

2. 王正月

《公羊傳》與董仲舒對「春王正月」皆有解釋,兩者側重點亦有不同,《公羊傳》解讀如下:

> (經)元年春王正月
>
> (傳)元年者何?君之始年也。春者何?歲之始也。王者孰謂?謂文王也。曷為先言王而後言正月?大一統也。公何以不言即位?成公意也。何成乎公之意也?公將平國而反之桓。曷為反之桓?桓幼而貴,隱長而卑,其為尊卑也微,國人莫知。隱長而賢,諸大夫扳隱而立之,隱於是焉而辭立,則未知桓之將必得立也。且如桓立,則恐諸大夫不能相幼君也,故凡隱之立為桓立也。隱長又賢,何以不宜立?立適以長不以賢,立子以貴不以長。桓何以貴?母貴也。母貴則子何以貴?子以母貴,母以子貴。[註68]

[註66] 劉國民認為:「元的表層含意是始、本。元是一個具有普遍意義的抽象觀念,可以泛指不同層級的本原。例如人和萬物的本原(天)、國之元(人君)、治國之元(正名)等,元的深層涵義是正,即始正、本正。因此,元是抽象觀念和法則,而不是一種實體,不是特指天地萬物的本原。」並認為董仲舒提出「元」的目的是「貴始正本,不是建立元的宇宙觀。」劉國民《董仲舒的經學詮釋與天的哲學》頁263~269。

[註67] 「改正之義,奉元而起。……正者正也。統致其氣,萬物皆應而正。統正其餘皆正。凡歲之要在正月也,法正之道,正本而末應、正內而外應。動作舉措,靡不變化隨從,可謂法正也。」漢·董仲舒撰;清·凌曙注《春秋繁露·三代改制質文第二十三》頁110。

[註68] 清·陳立《公羊義疏》頁6~34。

　　《公羊傳》對「元年春王正月」之辭，以「大一統」的概念解釋，元年，為國君即位的第一年；王，為周文王；先言王後言正月，是表示重視一統的精神。周天子為諸侯之領袖，所以強調周天子的正統、共主地位。此應是因應春秋以降，周天子式微的時代背景而產生之觀念。且其後內容專解釋嫡長子繼承制，而嫡長子繼承制的設立，用意為避免爭權的家族鬥爭而生。將此文前後對照，可見《公羊傳》解釋此文時，著重體現倫理關係，著眼其有益於維持國家社會和諧的功效。而在董仲舒的論述中，對「王正月」一詞，也多所著墨，其解讀如下：

> 春秋之序辭也，置王於春正之間，非曰上奉天施而下正人，然後可以為王也云爾？〔註69〕

> 《春秋》曰：「王正月。」《傳》曰：「王者孰謂？謂文王也。曷為先言王而後言正月？王正月也。」何以謂之王正月？曰王者必受命而後王。〔註70〕

　　董仲舒的釋義，目的在定位君王對國家的意義，以「春王正」為行文次序，蘊意深遠。「春」代表天之運行；「正」則為端正天下萬民，而「王」居天、民之中，由此提出君王乃上承天命，下以統領萬民之人。並將「正月」之「正」，以雙關方式結合「元年」與「正道」兩種語意，使天道與王道經由《春秋》貫串而起。〔註71〕此亦可與其對「王」字之釋義相參：「王，三畫連其中，謂之王」其職責為「王者之任，取天地與人之中，以為貫而三通之，非王者孰能當是？」

　　回應前文釋「元」，有本始之意。藉本始的概念，將治國的成效繫於國君身上，即「大始欲正其本」、「反自貴者始」之意。只要君王的心態與政策出於愛民安國，自然能平治天下。基於帝制的結構，集權於國君一人，因此國家發展的成敗，完全掌控在執政者身上。故在此現實條件下，只有塑造出一套理想的君王範式，並使其恆常適用，才能盡可能保障百姓的生活，這也是董仲舒極盡所能將王道連繫於天的原因，只要天不變，道亦不變，即使改朝換代，這套範式仍可永恆不墜。

〔註69〕漢‧董仲舒撰；清‧凌曙注《春秋繁露‧竹林第三》頁29。
〔註70〕漢‧董仲舒撰；清‧凌曙注《春秋繁露‧三代改制質文第二十三》頁105。
〔註71〕劉國民認為，此語序代表了以天為人道的終極根據：「董仲舒所謂的人道，即儒家仁義教化之道，從而為儒家之道建立天的神聖根據，具有理論和現實的社會政治意義。」劉國民《董仲舒的經學詮釋與天的哲學》頁188～189。

三、政道之本

董仲舒將元連繫到正，將天道與王道結合，主要在為君王的身分作出定位並彰顯其重要性。君王為國家發展之樞機，應法天行正道、領導萬民。然而，治國之正道，具體內容尚未顯露，故再透過「本」，來表達君王施政所需關注之核心政策，如〈立元神〉提出了政有三本之說，概括了三項施政要點：

> 君人者，國之本。夫為國，其化莫大於崇本。……何謂本？曰天地人，萬物之本也。天生之、地養之、人成之。天生之以孝悌，地養之以衣食，人成之以禮樂。三者相為手足，合以成體，不可一無也。無孝悌，則亡其所以生。無衣食，則亡其所以養。無禮樂，則亡其所以成。三者皆亡，則民如麋鹿，各從其欲、家自為俗、父不能使子、君不能使臣，雖有城郭，名曰虛邑。如此者，其君枕塊而僵，莫之危而自危、莫之喪而自亡，是謂自然之罰。……明主賢君，必於其信。是故肅慎三本。郊祀致敬，共事祖禰。舉顯孝悌、表異孝行，所以奉天本也。秉耒躬耕、采桑親蠶、墾草殖穀，開闢以足衣食，所以奉地本也。立辟廱庠序，修孝悌敬讓，明以教化、感以禮樂，所以奉人本也。三者皆奉，則民如子弟，不敢自專。邦如父母，不待恩而愛。不須嚴而使，雖野居露宿，厚於宮室。如是者其君安枕而臥，莫之助而自強、莫之綏而自安，是謂自然之賞。……故以德為國者，甘於飴蜜、固於膠漆。〔註72〕

「三本」，概括治國的三個層面。天本著重天倫孝道，地本著重庶民經濟，人本著重禮樂教化。三者之間，前者皆是後者的基礎，是循序漸進的過程。在〈天人三策〉的策問中，可以看見武帝希望達到社會守法有序、四海來歸、國家昇平的榮景。但董仲舒提出的「慎微」與「重始」已點出，遠大的理想勢必構築於細節之上。因此天、地、人三本，是董仲舒針對國家昌盛的理想所列出的三項要件，可分別對應為家庭功能、民生經濟與學校教育。

天本，注重孝行，即為對家庭功能的重視。現代社會定義家庭為：構成社會的最小單位。因為家庭是個人最早學習社會化的場所。人雖是各自獨立的個體，但在成長過程，家庭無異是養育、陶冶一個人最重要的環境，它擔負著價值觀的建立、情感的連繫，甚至是文化傳遞等功能。董仲舒分析孝道倫理不

〔註72〕漢・董仲舒撰；清・凌曙注《春秋繁露・立元神第十九》頁93～94。

彰,可能產生的社會問題是,人們「各從其欲、父不能使子。」凸顯出家庭功能不健全的後果。若排除特殊情況,家庭間缺少慈愛或孝順,就代表家庭成員間缺乏堅固、深厚的感情連繫,自然在家庭教育上也容易缺乏引導向善、約束不當行為的力量。而講究孝順的倫理觀念,也使家庭如同一個小型的政府。孝親尊上的觀念若能深植人心,國家也能收人民敬順上位者的效益。因此,董仲舒認為,國君應推廣孝悌人倫、重視家庭的倫理與和諧。

民生經濟,以滿足百姓基本衣食為要。國君應鼓勵農事,廣闢自然資源,以增加糧食、物資,使百姓足以維生、不困乏。當民生寬裕、經濟無虞後,才能推行教育,在地方設立學校,以推行識禮、知義等更豐富深厚的教育內容。

綜上可見,「本」代表施政的重點方向。〈奉本〉以禮為本,而禮本陰陽天地之則而生,謹於區別主客之異,延伸出尊天、尊上位者的階級意識。〔註73〕而〈立元神〉篇中的三本,以天本表彰人倫孝悌。在儒家思想中,孝是所有德行的基礎,愛人由親始,而後才能兼人、泛愛萬物。以地本表達重視農業,因農業為立國之本,一方面表達重視民生經濟,以滿足人民基本維生條件為國君之務。一方面呼應了當代重農抑商的政策,因經商獲利遠大於農業,商人崛起後容易帶起逐利的風尚,且富賈容易威脅上位者勢力。務農人口減少,也容易導致農糧產量降低。因此政府基於穩定位階、導正民風的需求,應鼓勵人民回歸農業。人本則指出,滿足百姓基本衣食後,即應力行教化,善用仁義禮樂,以德化民。可見治國之本包含倫常、經濟及教化,而奉本的重要性,在於掌握這些治國方向,能讓人民衣食無憂、知禮守倫,則人人能以禮義自律、循規蹈矩而不犯,國君自能收平治之效。觀察三本的施政方向,是由社會基層結構的家庭教育逐步推展,提升至社會給予的學校教育;由生理層面的民生經濟,擴展上升至精神層面的禮樂教育。

董仲舒認為,政府管理人民,若是祭出嚴刑峻罰仍無法止亂,即是忽視民生及教化的必然後果,是捨本逐末的治國方式。由此可知,治國的勞逸之殊,除源於所承繼之時代為亂為治之外,亦源於國君施政時所著重的方向與推行方式是否正確。以仁心仁政出發、順性而為,則民和順易治,反之,若似秦朝以苛政急法待民,則勞而無功。因此,君王如能兼顧三本、循序施政,則人民可衣食無虞,性情和順良善,國家自然安定和諧。董仲舒認為依循這套施政

〔註73〕漢・董仲舒撰;清・凌曙注《春秋繁露・奉本第三十四》頁155。

模式，可讓國君安枕而臥，國家發展能「莫之助而自強」，謂之「自然之賞」，這是以儒家式的做法，達到無為而治、國家團結，即其所謂：「以德為國者，固於膠漆」的理想境界。

小結

探討董仲舒對始元、本正的重視，代表新政權須對前朝的弊病改弦更張，重新樹立益於百姓的正道。與受命改制的內容並觀，可知改制的兩種功能：一為象徵意義，藉由形式上的改變，宣告新政權的正式來臨。一為實質意義，國君透過告宗廟山川的儀式，實為向全國宣布其施政方向，而兩者的主要功能皆在於安定民心。改制的呼聲，自武帝親政起，已多有相關提議，但董仲舒論改制時，細節繁瑣的統正之說、改制項目僅出現在《春秋繁露》中，而在應武帝策問的〈天人三策〉中，僅提出「改制不易道」，闡述施政宜於民的主張。可知董仲舒關注的，應是改制帶來的實質意義：宣告施政合道，也達到安定民心的作用。

透過改制的儀式，可以宣示政權轉移的動盪已經結束。因改朝換代之際，必定歷經各方爭奪政權的動盪時期、腥風血雨的戰爭、民不聊生的景況。因此一場慎重而嚴肅的儀式，包含年號的重設、裝束的改變、宣示的誓詞、正式的排場，通常都有助於國家療癒政權在爭奪、瓦解時造成的傷痛。統治者透過天命、對前朝的反省、提出良善的執政理念等步驟，將政權轉移合法化，成為眾人都能接受的事實。也透過天意，宣示國家將依仁愛、溫和的原則帶領國家發展。尤其在繼亂世而起的時刻，新政權更應說明國家當前施政的方向，並帶領人民走過憂懼，得到信心，讓民眾知道現任的執政者將帶領國家往什麼目標發展，並預期這條發展道路上，他們可能共同經歷的挑戰以及可以得到的改善。這個歷程、儀式，是象徵性地告訴眾人，新任的統治者，已是所有人的領導者，我們都必須在新的規則與新的期待中生活。因此，我們或可從改制的內容中，理解董仲舒努力綰合「始元」、「本正」兩種概念的用心。

第三節　君德與聖王之道

董仲舒將施政成敗繫於國君一人。藉由天命，將仁政定義為聖王之道，期許國君法天行仁政以化民，並以民心作為政權正當性的來源：「非其位而即之，

雖受之先君，春秋危之，宋繆公是也。非其位不受之先君，而自即之，春秋危之，吳王僚是也。雖然，苟能行善得眾，春秋弗危。」〔註74〕但不論是史籍上的口誅筆伐，或是災異示警，都屬於藉外在力量約束國君，是最後的防線。從董仲舒對君德的修養論述中可知，以天命得失對國君產生約制，並非其理想的王道之治。根本之道是期許君王先內修仁義之德，再外發為愛民之政。〈天道無二〉結合了施政與修身兩項議題，提出「一」的概念：

> 天無常於物，而一於時，時之所宜，而一為之。……。天之道，事無大小，物無難易，反天之道無成者，……是故古之人物而書文，心止於一中謂之忠，持二中謂之患。患，人之中不一者也。不一者，故患之所由生也。是故君子賤二而貴一。人孰無善？善不一，故不足以立身。治孰無常，常不一，故不足以致功。〔註75〕

聖王法天，而天道為一，此「一」包括三種內涵：一為恆常之意。聖王之道，有恆常適用的經典性，即「天不變道亦不變」之意。二為合宜合義，天道運行有四時之宜，延伸為君王施政亦當合宜合義。三為專一不二，不論是以善修身、以常道治國，都須堅定篤行，方得成功。〈仁義發〉又指出，仁政的前提是君王先能內恕，始能愛民，可見王道的基礎在於君德的修飭：

> 聖王之道，莫美於恕。……春秋之道，大得之則以王。小得之則以霸。故曾子子石，盛美齊侯，安諸侯、尊天子。霸王之道，皆本於仁。仁，天心，故次以天心。愛人之大者，莫大於思患而豫防之。……不愛民之漸，乃至於死亡，故言楚靈王晉厲公生弒於位，不仁之所致也。……上奢侈，刑又急，皆不內恕，求備於人。〔註76〕

> 義在正我，不在正人，此其法也。夫我無之，求諸人，我有之而誹諸人，人之所不能受也，其理逆矣。〔註77〕

> 君子求仁義之別，以紀人我之間然後辨乎內外之分，而著於順逆之處也。是故內治反理以正身，據礽以勸福。外治推恩以廣施，寬制以容眾。〔註78〕

〔註74〕漢・董仲舒撰；清・凌曙注《春秋繁露・玉英第四》頁33。
〔註75〕漢・董仲舒撰；清・凌曙注《春秋繁露・天道無二第五十一》頁196～197。
〔註76〕漢・董仲舒撰；清・凌曙注《春秋繁露・俞序第十七》頁88～89。
〔註77〕漢・董仲舒撰；清・凌曙注《春秋繁露・仁義發第二十九》頁140。
〔註78〕漢・董仲舒撰；清・凌曙注《春秋繁露・仁義發第二十九》頁141。

〈俞序〉與〈仁義發〉中指出，聖王之道在於仁，而仁政以恕為基礎。恕，為寬容體諒之心。董仲舒反思君王無法行仁政的原因，在於欠缺體諒他人困境的同理心。基於君、民的身分位階、生活條件、知識水平等的懸殊落差，致使國君難以深刻體會民瘼，僅一味求全於民，要求人民在行為上守禮循法，卻無法察覺、處理問題的根源。因此提出，修身治人之法應先區辨律己、待民之異。君王律己，須以義自正；待民，必以慈愛之心、行寬和之政。〔註79〕

由此可知，董仲舒理想的王道，即是由內聖而外王的過程。〔註80〕藉由君王本身的修德，體恕民情、自主的以仁待民，再輔以智慧，完成仁政的施行。以下試由以仁安民、以智輔仁、以義自正三個方向，理解董仲舒對君德培養，與外王之政的理念。

一、以仁安民

在受命觀的論述中：「其德足以安樂民者，天子之；其德足以賊害民者，天奪之。」已見政權轉移的合法性繫於天命，而天又以愛民為意，以此建構出王道本質為愛民與行仁政。〔註81〕除受命觀外，董仲舒也以自然大化運行的規律，作為仁政的依據，或以陽主陰輔的論述，搭配四時先暖後寒的順序，說明施政應先慈惠後威嚴的理念。或以作物生長週期，以作物結實畢成之後，嚴寒方至的現象，見天之運行以陽暖與少陰成物，置太陰於空處的規律，藉以言聖

〔註79〕周桂鈿解釋「推恩以廣施，寬制以容眾」為：「可以使多數人得到好處」、「放寬制度，容納各種各樣的人。」周桂鈿《董學探微》頁109；陳蘇鎮則解釋「推恩廣施」：「包含『節民以禮』之思想，知禮之本，有堯舜之智，故能認識患、害之源，提早豫防。」解釋「寬制容眾」則為：「『緣人情，赦小過』強調道德教化的非強制性和啟發性。」陳蘇鎮《〈春秋〉與「漢道」——兩漢政治與政治文化研究》頁188～189。

〔註80〕宋豔萍亦認為：「董仲舒把仁政作為統治者興衰成敗的重要原因。……看來董仲舒的仁義論，已突破了內聖的框框，而具有了外王的特徵。……公羊學修養自身的目的，是為了治理國家，為了外王，也就是為了實現王道理想。董仲舒突出了公羊學的外王特徵，並把內聖和外王結合在一起，把內聖的仁義論推而廣之，應用於外王學說之中，成為外王學說的重要理論支柱。」宋豔萍《公羊學與漢代社會》（北京：學苑出版社，2010年）頁70～74。

〔註81〕「故王者，唯天之施，施其時而成之，法其命如循之諸人，法其數而以起事，治其道而以出法，治其志而歸之於仁，仁之美者在於天。天，人也。……凡舉歸之以奉人，察於天之意，無窮極之仁也。……惟人道可以參天，天常以愛利為意，以養長為事，春夏秋冬皆其用。王者亦常以愛利天下為意，以安樂一世為事，好惡喜怒而備用。」漢·董仲舒撰；清·凌曙注《春秋繁露·王道通三第四十四》頁182～183。

王施政亦應以先教化後刑罰、德主刑輔為施政方式。〔註82〕以上陰陽、四時的論述，皆用以闡明王道以仁愛百姓為本質的理念。

（一）仁義施用之則

完成王道以仁為本的定位後，董仲舒在〈仁義發〉中，提出仁義施用之則，一為別異二者施用對象，二為仁政以廣施德澤為理想。

1. 仁義之施用對象

區辨仁、義的施用對象，以分析仁政的基礎在以義自正。義，關乎價值判斷上的是非、以及行為上的適當合宜。因此，國君為政的考量點，及政策規劃到執行是否合於義，將牽涉國家的形象、發展，及民風厚薄。〈仁義發〉提出仁義的施用原則是，仁以養民、義以律己：

> 春秋之所治，人與我也。所以治人與我者，仁與義也。以仁安人，以義正我，故仁之為言人也，義之為言我也，言名以別矣。仁之於人，義之與我者，不可不察也。眾人不察，乃反以仁自裕，而以義設人。詭其處而逆其理，鮮不亂矣。是故人莫欲亂，而大抵常亂。凡以闇於人我之分，而不省仁義之所在也。是故春秋為仁義法。仁之法在愛人，不在愛我。義之法在正我，不在正人。我不自正，雖能正人，弗與為義。人不被其愛，雖厚自愛，不予為仁。
>
> 以仁治人、義治我，躬自厚而薄責於外，此之謂也。且論己見之而人不察，曰：君子不攻其惡，不攻人之惡，非仁之寬與？自攻其惡，非義之全與？此謂之仁造人，義造我，何以異乎？故自稱其惡謂之情，稱人之惡謂之賊。求諸己謂之厚，求諸人謂之薄。自責以備謂之明，責人以備謂之惑。是故以自治之節治人，是居上不寬也。以治人之度自治，是為禮不敬也。為禮不敬，則傷行而民不尊。居上不寬，則傷厚而民弗親。弗親則弗信，弗尊則弗敬。二端之政惵於上，而僻行之則誹於下，仁義之處可無論乎？〔註83〕

董仲舒取用仁、義，作為君王施政與修德的兩種準則。「仁」為愛人之心，

〔註82〕「天之道春煖以生，夏暑以養，秋清以殺，冬寒以藏。……聖人副天之所行以為政，故以慶副煖而當春，以賞副暑而當夏，以罰副涼而當秋，以刑副寒而當冬。……故曰王者配天。」漢・董仲舒撰；清・凌曙注《春秋繁露・四時之副第五十五》頁203。

〔註83〕漢・董仲舒撰；清・凌曙注《春秋繁露・仁義發第二十九》頁138～142。

以此作為施政應以養民、愛民為出發點。「義」為合宜正當之意，以此作為君王自我修德，與檢視政策的標準。君王施政應嚴以律己，寬以待人，以此對治君王「不內恕，而求備於人」的盲點。避免國君因階級及生活經驗的差距，在施政上欠缺同理心的弊病，以緩和上、下階層的差異與矛盾，如此治國才易有成效。故先明仁、義所施用之對象，才能論為君之道。

區辨君王治人、自律的兩種模式後，又分析逆理而行的後果。以仁自裕、以義求人的國君，無法以身作則、行事不合禮義規範，施政禁不起檢驗，這樣的政府與國君必然得不到人民的信任與尊重，而民怨將不斷發酵，就可能成為撼動政權的力量。據此將君王的品德與待民以仁的修養，與國家的興衰發展連結而起，促使國君重視自身修德與政策的良窳。

2. 廣其仁澤

君王的對民情的體察程度，影響施政的方向及內容，也決定民心的向背。而身居高位者，有號令天下的權力，所能影響的人群及範圍更廣。因此國君頒行的政令，必然影響全民的生活，故提出國君應以正道為民謀福利，而非營求個人私利，並廣其仁澤所關照的族群。

> 聖王在上位，天覆地載，風令雨施。雨施者，布德均也。風令者，言令直也。〔註84〕

> 仁人者，正其道不謀其利，修其理不急其功，致無為而習俗大化，可謂仁聖矣。〔註85〕

在〈對膠西王越大夫不得為仁〉中，董仲舒提出君王為民謀利應依循正道，以適當的是非觀、價值觀引領百姓。而君主的人格修養，亦應依循正道，不謀求個人私利。〈煖燠孰多〉中，定義君王的行事準則是，愛民如雨施，號令天下如風行，意指施政應像天施雨露、潤澤萬物一般，廣施仁德，澤被萬民。表明仁政的關懷對象與範圍，應以廣泛遠大為原則，並以此象徵國君的品德與襟懷。當辨明仁義、建立君王「躬自厚而薄責於人」的修養後，再進一步期許君王推廣其仁愛之心於天下。董仲舒說：

> 是以知明先以仁厚遠，遠而愈賢，近而愈不肖者，愛也。如王者愛及四夷，霸者愛及諸侯，安者愛及封內，危者愛及旁側，亡者愛及

〔註84〕漢·董仲舒撰；清·凌曙注《春秋繁露·煖燠孰多第五十二》頁198。
〔註85〕漢·董仲舒撰；清·凌曙注《春秋繁露·對膠西王越大夫不得為仁第三十二》頁150。

獨身。獨身者，雖立天子諸侯之位，一夫之人耳，無臣民之用矣。

如此者莫之亡而自亡也。〔註86〕

　　董仲舒將國君仁政施用的廣狹程度，與治國連結，指出君王應廣其仁愛之心。執政者若只能愛及其身，無法善待臣民，將天下視為滿足其一人私欲的資產，以其私心制定苦民、傷民的政策，必然喪失臣民之擁護，國家最終難逃滅亡的命運。此論述可與漢初時，以秦為鑑所得的歷史教訓相呼應。

　　國君的高度，建立在對萬民仁愛的程度。所關照的人群、族群越遠、越廣，才越能得到眾人的愛戴、甚至得到外邦、異族的親附。此觀點或可與武帝在策問中屢次提及欲拓威於四方的訴求相呼應：武帝希望能化及方外、四夷來朝，而董仲舒的回答是以德服人，取代武力征伐。君王若愛及方外、施政合義，異邦親附便是應誠而至的自然發展。

（二）仁政內容

　　董仲舒以廣施仁澤於天下作為王者之務，而仁政內容則展現於為民謀利、除患救弊兩大方向：

> 生育養長，成而更生，終而復始，其事所以利活民者無已。天雖不言，欲贍足之意可見也。古之聖人，見天意之厚於人也，故南面而君天下，必以兼利之為。〔註87〕

> 仁者，愛人之名也。……夫救早而先之，則害無由起，而天下無害矣。然則觀物之動，而先覺其萌，絕亂塞害於將然而未行之時，春秋之志也。〔註88〕

　　仁政的方向，即是營造利於百姓生活的環境與制定相關政策，且能見微知著、防患未然，內容可涵蓋經濟、教化與法律制度。此引〈五行變救〉觀察董仲舒認為的施政之宜。此篇總綱為：「五行變至，當救之以德、施之天下，則咎除。不救以德，不出三年，天當雨石。」雖以災異作為君王反省施政之徵兆，但核心是施政以德。

　　〈五行變救〉認為，在五行、五德的對應中，木為仁、火為智、土為信、金為義、水為禮。木之變，源於「繇役重、賦斂重」，導致「百姓貧窮叛去、道多饑人」代表施政不仁，變救方式為「省繇役、薄賦斂、出倉穀、賑困窮。」；

〔註86〕漢・董仲舒撰；清・凌曙注《春秋繁露・仁義發第二十九》頁139～140。

〔註87〕漢・董仲舒撰；清・凌曙注《春秋繁露・諸侯第三十七》頁171～172。

〔註88〕漢・董仲舒撰；清・凌曙注《春秋繁露・仁義發第二十九》頁139。

火之變，出自「王者不明，善者不賞，惡者不出。不肖在位，賢者伏匿。」變救法為「舉賢良，賞有功、封有德。」；土之變，出自「不信仁賢、不敬父兄，淫逸無度，宮室多營。」須以儉省去奢、舉顯孝悌為變救；金之變，顯現為「多兵」、「多盜寇」，起因是社會風氣「棄義貪財、輕民命、重貨賂，百姓趣利、多姦軌。」變救法為「隱武行文」舉用廉潔正直之士；水之變，出於執法不公「法令緩、刑罰不行」變救法為按律執法「案姦宄，誅有罪」。〔註89〕

〈五行變救〉以聖王當細察五行發生之變異，行德政以救施政偏弊，避免天降災異。此說若生硬的與木火土金水之變異連結，並套用於其所對應之變救措施，實有過於迷信無稽之感。〔註90〕但若排除五行異象，與錯誤施政類型的僵化連結，僅觀察其對應的變救措施，或可理解其用意乃在分析當代施政之誤或弊端，並列舉改善之法，旨在提取施政之宜。

木之變，意在要求君王使民有度、使民以時，不妨農事、照顧弱勢，使百姓衣食無虞，屬民生經濟的範疇。火之變則著重人才品質的鑑定與任用，主張善用賞罰，區辨賢、不肖之官吏，控管官員的素質，屬於行政團隊的範疇。土之變與金之變，都著重任用賢才，推行人倫教化，使民知禮不犯，屬於教化的範疇。水之變，則是在推行教化，使民遵守禮法後，如再有作姦犯科，皆應按律執法，屬於法律的範疇。

觀察此變救之序，實以顧及民生經濟為先，重視官吏品質，以確實推行教化，最終才以律法作為齊民的最後防線，符合先愛後嚴的仁政理念。以下分別由經濟、教化與刑罰兩方向探討。

1. 經濟層面

經濟方面，可與董仲舒「法先王」的理念，以及《漢書》所載：種宿麥、限民名田的政策，探討其經濟政策的理念：

> 是後，外事四夷，內興功利，役費並興，而民去本。董仲舒說上曰：「春秋他穀不書，至於麥禾不成則書之，以此見聖人於五穀最重麥與

〔註89〕 漢·董仲舒撰；清·凌曙注《春秋繁露·五行變救第六十三》頁224～225。
〔註90〕 黃肇基提出五行之變的理論根源，可追溯至《呂氏春秋·十二紀》，原始意義為標明誤行節令將導致的災變。因「季節的變動，影響農事與農穫，故配合四時行農業活動，因而發展出四時禁令，與災異關聯。凡違背時令，將造成災異，是運用四時禁令所推展出一種詮釋災異的法則。」由此可知五行之變，原是出於依時令行農事的自然法則，並不直接對應於其他人事方面的善惡。黃肇基《漢代公羊學災異理論研究》頁75～78。

禾也。今關中俗不好種麥，是歲失春秋之所重，而損生民之具也。願
陛下幸詔大司農，使關中民益種宿麥，令毋後時。」又言：「古者稅民
不過什一，其求易共；使民不過三日，其力易足。民財內足以養老盡
孝，外足以事上共稅，下足以畜妻子極愛，故民說從上。至秦則不然，
用商鞅之法，改帝王之制，除井田，民得賣買，富者田連仟伯，貧者
亡立錐之地。又顓川澤之利，管山林之饒，荒淫越制，踰侈以相高；
邑有人君之尊，里有公侯之富，小民安得不困？又加月為更卒，已復
為正，一歲屯戍，一歲力役，三十倍於古；田租口賦，鹽鐵之利，二
十倍於古。或耕豪民之田，見稅什五。故貧民常衣牛馬之衣，而食犬
彘之食。重以貪暴之吏，刑戮妄加，民愁亡聊，亡逃山林，轉為盜賊，
赭衣半道，斷獄歲以千萬數。漢興，循而未改。古井田法雖難卒行，
宜少近古，限民名田，以澹不足，塞并兼之路。〔註91〕

宿麥，顏師古注：「謂其苗經冬。」即越冬小麥。一般小麥播種於春，收
成於秋。但宿麥可在秋季生長，耐寒越冬，成熟於來年夏季。此說亦出現於〈如
天之為〉：「是故脫天行穀朽寅而秋生麥，告除穢而繼乏也。所以成功繼乏以贍
人也。」〔註92〕董仲舒認為，教民種宿麥的重要性，在於增加人民糧食、四季
不乏，糧產穩定，人民終年足食，便是贍養百姓的仁政。

限民名田，則是一種介於田產私有制與井田制兩者間的折衷方案。從政令
上限制人民名下可登記的土地數量，阻止富人過度佔據田產，縮小貧富差距、
維持基本的社會正義，這可能是源於當時政府的稅制政策漏洞。荀悅《漢紀》
曾批評此現象：「豪強富人，佔田逾侈，輸其賦太半，官收百一之稅，民收太
半之賦。官家之惠，優於三代，豪強之暴，酷於亡秦。是上惠不通，威福分於
豪強也。今不正其本，而務除租稅，適足以資富彊。」〔註93〕可見政府雖提出
降低稅率的惠農政策，但實際上，地主往往向佃農私收重稅，其本身卻只須向
政府繳納法定的輕稅。政府的降稅惠農措施，只是圖利了本已富裕的地主，完
全無法改善底層佃農的生活。韓復智認為，董仲舒的限民名田政策，便是試圖
從土地制度進行改革，降低佃農被地主剝削的情形，但最終因損害權貴利益而
遭否定，未能施行。〔註94〕

〔註91〕漢・班固撰；唐・顏師古注；清・王先謙補注《漢書補注・食貨志》頁1592。
〔註92〕漢・董仲舒撰；清・凌曙注《春秋繁露・如天之為第八十》頁276。
〔註93〕漢・荀悅《前漢紀・孝文皇帝紀下》（臺北：華正書局，1974年）頁102～103。
〔註94〕韓復智《漢史論集》（臺北：文史哲出版社，1980年）頁13～14。

在《春秋繁露‧王道》,與〈楚莊王〉篇,董仲舒提及法先王的理念,但皆未提及具體針對的事件。〔註95〕據上引《漢書‧食貨志》的片段,以及〈王道〉:「五帝三皇之治天下,不敢有君民之心。什一而稅,不奪民時,……使民不過歲三日,民家給人足,無怨望忿怒之患。」〔註96〕兩者皆推崇古代「什一而稅」的制度,反對提高稅率的政策,不知其所指《春秋》奉天法古的「法先王」政策,是否為針對稅畝制的反對?

《春秋》經文載宣公十五年,魯國「初稅畝。」而《左傳》說明:「初稅畝,非禮也。穀出不過藉,以豐財也。」〔註97〕《公羊傳》說:「初者何?始也。稅畝者何?履畝而稅也。初稅畝何以書?譏。何譏爾?譏始履畝而稅也。何譏乎始履畝而稅?古者什一而藉。古者曷為什一而藉?什一者,天下之中正也。多乎什一,大桀小桀。寡乎什一,大貉小貉。」〔註98〕《穀梁傳》說:「初者,始也。古者什一,藉而不稅。初稅畝,非正也。」〔註99〕

春秋三傳對魯宣公施行稅畝制,顯然都不表贊同。古制指的是井田制,或稱籍田制,以中央的公田作為稅收來源,私田收成則歸於民。而稅畝制則是依田地畝數大小,向土地持有者收稅。由此觀之,稅畝制對私田亦開始徵稅,與古制相較,新制的確提高了百姓的納稅負擔,但此政策除了反映農地私有的現象,君王直接向農民徵稅也反映了封建制度的逐漸解體、開始走向中央集權的發展趨勢。但就降低百姓稅率的部分,結合限民名田與種宿麥的提議可知,董仲舒在經濟政策方面,傾向降低稅率、增益糧產收成、縮小貧富落差。以上政策皆以讓人民有更穩定的經濟條件、維生資產為訴求。

2. 教化與刑罰層面

在教化與刑罰方面,以愛民為出發點,延伸出君王施政應任德不任刑,以教化為本,以刑罰為輔。此說應與四時四政之說參照:

〔註95〕漢‧董仲舒撰;清‧凌曙注《春秋繁露‧楚莊王第一》:「春秋之道,奉天而法古。……雖有知心,不覽先王,不能平天下。然則先王之遺道,亦天下之規矩。……春秋之於世事也,善復古,譏易常,欲其法先王也。」頁7;《春秋繁露‧必仁且智第三十》:「春秋之法,上變古易常,應是而有天災,謂之幸國。」頁145。

〔註96〕漢‧董仲舒撰;清‧凌曙注《春秋繁露‧王道第六》頁51~52。

〔註97〕周‧左丘明撰;晉‧杜預集解《春秋左傳集解》頁319。

〔註98〕清‧陳立《公羊義疏》頁1255~1258。

〔註99〕清‧廖平撰;郜積意點校《穀梁古義疏》(北京:中華書局,2012年)頁415~416。

天地之數，不能獨以寒暑成歲，必有春夏秋冬。聖人之道，不能獨
以威勢成政，必有教化。故曰：「先之以博愛，教之以仁也。難得者，
君子不貴，教以義也。雖天子必也尊，教以孝也。必有先，教以弟
也。」此威勢之不足獨恃，而教化之功不大乎？〔註100〕

天亦有喜怒之氣、哀樂之心，與人相副。以類合之，天人一也。春，
喜氣也，故生；秋，怒氣也，故殺；夏，樂氣也，故養；冬，哀氣
也，故藏。四者天人同有之。有其理而一用之。與天同者大治，與
天異者大亂。故為人主之道，莫明於在身之與天同者而用之，使喜
怒必當義而出，如寒暑之必當其時乃發也。使德之厚於刑也，如陽
之多於陰也。〔註101〕

　　董仲舒將春夏秋冬，與喜樂怒哀、生養殺藏結合，以四季的特質連結天、
人。則聖王施政應以養、長為本，以殺、罰為末。並以冬之哀藏，繼秋之刑殺，
表現王者對於百姓犯禁受罰、按律當刑的結果，應抱持哀矜勿喜之情。總此行
事原則，發展出「先愛而後嚴，樂生而哀終。」〔註102〕的仁政理念，表現為
先教化、後刑罰的施政方向。

　　以上已略見董仲舒的聖王之道，以愛民、施政利於民為仁政原則。但他亦
指出，君王徒有仁愛之心，尚不足以將其理念，設計為一詳備的政策，尚需清
晰的思慮及明辨的智慧，方能作為執行面的保證。以下分析「智」與「仁」的
關係：

莫近於仁，莫急於智。不仁而有勇力材能，則狂而操利兵也。不智而
辨慧獧給，則迷而乘良馬也。故不仁不智而有材能，將以其材能，以
輔其邪狂之心，而贊其僻違之行，適足以大其非而甚其惡耳。其強足
以覆過，其禦足以犯詐，其慧足以惑愚，其辨足以飾非，其堅足以斷
辟，其嚴足以拒諫。此非無材能也，其施之不當，而處之不義也。有
否心者，不可藉便埶，其質愚者，不與利器。《論》之所謂不知人也
者，恐不知別此等也。仁而不知，則愛而不別也；知而不仁，則知而
不為也。故仁者，所以愛人類也，智者，所以除其害也。〔註103〕

　　仁的概念是：「惻怛愛人，謹翕不爭，好惡敦倫，無傷惡之心，無隱忌之

〔註100〕漢・董仲舒撰；清・凌曙注《春秋繁露・為人者天第四十一》頁176。
〔註101〕漢・董仲舒撰；清・凌曙注《春秋繁露・陰陽義第四十九》頁192～193。
〔註102〕漢・董仲舒撰；清・凌曙注《春秋繁露・王道通三第四十四》頁185。
〔註103〕漢・董仲舒撰；清・凌曙注《春秋繁露・必仁且智第三十》頁142～143。

志,無嫉妒之氣,無感愁之欲,無險詖之事,無辟違之行。故其心舒,其志平,其氣和,其欲節,其事易,其行道,故能平易和理而無爭也。」〔註104〕意指懷有同情心、為人設想,無傷人之心、行事端正坦蕩、處事平和無爭。

智的概念是「先言而後當。凡人欲舍行為,皆以其知先規而後為之。其規是者,其所為得,其所事當,其行遂,其名榮,其身故利而無患,福及子孫,德加萬民。」〔註105〕智者思慮長遠精準,所思、所為都得宜恰當,最終達到其理想的結果。

仁與智,二者必須兼備,尤其無良善之心,卻有精明的頭腦、雄辯的口才,這些才幹,反將成為他們拒絕忠告、遂行不良意圖的利器。因此理想的君王,應以仁為質,依智而行,以仁、智之心為民妥善設計政策、除患興利。其中提到「有否心者,不可藉便執,其質愚者不與利器。」可見仁與智,不僅是王者需備,亦是官吏所應兼具的特質,因此王者亦應明辨官吏賢愚,避免在政策推行的過程中,發生惡吏傷民的情事。

二、以義自正

聖王之道最根本的保證,源於君王的品德與自律,君王應時時內省修德,知曉義之所在,並能直行其道,才能導正朝政風氣、引領萬民,自上而下確保國家的正向運作。董仲舒對義的定義為「宜在我者」:

> 義者,謂宜在我者,宜在我者,而後可以稱義。……故曰:「有為而得義者,謂之自得,有為而失義者,謂之自失。人好義者,謂之自好,人不好義者,謂之不自好。以此參之,義,我也,明矣。〔註106〕

義,是自存於內心的道德量尺。當起心動念,發為言行的每一個時刻,我們對自身的每一個思慮與行為,都自有評斷。當於心不安時,即為不義;當自得於心時,即為義。正是這一套內存的道德準則,讓我們自我警惕,依循而行,因此提出君王「正心」的概念。

董仲舒認為,君王雖立於至尊之位,但不應有天下可任其宰制的「君民之心」,而應謙懷若谷,才能行善得眾。點出即便是國君,也應遵循一般的道德規範,不能將個人想法、欲念無限上綱。〈天人三策〉中,董仲舒多次言及君王職責,並說明力行政事卻未收其效的原因,兩者皆指向國君須反己自正。而

〔註104〕漢・董仲舒撰;清・凌曙注《春秋繁露・必仁且智第三十》。
〔註105〕漢・董仲舒撰;清・凌曙注《春秋繁露・必仁且智第三十》。
〔註106〕漢・董仲舒撰;清・凌曙注《春秋繁露・仁義發第二十九》頁140。

自正又以正心為先。然而君王「正心」的實際內容，在策論中，並沒有具體論述，僅泛述君王應具備「仁義禮智信」五常之德，方可安定國家、受天之佑。以下藉《春秋繁露》中提及的君王自正內容作為參照及補足。

（一）君王五事

〈五行五事〉提出，君王應注重貌、言、視、聽、思五事，此說源自《尚書‧洪範》，指出國君應重視其心態、言行各方面的修養。董仲舒又將之配以五行，提出君王若心態言行不當將引發之異象，藉此要求君王修飭其德，才能善養人民、平治國家。

> 夫五事者，人之所受命於天也，而王者所修而治民也。故王者為民，治則不可以不明、準繩不可以不正。王者貌曰恭，恭者，敬也。言曰從，從者可從。視曰明。明者，知賢不肖分明黑白也。聽曰聰。聰者，能聞事而審其意也。思曰容。容者，言無不容。恭作肅。從作乂。明作哲。聰作謀。容作聖。何謂也？恭作肅，言王誠能內有恭敬之姿，而天下莫不肅矣。從作乂，言王者言可從，明正從行而天下治矣。明作哲，哲者，知也。王者明，則賢者進，不肖者退。天下知善而勸之，知惡而恥之矣。聰作謀，謀者，謀事也。王者聰則聞事與臣下謀之，故事無失謀矣。容作聖，聖者，設也。王者心寬大無不容，則聖。能施設事各得宜也。〔註107〕

君王五事，自外而內的涵蓋人的全面修為。貌，指的是君王身為國家的代表、民眾的典範，其呈顯出來的形象應莊重可敬，待下的態度肅穆合禮，不頤指氣使，則能營造相互尊重的氛圍，便能上行下效，臣民皆敬肅其上、守倫不亂。言，指的是君王發號施令、頒行的政策，應考量現實條件與民情，制定合理可行的政令。明，則是君王應有明辨賢愚是非的判斷力，輔以賞罰，在任官上進善黜惡，組成素質良好的執政團隊。聽，則指臨事能深思遠慮、掌握問題核心，亦能與群臣共同謀劃、尋求解決之道。思，則勉勵國君應有容眾的胸襟、廣納臣屬的諫言，如此則有助政策的擬定、執行可精準合宜。

君王應心寬能容的觀點，亦可與〈王道〉篇：「此皆內自強從心之敗，已見自彊之敗，尚有正諫而不用，卒皆取亡。」〔註108〕呼應，董仲舒列舉曹國國君不聽曹羈諫言，執意親征戎族，最終身死人手。吳王夫差不聽伍子胥滅越

〔註107〕漢‧董仲舒撰；清‧凌曙注《春秋繁露‧五行五事第六十四》頁227。
〔註108〕漢‧董仲舒撰；清‧凌曙注《春秋繁露‧王道第六》頁67。

國之諫，九年後吳國反遭越王勾踐所滅。以及秦國崤之戰、晉假道滅虞等例，都驗證了君王拒諫的嚴重後果。以此說明君王不可剛愎自用，應廣納賢才、虛懷納諫。可見君王的自我修德，不僅攸關自身的生死，亦決定國家的命運。

（二）治國以義

前述著重君王以義自律，而在施政上，董仲舒則舉《春秋》事例，說明君王不論在治理國內事務或國際關係時，都應重義輕利，以正道治國。具體展現在反戰、誠信、守禮上：

> 秦穆侮蹇叔而大敗，鄭文輕眾而喪師，春秋之敬賢重民如是，是故戰攻侵伐，雖百起必一二書，傷其害所重也。……且春秋之法，凶年不修舊，意在無苦民爾，苦民尚惡之，況傷民乎？傷民尚痛之、況殺民乎，故曰凶年修舊則譏，造邑則諱。是害民之小者，惡之小也。害民之大者，惡之大也。今戰伐之於民，其為害幾何？玩意而觀指，則春秋之所惡者，不任德而任力，驅民而殘賊之。其所好者，設而勿用，仁義以服之也。詩云：「弛其文德，洽此四國。」此春秋之所善也。夫德不足以親近，而文不足以來遠，而斷斷以戰伐為之者，此固春秋之所甚疾已，皆非義也。〔註109〕

董仲舒以《春秋》之崇尚愛民，不忍傷民、更不願殺民，提倡反戰的思想。認為國君應以文德宣揚國威，使外族主動親附，而不當單憑武力攻取。且戰爭攻伐，犧牲大量人命為代價，若只為換取更盛大的國威、滿足君王的虛榮心，無疑是最大的惡政。董仲舒以愛民推導出反戰理念，亦由仁推導出義，仁政為義，不仁即是不義。

反戰，較著重於戰爭對國內的影響，而在處理國際關係上，董仲舒則提出尊禮、重信、賤詐等國際間的互動準則，唯有遵循這些互動準則，才能在國際上，為自己的國家建立正面形象：

> 春秋尊禮而重信，信重於地，禮尊於身。〔註110〕

> 春秋之義，貴信而賤詐。詐人而勝之雖有功，君子弗為也。〔註111〕

> 春秋之書戰伐也，有惡有善也。惡詐擊，而善偏戰、恥伐喪，而榮

〔註109〕漢・董仲舒撰；清・凌曙注《春秋繁露・竹林第三》頁19～20。

〔註110〕漢・董仲舒撰；清・凌曙注《春秋繁露・楚莊王第一》頁3。

〔註111〕漢・董仲舒撰；清・凌曙注《春秋繁露・對膠西王越大夫不得為仁第三十二》頁150。

復讎。〔註112〕

　　在〈楚莊王〉篇中，以魯昭公朝晉，至河而返一事為例。《春秋》紀錄昭公的類似遭遇不止一次，晉國常以各種理由拒絕昭公朝見，對魯國的態度相當倨傲。《春秋》以為恥辱，而為之諱言「公有疾」，所以才「至河乃復」。董仲舒則認為，昭公受辱於晉一事，是咎由自取。原因是魯國自文公時期以來，內政混亂，季孫、叔孫氏的勢力已威脅國君，昭公不僅處置輕率，輕啟討伐，導致自己戰敗逃亡。甚至違背禮制娶同姓之女孟姬。董仲舒評價昭公這些輕率、失禮的行為都是「接不義而重自輕」，在國內不僅顯露自己治國無能，在國際上，更使魯國喪失威信。因此認為昭公受辱於晉，實為咎由自取，以此指出君王治身、治國，皆應遵循禮、義、合於正道。

　　〈竹林〉提出《春秋》的戰爭觀為：反對詐擊、以喪期興師為恥、稱揚復仇。反對詐擊，與喪期中進行戰爭，都是基於誠信、道義原則提出的理想。而復仇，則是根源於過往的國君受到屈辱，後世之君若能為其祖平反，亦是正義的展現。

　　〈玉英〉以「紀侯大去其國」為例指出，就齊襄王立場，是復九世祖之仇，然就紀侯的立場，則是捍衛九世之祖。紀侯面對齊軍的攻擊，堅決以死捍衛國家。董仲舒認為，紀侯展現了君王對國家的大義，君臣同心為國，顯示紀侯行正道、死節義，而得到眾人的同心擁戴，因此以其賢而為其諱言「大去」。

　　由上述例子再作比較，紀侯與魯昭公的對比，顯示君王行事的正派與否，決定了其在國內的聲望與支持度。而比較紀國與齊國的關係，齊襄王復九世仇，說明了國與國的互動關係，及形成的影響是深刻而長遠的。國家的發展歷程是一個整體，不可分割，每一任國君都背負了過往君主的施政成果或惡果。因此今日待人不義，在未來就可能成為他國進犯的藉口，未來的國君就必須代其祖受罪。因此提出國際間的往來，應以誠信為原則，而國內行政，則以仁義為考量，才能獲得臣民的支持、他國的尊重，國家才能行之長遠。

（三）賞罰合義

　　董仲舒在〈保位權〉中提出，君王之貴，源於民之好惡，對人民之所好，設賞以勸之。對民之所惡，設法以畏之，就可收「既有所勸，又有所畏，然後可得而制。」之效。〔註113〕可知善用賞罰，可達到勸善止惡之效。但同時，

〔註112〕漢・董仲舒撰；清・凌曙注《春秋繁露・竹林第三》頁21。
〔註113〕漢・董仲舒撰；清・凌曙注《春秋繁露・保位權第二十》頁97。

董仲舒也關注到賞罰的公正性可能受到君王個人喜怒之情的影響,而未能合理的施用,因此提出君王應要求自身喜怒、賞罰之發,皆能合義適當。

1. 四時四政

董仲舒以陰陽、寒暖與四時為論據,比為君王的喜怒之情、賞罰之政。

> 人主之大,天地之參也。好惡之分,陰陽之理也。喜怒之發,寒暑之比也。官職之事,五行之義也。〔註114〕

> 人之好惡,化天之暖清;人之喜怒,化天之寒暑;人之受命,化天之四時。人生有喜怒哀樂之答,春秋冬夏之類也。(喜,)春之答也,怒,秋之答也;樂,夏之答也;哀,冬之答也。天之副在乎人,人之情性有由天者矣,故曰:「受由天之號也,為人主也,道莫明省身之天,如天之出也。」〔註115〕

在〈天地陰陽〉、〈陰陽義〉與〈為人者天〉中,將陰陽比為好惡,將寒暑比為喜怒。而寒暑即為四時的變化,因此又將四時依其特性,細分為人的四種情緒:春為喜、夏為樂、秋為怒、冬為哀。並將四時依時節而出的現象,比為君王喜怒的發用應適當合義。且四時不僅用於連結人的情緒,亦連結於君王的賞罰之政:

> 天有四時,王有四政,四政若四時通類也,天人所同有也。慶為春,賞為夏,罰為秋,刑為冬。慶賞罰刑之不可不具也,如春夏秋冬不可不備也。慶賞罰刑當其處,不可不發,若煖清寒暑當其時,不可不出也。慶賞罰刑各有正處,如春夏秋冬各有時也。四政者,不可以相干也,猶四時不可相干也。四政者,不可以易處也,猶四時不可易處也。〔註116〕

> 為人主之道,莫明於在身與天同者而用之。使喜怒必當義乃出,如寒暑之必當其時乃發也。使德之厚於刑也,如陽之多於陰也。是故天之行陰氣也,少取以成秋,其餘以歸之冬。聖人之行陰氣也,少取以立嚴,其餘歸之喪。喪亦人之冬氣,故人之太陰,不用於刑,而用於喪。〔註117〕

〔註114〕漢・董仲舒撰;清・凌曙注《春秋繁露・天地陰陽第八十一》頁279。
〔註115〕漢・董仲舒撰;清・凌曙注《春秋繁露・為人者天第四十一》頁175。
〔註116〕漢・董仲舒撰;清・凌曙注《春秋繁露・四時之副第五十五》頁203～204。
〔註117〕鍾肇鵬主編《春秋繁露校釋(校補本)・陰陽義》頁767。

四時與四政的連結為：春夏秋冬，對應成慶賞罰刑四政。同樣以四時應時而出，要求君王施政應各當其正而發。再配以天地化育萬物時，以陽主生，陽多於陰的概念，提倡施政應以教化為主，以刑罰為輔。

董仲舒以賞、罰，作為引導、遏止民眾之具。民有所好，可以之為勸賞的導引；民有所惡，可以之為止惡的工具。但同時提出賞罰都應適當，並分析賞罰失當的後果是：「所好多則作福，所惡多則作威。作威則君亡權，天下相怨；作福則君亡德，天下相賊。」〔註118〕指出賞賜浮濫，臣民不會感念君王之恩，反而恃寵而驕；刑罰苛刻，則會引起臣民怨恨、反抗。

2. 四政施用合宜

君王須慎用賞罰之權，恩威並施，保持中庸之道。而賞罰適中合宜的關鍵，在於君王必須「無因喜以謬賞，無因怒而濫刑」理性行事，不使情緒影響決策。因此賞罰合宜的前提，便落於君王對其喜怒情緒的感知，及其決策是否受到情緒左右的自我覺察。董仲舒提出君王自我覺察可供依循的準則：

> 聖人視天而行，是故其禁而審好惡喜怒之處也，欲合諸天之非其時，不出煖清寒暑也。其告之以政令，而化風之清微也，欲合諸天之顛倒其一而以成歲也。其羞淺末華虛，而貴敦厚忠信也，欲合諸天之默然不言，而功德積成也。其不阿黨偏私，而美汎愛兼利也，欲合諸天之所以成物者，少霜而多露也。其內自省以是，而外顯不可以不時。人主有喜怒，不可以不時。可亦為時，時亦為義。喜怒以內合，其理一也，故義不義者，時之合類也，而喜怒乃寒暑之別氣也。〔註119〕

王者需反身自省，謹其喜怒賞罰之發用。而自省之標準，董仲舒提出敦厚忠信、不阿黨偏私、泛愛兼利等內容做為君王自我省察時的考量點。君王的賞罰，除了勸善止惡的作用外，對社會也具有示範效果。因不偏私，是考量公正性，此將決定政府的公信力。敦厚忠信、泛愛兼利，則是考量賞罰發出的後續效應，是否可藉以達到敦厚民風的教化功能。

最後提出，君王喜怒賞罰之發，須合於時。又由於董仲舒以四時作為建構人之喜怒的根源，為了不使四政與四時之序成為僵化的對應，如：「若留德而待春夏，留刑而待秋冬也，此有順四時之名，實逆於天地之經。」〔註120〕

〔註118〕漢・董仲舒撰；清・凌曙注《春秋繁露・保位權第二十》頁97。
〔註119〕漢・董仲舒撰；清・凌曙注《春秋繁露・天容第四十五》頁186。
〔註120〕漢・董仲舒撰；清・凌曙注《春秋繁露・如天之為第八十》頁275。

因此註明，時即為「義」，即為應事而發：

> 天之生有大經也，而所周行者，又有害功也，除而殺殛者，行急皆
> 不待時也，天之志也，而聖人承之以治。是故春修仁而求善，秋修
> 義而求惡，冬修刑而致清，夏修德而致寬。此所以順天地、體陰陽。
> 然而方求善之時，見惡而不釋；方求惡之時，見善亦立行。方致清
> 之時，見大善亦立舉之；方致寬之時，見大惡亦力去之。……然而
> 人事之宜行者，無所鬱滯，且怨於人、順於天，人之道兼舉，此謂
> 執其中。……而人之所治也，安取久留當行之理，而必待四時也？
> 此之謂壅，非其中也。天終歲乃一徧此四者，而人主終日不知過此
> 四之數，其理不可以相待。〔註121〕

此段內容，前段仍以春求善、夏致寬、秋修義、冬修刑的順序為大經，意義應是維繫先德後刑、德主刑輔的施政原則。然而，原則不能適用於日常繁雜多變的人事，因此提出君王的喜怒、賞罰皆應即事而起，當機立斷、無所鬱滯。即使施政的原則是慈愛百姓，但見大惡之舉，仍應力去之；即使在主刑殺的秋季，見大善之行，亦應大力表彰。故四時之序，為合於時；四政發用，在合於事。即事而起，發用皆得當，才是真正的治國之道。

3. 中和之道

前述提及喜怒之發，應合於正道、即事而起，但覺察自身喜怒是否合宜並不容易，因此董仲舒再深入探尋使喜怒合宜的心法，提出「中和之道」：

> 中者，天下之終始也。而和者，天地之所生成也。夫德莫大於和，
> 而道莫正於中。中者，天地之美達理也，聖人之所保守也。《詩》云：
> 「不剛不柔，布政優優。」此非中和之謂歟？是故能以中和理天下
> 者，其德大盛。〔註122〕

董仲舒定義中、和：中，是天地運行的起始點；和，是孕育、成就萬物的根源。中為道，和為德。道與德的關係，道偏向形上、抽象的，所有事物運行的規律、綱領。德，則是形上的規律，與形下的萬物銜接的橋樑，是成就個別事物的依據。依正道而行，是行事的理想與目標，而幫助人們行於正道的則是和。董仲舒形容「和」為：「天之正也，陰陽之平也，其氣最良，物之所生也。」〔註123〕

〔註121〕漢・董仲舒撰；清・凌曙注《春秋繁露・如天之為第八十》頁276～277。
〔註122〕漢・董仲舒撰；清・凌曙注《春秋繁露・循天之道第七十七》頁261。
〔註123〕漢・董仲舒撰；清・凌曙注《春秋繁露・循天之道第七十七》頁263。

而致中和之法，則提出養氣、養心之說：

> 舉天地之道，而美於和，是故物生皆貴氣而迎養之。孟子曰：「吾善養吾浩然之氣。」者也，謂行必終禮，而心自喜，常以陽得生其意也。〔註124〕

> 故君子怒則反中，而自說以和。喜則反中，而收之以正。憂則反中，而舒之以意。懼則反中，而實之以精。〔註125〕

> 凡氣從心。心，氣之君也，何為而氣不隨也？是以天下之道者，皆言內心其本也。故仁人之所以多壽者，外無貪而內清淨，心和平而不失中正，取天地之美以養其身，是其且多且治。……是故君子養而和之，節而法之，去其羣泰，取其眾和。〔註126〕

〈循天之道〉探討依天道養身，此處僅揀選養氣、養心的片段。董仲舒引孟子的養氣說，當人言行合理合義時，內心會得到喜悅坦蕩的自足之感，此即養氣最好的方式。再引公孫之的養氣說，認為人的養生，一部份攸關情緒的調節，如「怒則氣高，喜則氣散，憂則氣狂，懼則氣懾。」〔註127〕過度的情緒都是源於內心不中和，害於養身。並指出返於中和的方式為，察覺自身過度高揚或低迷的情緒，試著在內心自我平衡。如憤怒時，要以平和之情消解怒氣；過度興奮喜悅時，要自我收斂，不做出踰矩之行；過度焦慮時，則要試著舒緩情緒，都是藉由內心的自我覺察、自我提醒，以復歸中和的狀態。

由此可見，養氣的本質即是養心。維持心平氣和的狀態，行正道以悅心，就是以義自正的方式。〈威德所生〉亦指出君王賞罰合宜的方式，與此有異曲同工之妙，他說：「德生於和，威生於平也。……必先和心以求其當，然後發慶賞以立德。雖有所忿而怒，必先平心以求其政，然後發刑罰以立威。」〔註128〕著重君王先檢視內心的喜怒之情，平心靜氣後才能客觀的掌握喜怒適當的程度，理性的檢視實情再行賞罰之令。可見養心、致中和，皆是以追求理性施政為目標。

小結

董仲舒對君王品德、情操的期許，或可以〈天道施〉中的話概括，他說：

〔註124〕漢・董仲舒撰；清・凌曙注《春秋繁露・循天之道第七十七》頁263～264。
〔註125〕漢・董仲舒撰；清・凌曙注《春秋繁露・循天之道第七十七》頁264。
〔註126〕漢・董仲舒撰；清・凌曙注《春秋繁露・循天之道第七十七》頁264。
〔註127〕漢・董仲舒撰；清・凌曙注《春秋繁露・循天之道第七十七》頁264。
〔註128〕漢・董仲舒撰；清・凌曙注《春秋繁露・威德所生第七十九》頁274。

「純知輕思則慮達，節欲順行則倫得。以諫爭儞靜為宅，以禮義為道，則文德。是故至誠遺物而不與變，躬寬無爭而不以與俗，推眾強而弗能入。蜩蛻濁穢之中，含得命施之理，與萬物遷徙而不自失者，聖人之心也。」〔註129〕君王修身為治之法，首重自身行止堪為典範，具備清明理性的智慧輔其仁心德政；以義自律，不論治國、修身都須依義而行，方能確保理性施政、維護國家威信，符合傳統儒家由內聖而外王的治國理念。

第四節　德與刑

〈天人三策〉中，武帝屢次述及治安不如預期、刑不止姦的施政困境，董仲舒以刑、德運用比例回應。

對一策，論述「道」的內容是：「所繇適於治之路也，仁義禮智皆其具。」指出治國之道，以仁愛為本質、仁義禮智為工具。愛民之政，應透過仁義禮智陶養人民的道德品行與價值觀，使民知恥不犯。故治國正道，落實於社會治安的改善上，即展現為「德主刑輔」的施政策略：重視教化的推行，而以刑罰為輔助的工具。

一、德刑關係

為了加強「德主刑輔」的合理性，董仲舒從陰陽四時、歷史教訓、人性本質三個面向，分析德與刑的關係。

在陰陽四時層面，以萬物成長的週期規律，作為德主刑輔的形上依據：

> 天道之常，一陰一陽。陽者，天之德也；陰者，天之刑也。……聖人之治亦從而然。天之少陰用於功，太陰用於空。人之少陰用於嚴，而太陰用於喪。……是故天之道以三時成生，以一時喪死。死之者，謂百物枯落也，喪之者，謂陰氣悲哀也。〔註130〕

> 天之道，出陽為煖以生之，出陰為清以成之。是故非薰也，不能有育。非溧也不能有熟，歲之精也。知心而不省薰與溧孰多者，用之必與天戾。與天戾，雖勞不成。是自正月至於十月，而天之功畢，……功已畢成之後，陰乃大出。天之成功也，少陰與，而太陰不與。〔註131〕

〔註129〕漢·董仲舒撰；清·凌曙注《春秋繁露·天道施第八十二》頁280。
〔註130〕漢·董仲舒撰；清·凌曙注《春秋繁露·陰陽義第四十九》頁192。
〔註131〕漢·董仲舒撰；清·凌曙注《春秋繁露·煖燠孰多第五十二》頁197～198。

> 陰終歲四移，而陽常居實，非親陽而疎陰，任德而遠刑與？天之志，
>
> 常置陰空處，稍取之以為助。故刑者德之輔，陰者陽之助也。〔註132〕

生物的成長週期，多以陽暖時節為主，在秋季少陰之氣起時便成熟結實。當冬季太陰之氣起，萬物皆已枯落。直到太陰之氣結束，陽煖之氣生，植物才再度萌動生機。董仲舒據此週期提出，陰陽之氣的運行，與萬物成長的關係是：陽置於實，陰置於空。天以陽氣養育萬物，僅於秋季時，稍取陰氣助成萬物的成熟，因此是置陰於空處，以此見天的仁愛本質。以此對應君王的施政，亦應順天之道化育萬民，以仁為心，以教化養民，以刑罰為助。

從歷史教訓的角度省察，則直承亡秦之鑑，分析當代施政之誤：

> 秦繼其後，……重禁文學，不得挾書，棄捐禮誼而惡聞之，其心欲
>
> 盡滅先王之道，……其遺毒餘烈至今未滅，使習俗薄惡，人民囂頑，
>
> 抵冒殊扞，……今漢繼秦之後，……法出而姦生，令下而詐起，如
>
> 以湯止沸、抱薪救火，愈甚而亡益也。〔註133〕

董仲舒認為，秦朝因獨任法治、輕忽教化而失去政權。如今漢繼秦後，襲而不改，民風依舊澆薄。藉兩朝任法治民，皆不得成效的實證，彰明獨任刑罰的不當。並提出「為政而不行」，便是「更化」的時機，希望國君以推行德教，取代當今重刑罰、輕教化的施政方向，以免步上亡秦的後塵。

最後從人之天生情性言教化：

> 古者修教訓之官，務以德善化民，……今世廢而不修，亡以化民，
>
> 民以故棄行誼而死財利，是以犯法而罪多，……。質樸之謂性，性
>
> 非教化不成，人欲之謂情，情非度制不節。〔註134〕

> 教化不立而萬民不化也，夫萬民之從利也，如水之走下，不以教化
>
> 隄防之，不能止也。〔註135〕

董仲舒以人天生有貪利之情，不可阻絕，只能導引。故執政者欲求治安之效，關鍵在緩和貧富差距與教育。使民雖有趨利之情，仍能堅守品德不犯禁。唯有人自覺的控管其好利之情、立是非標準於內心，並自發的遵守，才能從根

〔註132〕漢・董仲舒撰；清・凌曙注《春秋繁露・天辨在人第四十六》頁188。

〔註133〕漢・班固撰；唐・顏師古注；清・王先謙補注《漢書補注・董仲舒傳》頁4028
～4029。

〔註134〕漢・班固撰；唐・顏師古注；清・王先謙補注《漢書補注・董仲舒傳》頁4043
～4044。

〔註135〕漢・班固撰；唐・顏師古注；清・王先謙補注《漢書補注・董仲舒傳》頁4028。

本上改善社會風氣，可見德主刑輔，實為希冀透過教化、啟發的作法，將管理群眾的方式由法律的他律，導向道德的自律。

　　以上三個層面，皆論述君王施政應秉持德主刑輔的理念。唯有教化已行，社會上仍有明知故犯者，才以刑罰戒懼之。刑罰的目的在於輔成教化，不在於使民畏恐而不犯禁。可見德與刑，兩者最終目的皆為導民向善，但在施用上有主從、先後之別，因此提出德與刑的經權觀：

> 陽為德，陰為刑。刑反德而順於德，亦權之類也。雖曰權，皆在權成。是故陽行於順，陰行於逆。逆行而順，順行而逆者，陰也。是故天以陰為權，以陽為經。陽出而南，陰出而北。經用於盛，權用於末。以此見天之顯經隱權，前德而後刑也。……天之好仁而近，惡戾之變而遠，大德而小刑之義也。先經而後權，貴陽而賤陰也。……是故天數右陽而不右陰，務德而不務刑。刑之不可任以成世也，猶陰不可任以成歲也。為政而任刑，謂之逆天，非王道也。〔註136〕

　　董仲舒以教化為「政之本」、刑為「政之末」。〔註137〕透過「陽為經，陰為權」，對應施政，則教化為經，刑罰為權。教化的目的是養民，刑罰的結果是傷民，兩者相反，但刑罰仍不可廢。因「權」所存在的目的是「權成」，權不應單獨存在，它的目的在於輔助成功。因此國君設置律法刑罰的心態，不可以恐怖統治、以暴制暴為手段，而應藉由刑罰的設置，使民有所戒惕，達到遏止犯行的目的。故刑罰應以設而不用為最高目標，若非不得已而用之，應如天在寒冬感傷萬物枯落般，以悲傷之情面對人民犯禁受罰的狀況。由此可知，平治國家的外王之道，以教化為政之本、刑為政之末，兩者皆以達到社會和諧安定為目標。

二、教化與性論

　　董仲舒認為，行教化於民的前提，在於國君先以身作則，才能收上行下效之功。對於穩固君權、長治久安的根源，提出「三端」之說，旨在提醒國君應先端正政府形象，並以自身作為全民表率，才能有效推行教化：

> 政有三端，父子不親，則致其愛慈；大臣不和，則敬順其禮；百姓不安，則力其孝弟。孝弟者，所以安百姓也。力者，勉行之，身以

〔註136〕漢・董仲舒撰；清・凌曙注《春秋繁露・陽尊陰卑第四十三》頁181～182。
〔註137〕漢・董仲舒撰；清・凌曙注《春秋繁露・精華第五》頁46。

化之。……聖人之道，不能獨以威勢成政，必有教化，故曰：「先之
以博愛，教之以仁也。難得者，君子不貴，教以義也。雖天子必有
尊也，教以孝也。必有先，教以弟也。」此威勢之不足獨恃，而教
化之功不大乎？傳曰：「天生之，地載之，聖人教之。」君者，民之
心。民者，君之體。心之所好，體必安之，君之所好，民必從之。故
君民者，貴孝弟而好禮義，重仁廉而輕財利。躬親職此於上，而萬
民聽，生善於下矣。〔註138〕

　　三端，即是君王妥善處理父子、君臣、君民三者間的關係。其中父子與君
臣關係，著重的是君位延續、權力配置問題，二者皆攸關政府機構的安定與
否。唯有政府安定，才有餘力管理、教化百姓。雖然最終目的是區別尊卑、穩
定權力結構，但操作上須以柔性的方式達成。因此，欲避免君位的爭奪，就應
在平時注重父子關係、和睦親情，父慈才可能子孝。對臣屬亦然，臣屬得到相
對的尊重，才可能敬事其君。而在君民關係上，則要求國君自身先力行孝悌之
德，才能安百姓。

　　總結三端之政，可歸納出三項要點：一為人倫關係的基礎，二為上行下效
的教化觀，三則為指出教化首重之內容。

　　集權的政治結構，讓統治者享有最高的權力與資源，使君位極易遭到覬覦
與爭奪，成為國家亂源。但是，想要穩固權力，不能依靠單向的壓制，或一味
尊君卑臣的觀念灌輸，而應重視關係中的雙向平衡。倫理關係中的雙方，情感
連結越深厚，才越能降低爭奪的風險，這也是所有關係能維持和諧的基礎。

　　國君希望社會安定，民心淳厚，但董仲舒指出，社會風氣的厚薄，實源於
上位者以及政府機構帶給民眾的印象及影響。因此，上位者以身作則、成為民
眾表率，才是教化成功的第一個環節。

　　綜合人倫關係的相互性，以及上行下效的教化觀，可知一國人民、風俗的
樣貌，取決於執政者的引導。國君期望民風改善，不能獨以法律、威勢壓制，
而必先以自身為典範，以重義輕利、好禮敦倫等價值觀及實際行為影響、陶教
百姓，才能由上而下帶動民風轉變。而君王行教化的必然，又須建立在民性未
善的前提上。由此，董仲舒開展出其性命論。

　　其性論，並非以探究人性為目的，而是為了讓教化成為君王的職責所設計
出的內容。所以性論的部分內容略有可議之處。例如，人本有天賦善質，亦有

──────────

〔註138〕漢・董仲舒撰；清・凌曙注《春秋繁露・為人者天第四十一》頁176。

能為善的內在力量。據此二者，人實已具備止惡向善的自主性。但董仲舒的理論是針對王道所發的施政建議。既以教化為君王職責，則民性必須有所不足，王教才有施行的必要，因而發展出中民之性、民性為瞑，以及性未善等理論，再藉以提出教化內容、施政方向。

（一）天賦善質──「命」

董仲舒釋性為「生之自然之質」﹝註139﹞，亦是人承天命而生。「命」在其論述中有兩種內容，一為不可控制的命運。如在〈隨本消息〉中，以子路死，及西狩獲麟為例，作為與人之修德無關的「天命之不可救者」。﹝註140﹞面對這種遭命，只能接受生命以無常為質，安之若素。一為承天人架構發展而來的人性論，以人格化之天，定義人秉天而得的性，董仲舒說：

> 天德施，地德化，人德義。……天地之精，所以生物者，莫貴於人。人受命乎天也，故超然有以倚。物疢疾莫能為仁義，唯人獨能為仁義。物疢疾莫能偶天地，唯人獨能偶天地。﹝註141﹞

> 正也者，正於天之為人性命也。天之為人性命使行仁義，而羞可恥，……是故春秋推天施而順人理。……今善善惡惡，好榮憎惡，非人能自生，此天施之在人者也。﹝註142﹞

在〈人副天數〉中，董仲舒將人與其他物種區別，並反覆對應天與人的肢體外形、特質，如「人有三百六十節，偶天之數」、「形體有骨肉，偶地之厚」、「耳目聰明，日月之象」、「體有空竅理脈，川谷之象」、「心有哀樂喜怒，神氣之類」藉以說明人由內而外，不論心靈或形體，皆完全配合天之內容，其他物種則只是部份的配合了天，由此提出「人超然貴於群生」的論點，﹝註143﹞而此論點將成為董仲舒異於孟子的部份。〈竹林〉則指出人自天稟賦而得者，有仁義之心與好善惡惡的價值觀。兩則資料旨在表明：人性之貴，及人天生內具的良善之質。

〔註139〕漢・董仲舒撰；清・凌曙注《春秋繁露・深察名號第三十五》頁164。
〔註140〕漢・董仲舒撰；清・凌曙注《春秋繁露・隨本消息第九》頁74。
〔註141〕漢・董仲舒撰；清・凌曙注《春秋繁露・人副天數第五十六》頁204。
〔註142〕漢・董仲舒撰；清・凌曙注《春秋繁露・竹林第三》頁28～29。
〔註143〕「天地之精，所以生物者，莫貴於人。人受命乎天地，故超然有以倚。……觀人之體，一何高物之甚而類於天也！物旁折取天之陰陽以生活耳，而人乃爛然有其文理。故凡物之形，莫不伏從旁折天地而行，人猶提直立端尚正正當之。」漢・董仲舒撰；清・凌曙注《春秋繁露・人副天數第五十六》頁204～205。

（二）性可善之內在途徑——「心」

探討性如何可善，董仲舒提出心的功用，藉以引出人性中，易趨向於惡的貪利之情：

> 栣眾惡於內，弗使得發於外者，心也。故心之為名，栣也。人之受氣，苟無惡者，心何栣哉？吾以心之名得人之誠，人之有貪有仁，仁貪之氣兩在於身，身之名取諸天，天兩有陰陽之施，身亦兩有貪仁之性。天有陰陽禁，身有情欲栣，與天道一也。……天之禁陰如此，安得不損其欲而輟情以應天？〔註144〕

董仲舒以心的作用，同時兼顧了性未善的觀點以及性可善的傾向。首先釋心之名為「栣」，效果是可使人性中潛藏之「惡」，如貪念與欲情，不發露於外。由此可知，心的作用為「抑制」，同時指出性除了天賦之善，亦有貪邪之氣。而抑制貪邪之氣的具體方式則為「損欲輟情」，節制貪念、欲望，克己復禮。

（三）性可善的外在途徑——「性」與「王任」

由前述引證可知，性同時具有仁、貪兩面，而心又有抑制貪念的作用。則人應可靠自身行善、行正道。但若依此說，則國君對教化的功能何在？若人真能以心抑制邪念，亂象又緣何而起？因此，董仲舒再區別民性與聖人之性的差異，並深入探討亂象之起因，讓教化之責完全繫於國君。

> 善出性中，而性未可全為善也。善與米，人之所繼天而成於外，非在天所為之內也。天之所為，有所至而止。止之內謂之天性，止之外謂之人事。事在性外，而性不得不成德。民之號，取之瞑也。使性而已善，則何以瞑為號？……今萬民之性，有其質而未能覺，譬如瞑者待覺，教之然後善。當其未覺，可謂有質而不可謂善。……天地之所生，謂之性情。性情相與為一瞑，情亦性也，謂性已善奈其情何？……身之有性情也，若天之有陰陽也，言人之質而無其情，猶言天之陽而無其陰也。〔註145〕

> 名性，不以上、不以下，以其中名之。性如繭如卵，卵待覆而為雛，繭待繅而為絲，性待教而為善，此之謂真天。天生民性有善質，而未能善，於是為之立王以善之，此天意也。民受未能善之性於天，

〔註144〕漢・董仲舒撰；清・凌曙注《春秋繁露・深察名號第三十五》頁165。
〔註145〕漢・董仲舒撰；清・凌曙注《春秋繁露・深察名號第三十五》頁166～167。

而退受成性之教於王。王承天意以成民之性為任者也。今案其真質，
而謂民性已善者，是失天意而去王任也。萬民之性苟已善，則王者
受命，尚何任矣？〔註146〕

董仲舒將人秉自天而得的善，視為一種內具的質，需再透過後天、外在
國君的教化，才能使其完善。並將人之情比為天之陰，且情亦為性之一部份，
則人之「情」，極可能是人性中較為陰暗的部份，也可能是「性未善」的根
源。〔註147〕

另外，董仲舒的性論，只探討「中民」之性，擯除了聖人與斗筲之人。〔註
148〕擯除聖人，是由於王者受命於天，代表萬民的典範，也是所有規範的制定
者。因此王者之性，應是終極的善，沒有探討的必要。而擯除冥頑之人，是源
於對社會客觀的觀察，無論如何寬裕的物質生活、教養環境，仍不免有性格頑
劣、難以教化之人。因董仲舒的性論是針對國君施政而發，並非以探究人性為
意。他要鼓勵國君施行教化，也要為國君建構一套能適用於多數民眾的教化方
式。因此，不須教化，與難以教化的特例，就不是值得關注的重點，故其性論
以一般大眾為焦點。

而董仲舒也提出，人性雖有趨利走邪的可能，但逐利的本性是出於維生的
需求，因此君王在導引民眾時，也應遵循天理、順性而為，才是合理的教化：

人受命於天，有善善惡惡之性，可養而不可改，可豫而不可去。〔註149〕

四氣者，天與人所同有也，非人所能畜也。故可節而不可止也。節
之而順，止之而亂。〔註150〕

察天人之分，觀道命之異，可以知禮之說矣。見善者不能無好，見
不善者，不能無惡。好惡去就不能堅守，故有人道。人道者，人之
所由，樂而不亂，復而不厭者。〔註151〕

必明其統於施之宜，……故倡而民和之，動而民隨之，是知引其天

〔註146〕漢・董仲舒撰；清・凌曙注《春秋繁露・深察名號第三十五》頁167。
〔註147〕陳蘇鎮認為：「『防欲』是為『成性』服務的，『成性』才是最終目的。……此
　　　　說將善的根源歸於『性』，將惡的根源歸於『情』，是典型的『性善情惡』
　　　　論。」陳蘇鎮《春秋》與「漢道」——兩漢政治與政治文化研究》頁16。
〔註148〕「聖人之性，不可以名性。斗筲之性，又不可以名性。名性者，中民之性。」
　　　　漢・董仲舒撰；清・凌曙注《春秋繁露・實性第三十六》頁170。
〔註149〕漢・董仲舒撰；清・凌曙注《春秋繁露・玉環第二》頁13。
〔註150〕漢・董仲舒撰；清・凌曙注《春秋繁露・王道通三第四十四》頁184。
〔註151〕漢・董仲舒撰；清・凌曙注《春秋繁露・天道施第八十二》頁281。

性所好，而壓其情之所憎者也。如是則言雖約，說必布矣。事雖小
功必大矣。……故明於情性，乃可與論為政。不然雖勞而無功，夙
夜無寐，思慮惓心，猶不能睹。〔註152〕

君王行教化的前提，在於正確的掌握性情的本質。除了前述以中民之性為
性，掌握適用於多數百姓的教化方式外，上文亦指出，性情不論好壞，都屬於
天性的一部份。故管理人民，不能走向極端的使人滅其情欲，或做出不合情理
的高壓管制，凡是違反人性的管理，最終只會徒勞無功。

教化的意義在於將人民的欲求，做出妥善平衡的管理，以節制、導引的方
式，使百姓心悅於義。〈天道施〉指出，君王依情順性建構出「人道」，目的是
讓人堅守適當的是非界線、建立良善的價值觀。「人道」的真諦，是讓人們樂
於遵從，亦可使社會群體合諧共處的制度。

（四）王教內容

前文已述明君王行教化的對象，以多數百姓為主。教化方式，應順情順性，
作合理的節度。而具體教化的內容，則從人性中的貪利之情與社會上貧富差距
的問題，提出明辨義利、維護社會正義以及以六藝為教，作為推行教化的三項
重點施政：

1. 義利之辨

董仲舒探尋人民為盜為亂之因，是源自利與妄，唯有自源頭管理民眾的貪
利之情，才能有效減少犯罪行為：

利者，盜之本也。妄者，亂之始也。夫受亂之治，動盜之本，而欲民
之靜，不可得也。故君子非禮而不言，非禮而不動。好色而無禮則流，
飲食而無禮則爭。流爭則亂。故禮體情而防亂者也。民之情不能制其
欲，使之度禮。目視正色，耳聽正聲，口食正味，身行正道，非奪之
情也，所以安其情也。……外物之動性，若神之不守也。積習漸靡，
物之微者也。其入人不知習忘，乃為常然若性，不可不察。〔註153〕

凡人之性，莫不善義，然而不能義者，利敗之也。故君子終日言不
及利，欲以勿言愧之而已，愧之以塞其源也。夫處位動風化者，徒
言利之名，爾猶惡之，況求利乎？〔註154〕

〔註152〕漢・董仲舒撰；清・凌曙注《春秋繁露・正貫第十一》頁79。
〔註153〕漢・董仲舒撰；清・凌曙注《春秋繁露・天道施第八十二》頁280。
〔註154〕漢・董仲舒撰；清・凌曙注《春秋繁露・玉英第四》頁34～35。

利，是對利益無止盡的貪求；妄，則是內心的非分之想。一旦人有過度的欲望，且不擇手段、不計代價的追逐，社會自然多有爭亂。所以國君為政，自身應恥於言利，即可不引動人民逐利之情、不牽動人民為盜的念頭、改善社會的風氣。

此外還提出了人的思想養成，是積習漸久，則堅定如性。外在事物對人的影響甚鉅，當長期暴露在特定的環境、價值觀中，便會逐漸受到影響、習以為常，甚至錯以此為人的本性。因此國君須重視自身及政府帶給人民的感受與影響。

明辨義利之後，再配以心之止惡為善的作用，提出養心說。使心在面對貪念情欲等念頭萌動之時，可以堅定地持守正念、行於正道，並再次強調君王以身作則的必要：

> 天之生人也，使之生義與利。利以養其體，義以養其心。心不得義不能樂，體不得利不能安。義者，心之養也。利者，體之養也。體莫貴於心，故養莫重於義。……夫人有義者，雖貧能自樂也，而大無義者，雖富莫能自存。吾以此實，義之養生人，大於利而厚於財也。民不能知而常反之，皆忘義而徇利，去理而走邪，以賊其身而禍其家。此非其自為計不忠也，則其知之所不能明也。……故物之於人，小者易知也，其大者難見也。今利之於人小，而義之於人大者，無怪民之皆趨利，而不趨義也，固其所闇也。聖人示明義以炤耀其所闇，故民不陷。《詩》曰：「示我顯德行。」此之謂也。先王顯德以示民，民樂而歌之以為詩，說而化之以為俗，故不令而自行，不禁而自止。從上之意不待使之，若自然矣。……今不示顯德行，民闇於義，不能炤，迷於道不能解，因欲大嚴憯以必正之，直殘賊天民，而薄主德耳，其勢不行。仲尼曰：「國有道，雖加刑，無刑也。國無道，雖殺之不可勝也。」其所謂有道無道者，示之以顯德行與不示爾。〔註155〕

董仲舒一方面肯定人的善質，但也提出了善性不顯之因。人天生具有區辨是非善惡的能力，能辨別義之所在，但實際上人卻經常做出違背道義的行為，是因為外在的利誘，而使人在義利之間做出錯誤的選擇。在〈身之養重於義〉

〔註155〕漢・董仲舒撰；清・凌曙注《春秋繁露・身之養重於義第三十一》頁 147～149。

中，董仲舒論述了義、利與人的關係，以及民眾對義利之辨的盲點，最後指出君王引導民眾重義輕利的方式。

他將義與利並提，利是概括可以滿足感官需求的所有事物，可以提升人們的物質生活。義則是人們心中對是非善惡的判斷，選擇做合理的事，能讓人們得到心靈上的滿足、對自我的肯定。兩者對人的生活各有其重要性。但當兩者衝突時，應該先義而輕利，推崇安貧樂道，反對富而無義。他以子思、曾子、閔子騫為例，雖然物質生活貧乏，但他們行於正道，不為追求富貴而易其節操，獲得的是在心靈層次上的坦蕩、以己為榮。而對比這些安貧樂道的君子，世上多有身擁財富，行事卻毫無道義之人，甚或以不義之舉換取富貴之人，而這些人最終往往困於自己所犯下的罪刑及他人的嫌惡中。可見，行止合義，帶來的是自我內心的平和自足、他人的肯定與讚賞，屬於精神層次的滿足。犧牲正義而追求非份之利，換來的則是名譽的毀壞、身陷囹圄，甚至付出性命，兼有名聲與實質生命的損害。因此衡量利與義帶來的利與害，人應做出的選擇是：利，在達到足以維生的程度後，應追求心靈層次上的滿足與踏實感。

但董仲舒亦指出，金錢財富的美好具體可見，但正義帶來的心靈滿足，抽象又虛幻。一般人容易短視近利，而忽略道義，所以教導人民建立正確的價值觀，即是國君的教化重點。具體做法則是，君王以身作則，行事合義以昭示民眾，在上行下效的影響下，民眾自然能由逐利，轉為逐義。反之，上位者行事不義，就算以嚴刑峻罰要求人民守義，也是難見成效的，這也呼應了董仲舒認為，刑罰只能是輔助角色的原因。由此可知，一國的治安、風氣，都與執政者的行為作風一脈相承，執政者在要求民眾時，都應先反身檢視自己，及其施政團隊的言行，是否為民眾做出了正面的示範。〔註156〕

2. 度制與社會正義

義利之辨，要求君王在社會上培養義先於利的價值觀，這是精神層面，但亦須兼顧人民生活條件的提升。董仲舒認為，天下資源是有限的、定額的，因此「有所積重，則有所空虛」，故國君應先建立公平的資源分配制度，再以「禮」幫助人民節度其行為。使欲望得到適度滿足，又不流於爭亂。具體的

〔註156〕陳蘇鎮將推行教化與以義自正連結，提出君王以身作則之重要：「不能將義強加於民，而只能通過聖人或君子的教化與示範，使之『自省悟以反道』，……董仲舒所謂禮樂教化的特點是強調『以義正我』，天下能否太平，主要取決於統治者能否『以義正我』。」陳蘇鎮《〈春秋〉與「漢道」──兩漢政治與政治文化研究》頁189。

政策，展現在「度制」的概念中：

> 孔子曰：「不患貧而患不均。」故有所積重，則有所空虛矣。大富則
> 驕，大貧則憂。憂則為盜，驕則為暴，此眾人之情也。聖者，則於
> 眾人之情，見亂之所從生，故其制人道而差上下也，使富者足以示
> 貴而不為驕，貧者足以養生而不至於憂。以此為度而調均之，是以
> 財不匱，而上下相安，故易治也。今世棄其度制，而各從其欲。欲
> 無所窮，而俗得自恣，其勢無極。大人病不足於上，而小民羸瘠於
> 下，則富者愈貪利，而不肯為義。貧者日犯禁，而不可得止，是世
> 之所難治也。〔註157〕

> 凡百亂之源，皆出嫌疑，纖微以漸寖稍長至於大。聖人章其疑者、
> 別其微者、絕其纖者，不得嫌以蚤防之。聖人之道，眾隄防之類也。
> 謂之度制、謂之禮節。故貴賤有等，衣服有別，朝廷有位，鄉黨有
> 序，則民有所讓而不敢爭，所以一之也。〔註158〕

上文探討貧富差距產生之社會問題。過貧，無以為生，是逼民為盜、犯禁；過富，則驕溢縱恣，難以管束。因此調均的意義在於：聖人依人情常理訂定制度，此制度一方面能達到為尊者顯榮，又不至於壓縮一般百姓的生活條件，在資源分配上合乎社會正義。一方面則是從根本之處防微杜漸，當人民得安居樂業，自然減少爭亂犯禁出現的頻率。

由此可知，度制的功用，包含區別社會位階以勸善、維持基本民生以遂生、維持社會和諧以防亂三種功用。〔註159〕而度制、調均的具體作法，董仲舒則提出：富貴階級不應與民爭利的概念：

> 天不重與，有角不得有上齒。故已有大者，不得有小者，天數也。夫
> 已有大者，又兼小者，天不能足之，況人乎？故明聖者象天所為制度，
> 使諸有大俸祿，亦皆不得兼小利、與民爭利業，乃天理也。〔註160〕

> 富者奢侈羨溢，貧者窮急愁苦。窮急愁苦而上不救，則民不樂生，

〔註157〕漢‧董仲舒撰；清‧凌曙注《春秋繁露‧度制第二十七》頁127。

〔註158〕漢‧董仲舒撰；清‧凌曙注《春秋繁露‧度制第二十七》頁128。

〔註159〕陳蘇鎮認為：「董仲舒既然斷言性有『善質』，而『可善』，又將『成民之性』視為王者的終極使命，就必然以『仁』為第一性，『禮』為第二性，亦即先有仁，而後有禮。」陳蘇鎮《〈春秋〉與「漢道」──兩漢政治與政治文化研究》頁163。

〔註160〕漢‧董仲舒撰；清‧凌曙注《春秋繁露‧度制第二十七》頁128。

民不樂生，尚不避死，安能避罪？此刑罰之所以蕃而姦邪不可勝者
也。故受祿之家，食祿而已，不與民爭業，然後利可均布，而民可
家足。〔註161〕

董仲舒認為，上層階級與民爭利，是出自貪利之情未受規範，以致不惜侵
奪民利，謀取私利。此舉將形成貴族、官吏的貪鄙之風，加以上行下效的影響，
必然導致民情轉為貪鄙澆薄。而居官者權勢財富之膨脹，亦將導致懸殊的貧富
差距。官富民貧的結果，是貧民無立錐之地，為求維生，而敢為不避死之犯行。
以「民不畏死，奈何以死懼之」〔註162〕的角度觀之，亦解釋了「重刑不足以
止姦」之因。

3. 六藝為教

除了推行重義輕利的觀念、建立度制以管理財富分配，避免爭亂，董仲舒
還提出以六藝為教的主張，以求更全面的提升人的道德與人文素養。

君子知在位者不能以惡服人也，是故簡六藝以贍養之。詩書序其志。
禮樂純其養。易春秋明其知。六學皆大而各有所長。詩道志，故長
於質。禮制節，故長於文。樂詠德，故長於風。書著功，故長於事。
易本天地，故長於數。春秋正是非，故長於治人。〔註163〕

在〈玉環〉中，提倡以六藝作為教化的依據。然而考量當時的時代風氣、
經濟條件等因素，即便設有庠序等教育單位，亦不太可能直接且全面的對百姓
進行知識教育。因此六藝更可能是對應太學的教育內容，藉此培育未來的官
員，使他們任官後能以儒家的思維、方式管理人民。

六藝對於人的教養各有所長，如《詩》、《書》可以端正其心志。《詩》，是
從內在本質端正人的心念。《書》，記載先王功績政事，可用以培養處事、判斷
的能力。而禮、樂可以使人心靈淳善。樂，長於感化人心、利於風化。禮，則
是外在行為的文飾，透過與心志的內外搭配，可使人成為文質彬彬的君子。
《易》、《春秋》能增廣人的見識與智慧。《易》，根據天地陰陽的變化，推演人
事之理，可增進人們對事理發展的認識。《春秋》，藉由歷史盛衰，可以明成敗
之源，作為處事的準繩。由此可見，透過六藝的修習，可以由內而外端正人的
品格、行為，豐富待人處事的觀念。

〔註161〕漢・班固撰；唐・顏師古注；清・王先謙補注《漢書補注・董仲舒傳》頁4049。
〔註162〕陳鼓應《老子今註今譯・五十七章》（臺北：臺灣商務印書館，2000年）頁
　　　　 304。
〔註163〕漢・董仲舒撰；清・凌曙注《春秋繁露・玉環第二》頁14～15。

三、春秋決獄與誅心

〈天人三策〉中指出任法之弊，可能造成操作與效應兩方面的盲點。操作層面上，因獨任法條，僅依行為的結果為憑據，缺少動機到行為間的釐清，以致在斷案上，易有罰不中實情的缺失。而判罰與案件實情的落差，將使法律與其應對治的犯行，喪失準確性，終究不得人民信任，或讓人民與官員有巧法鑽漏的空間。反映在效應層面，就易形成詐偽虛誠的風氣，問題的根源反得不到解決。又加以缺少教化的引導，呈現在犯罪率上，仍是重刑不足以止姦的結果，亦顯露出成文法仍有其不足之處。

為此，董仲舒提出兩種解決方式，一為「德主刑輔」，主張力行教化，前文已述及，導民以德，使民知義守禮、自律自愛，才是改善民風、降低犯罪的根本之道。一為「重志」，即原心定罪，意指斷獄審判，應考量犯案者的動機、心念。心念有惡者，才是法律應懲處的對象。心無惡念，卻觸犯法條，則應酌情量刑，在可接受的範圍內，予以寬容。而兩者皆可視為經權觀的應用。

董仲舒重視刑罰對教化的輔助作用。認為合情合理的斷獄，可以更清楚彰顯社會所認同的道德、行為標準，以及絕不容忍、寬貸的不法之行。正因斷獄的品質，會影響人民價值觀與行為的塑造，所以為了使罰中實情，他援引《春秋》大義為據，並提出「原志定罪」的折獄法：

> 春秋之聽獄也，本其事而原其志。志邪者不待成，首惡者最特重。本直者其論輕。是故逢丑父當斬，而袁濤塗不宜執。魯季子追慶父，而吳季子釋闔廬。此四子者，罪同異論，其本殊也。……故折獄而是也，理益明，教益行。折獄而非也，闇理迷眾，與教相妨。教，政之本也。獄，政之末也。其事異域，其用一也。不可不以相順，故君子重之也。〔註164〕

斷案的理想狀況，是根據既成事實、依法論罪，盡量排除各種人為干涉的因素，以求法治的公正性。但實際情況是，部分案件所牽涉之人、事、內情，其複雜性，往往超出客觀的犯罪情事與法律條文之外。因此，易產生無法全面觀照的漏洞。所以必須深入事件的始末，釐清犯案者的動機、心態、與受害者間的關係等因素，細膩參酌人情事理，才可能做出較為合理適當的審判。可見原心定罪的折獄法，將客觀的法律，注入了斷案者主觀的自由心證，並且為避免斷案者的主觀認知有所偏頗，則援經入法，以春秋之義作為自由心證的依據。

〔註164〕漢・董仲舒撰；清・凌曙注《春秋繁露・精華第五》頁46。

以下列舉董仲舒決獄案例〔註165〕，以理解其法律觀。

（一）重實不重名

案例一為養父隱匿養子：

> 時有疑獄曰，甲無子，拾道旁棄兒乙，養之以為子。及乙長，有罪
> 殺人，以狀語甲，甲藏匿乙。甲當何論？仲舒斷曰：「甲無子，振活
> 養乙。雖非親生，誰與易之？詩云：「螟蛉有子，蜾蠃負之。」春秋
> 之義，父為子匿。甲宜匿乙，而不當坐。」

案主拾道旁棄兒，扶養成人。後養子犯罪，養父匿而不報，當如何論罪？
由於儒家對親情有較大寬容，認為袒護親人為天性之常，當有所寬容，因此對
此養父子關係的定義，將影響其刑度。而董仲舒以二人雖非親生父子，然扶養
之情，同於親生，故合於父為子隱、子為父隱的倫理之情，斷為不當罰。

案例二為杖擊生父：

> 甲有子乙以乞丙，乙後長大而丙所成育。甲因酒色謂乙曰：「汝是吾
> 子。」乙怒杖甲二十。甲以乙本是其子，不勝其忿，自告縣官。仲舒
> 斷之曰：「甲生乙，不能長育以乞丙，於義已絕矣。雖杖甲，不應坐。」

案主生子不養，且賣與他人。多年後，案主向其宣稱兩人的父子關係，其
子怒而杖擊之，當何論？董仲舒以未盡扶養之責，實已喪父子之天倫情義，即
便有血緣之親，也不具父子名義，故不當罰。

案例三為妻為姑討夫：

> 妻甲夫乙，毆母。甲見乙毆母，而殺乙。《公羊》說甲為姑討夫，猶
> 武王為天誅紂。

妻子因丈夫毆打婆婆而殺夫，當如何論處？董仲舒認為妻子為婆婆主持
公道而殺夫，如同周武王為天誅紂。若承襲受命說的觀點，紂王失王道之體、
殘賊百姓，武王伐之乃代天行道。由此而論，董仲舒認為丈夫毆打其母，為人
不義、傷害倫理。妻子殺夫，不啻為代天行使正義，故不當罰。

由此三例可見，倫理尊卑不能被無限上綱。倫理需建立在雙方的實際互
動，如情感聯繫、相互扶持的基礎上，而非單憑血緣、長幼尊卑為據。在斷案
上突顯法外有情、重實情不重名位的特質。

〔註165〕漢‧董仲舒撰；清‧馬國翰輯《玉函山房輯佚書‧經編春秋類‧春秋決事一
　　　　卷》（北京：北京大學圖書館，2001 年）。

（二）動機重於行為

案例一論私為人妻：

> 甲夫乙將船會海，風盛船沒，溺流死亡，不得葬。四月，甲母丙即
> 嫁甲，欲皆何論？或曰：「甲夫死，未葬，法無許嫁，以私為人妻，
> 當棄市。」議曰：「臣愚以為，春秋之義，言夫人歸於齊，言夫死無
> 男，有更嫁之道也。婦人無專制擅恣之行，聽從為順。嫁之者，歸
> 也。甲又尊者所嫁，無淫行之心，非私為人妻也。明於決事者，皆
> 無罪名，不當坐。」

女子之夫死於船難，屍首未曾尋獲，無以下葬。後女子依母命再嫁，然當
時法律，夫死未葬即再嫁，是私為人妻，罪當棄市。董仲舒以女子再嫁乃遵循
尊長之命，非出於私心、淫心，故不當罰。

案例二為誤傷其父：

> 甲父乙與丙爭言相鬥，丙以佩刀刺乙，甲即以杖擊丙，誤傷乙，甲
> 當何論？或曰：「毆父也，當梟首。」論曰：「臣愚以為父子至親也，
> 聞其鬥，莫不有怵惕之心。扶杖而救之，非所以欲詬父也。春秋之
> 義，許止父病，進藥於其父而卒。君子原心赦而不誅。甲非律所謂
> 毆父，不當坐。」

兒見父與他人爭鬥，將遭刺，情急之下欲杖擊對方，反誤傷其父，時論：
「毆父當梟首」，董仲舒以傷父乃出於意外，非其本意，故不當罰。

以上兩例皆重視犯案者的動機，若非出於邪逆之心、蓄意為之，斷案時皆
應矜憫其情、從寬量刑。

（三）比例原則

此引大夫違命縱麑為例：

> 君獵得麑，使大夫持以歸。大夫道見其母隨而鳴，感而縱之。君慍，
> 議罪未定，君病恐死，欲託孤幼乃覺之大夫其仁乎，欲麑以恩，況
> 人乎，乃釋之以為子傅。於議何如？仲舒曰：「君子不靁不卵，大夫
> 不諫使持歸，非義也。然而終感母恩，雖廢君命，徙之可也。」

君獵得麑，使大夫持歸，但大夫途中聞母麑尋子啼鳴，因感念母子之情，
私縱麑歸。此為臣屬違反君命，當如何論處。董仲舒以大夫雖未完成君命，但
是出於感念母恩而違命，情有可原。但董仲舒多次言及臣屬不應專斷獨行、廢
置君命，惟有涉及國家、人民安危之時，才可行權宜專斷之舉。但此案不涉及

國家安全，卻言「縱之可也。」除了天倫之情，或可再從比例原則理解。

此案中，君命是帶回獵物，既非國家大事，亦無涉於公務，君命的達成與否，都不造成公共利益的損害。而大夫違命的原因，又出於孝親之情，並非對上位者權力的窺伺或謀奪。因此結合犯案者的動機、行為後果，以及相應罪責，相互參照：在不涉公務的事件上，大夫出發點之純良，最後卻背負違命論死之大罪，並不符合比例原則。可見在折獄上，對於純良之志，與不涉及公共事務的案例中，斷案應給予較為寬緩的空間，不應大作文章。

由上述三項斷案時的權衡原則可見，董仲舒重視情理及動機，審慎評估心念與行為結果的關係。其重志觀：「本直者其論輕」、「首惡者最特重」的論點，皆可見比起行為結果的好壞，更重視行為者的動機。

然而，重志觀若只施用於衡情酌理以定罪，使斷案更符合實際案情，亦不失為一種立意良善的斷案方式。但若施用於以動機定法誅，使未化為行為的意念，凌駕在行為之上，誅心誅意、干涉人的內心活動，則又有操之過當之嫌。尤其在官場上，易成為有心人士打壓異己的工具。〔註166〕但排除人為操作過當的可能弊端，董仲舒援引春秋之義，作為斷獄依據，借重經典的權威性，使人情常理得以受到重視，可適度彌補全然論法定罪易產生的盲點，其積極意義在於彌綸法理情，可幫助未來律法的修訂更為完善。

小結

綜觀董仲舒的德、刑理念，可以其經權觀概括之。在治國方向上，以教化為經，以刑罰為權。在教化上主張適當的調均、官不與民爭利的政策，使資源得以較平均的分配，人能各居其位、各安其事。執政者再教民以先義後利、養心養義的價值觀，以提升人民內在道德自律的能力，由上而下的導正社會風氣。在刑罰上，援引《春秋》之義，處理法令難以全面關照的特殊案例，考量

〔註166〕宋豔萍認為春秋決獄有各三項優、缺點。優點為：「安定社會、維護三綱五常，利於封建統治的穩定」、「彌補漢代法律不完備之處，成為法律合理的取法對象」、「促進中國學術與政治的密切結合」；缺點為：「存在主觀性，易造成冤假錯案」、「若人人得以曲解法律，社會將失去統一的指導標準，就不利於統一思想」「春秋決獄與現行法律有相違之處，對法制有一定程度的破壞性。」宋豔萍《公羊學與漢代社會》頁232～234；楊鶴臯則提出其害處是：「統治者或獄吏可任意以動機的善惡判案，使法律變成為剝削者脫罪，或殘害人民的工具。」楊鶴臯《中國法律思想史》（北京：北京大學出版社，1988年）頁269。

人情常理、心態動機，以確保法誅不重責誤觸法網，或其情可憫之人。將禮作為刑的指導原則，使儒家的思想得以發揮實用性。〔註 167〕

由此可見，教化為經、刑罰為權的要旨，是以愛民為心。而斷案上，依法論罪為常態，但在爭議案件中，以考量、矜憫犯罪者的動機、苦衷為權變，最終仍返回愛民之意，呼應其「刑反德而順於德」，與「權成」的論點。〔註 168〕國君若能掌握此德、刑施用原則，以此導民，雖不比嚴刑峻罰可收立竿見影之效，卻能更深入人心，使人心悅誠服，其變化民心、改善風氣的效果，比起徒任法治，更為深刻、澈底而長遠。

第五節　任官取士與官僚制度

在施政上，董仲舒重視君王行教化，除了前述以愛民為施政主軸、以義自正、以智輔仁之外，又提出施政成敗的關鍵，取決於官員的素質。因此〈天人三策〉中重視官員品質，認為良好的官吏，能如實的傳達主德、不暴虐百姓，並提出廣置太學以養才、依能擇才授官、以考問試才評鑑，使賢不肖殊路等任官措施。再參酌《春秋繁露》的相關內容分析，君王欲得賢佐，取決於自身態度，與客觀制度兩層面。自身態度，指國君應禮賢下士、謙卑以致才。制度層面，則著重官吏的考核升遷制度，與建立五官分職而治的機制。三者兼顧，才能確保政府機構的正常運作，達到善治天下的目的。

一、君臣互動

優良的官吏能使政務順利推行，避免政策在施行過程中，因操作不當或謀取個人私利，而收不到預期的成果。因此君王職責，在於正確掌握群臣心態、能力，明辨官員之才能高低、賢愚優劣，並依能授官。互動關係，則以君王發

〔註 167〕馬小紅以董仲舒為代表，認為漢儒對「法觀念」，由秦發展至漢的轉折中，產生兩大貢獻：一為確立刑的輔助地位，並以此指導立法、司法實踐。一為將儒家學說現實化，漢儒取「微言大義」，將禮作為刑的原則與指導，使儒家的法體更具實用性。馬小紅《禮與法：法的歷史連接》（北京：北京大學出版社，2004 年）頁 224～225。

〔註 168〕華友根認為：「董仲舒以春秋經義折獄，是德教與刑罰相結合。」華友根《董仲舒思想研究》頁 101；宋豔萍亦認為：「董仲舒把『《春秋》大義』引入法律，其實是他『德主刑輔』思想的體現形式。董仲舒企圖通過『以《春秋》決獄』的方式，把德治貫徹到法律之中。」宋豔萍《公羊學與漢代社會》頁 220。

號施令、臣屬順受達成，以君逸臣勞為最高境界。〔註169〕而要得到賢德輔佐的首要前提，則是國君對待臣下的方式。董仲舒說：

> 君人者，國之證也。不可先倡，感而後應。故居倡之位，而不得行倡之勢。不居和之職，而以和為德。常盡其下，故能為之上也。體國之道在於尊神。尊者，所以奉其政也。神者，所以就其化也。故不尊不畏，不神不化。夫欲為尊者，在於任賢。欲為神者，在於同心。賢者備股肱，則君尊嚴而國安，同心相承，則變化若神。莫見其所為而功德成，是謂尊神也。〔註170〕

> 夫欲致精者，必虛靜其形；欲致賢者，必卑謙其身。形靜志虛者，精氣之所趣也；謙尊自卑者，仁賢之所事也。故治身者，務執虛靜以致精。治國者，務盡卑謙以致賢能。致精則合明而壽，能致賢則德澤洽而國太平。〔註171〕

凌曙注「君人者，國之證也」的「證」為：「謀於眾美」。國君的任務是為人民謀求最大福祉，為君之道是「常盡其下，故能為之上」國君雖然擁有號令天下之勢，但不強勢主導，而是善用眾臣之力。臣下因其職分，提出施政建議；國君則觀察臣下行政之得失，以為考核遷轉，可達到君無為於上，臣施勞於下的境界，頗有《淮南子》提出君臣異道則國治的觀念。〔註172〕此論點亦可延伸出循名責實與分職而治的制度。然而，欲得眾臣輔弼，董仲舒又提出尊、神為前提。尊，為任官惟賢；神，則是君與臣民同心，重視君臣間之尊卑有序，以及同心共事的團結性。

「尊」，指出國君之所以能得到尊敬，源於臣屬的品質。良臣不僅有才幹，又有敬上之心，故能敬奉君王之令以成事。任用才德兼備之臣，不僅可在朝廷中，營造出尊君敬上的氛圍，也有助於穩固君權。「神」則指出君臣間若能同

〔註169〕君逸臣勞的觀念，可見於〈離合根〉：「故為人主者，以無道為道；以不私為寶。足不自動，而相者導進；口不自言，而擯者贊辭；心不自慮，而群臣效當。故莫見其為之，而功成矣。」漢·董仲舒撰；清·凌曙注《春秋繁露·離合根第十八》頁91～92。

〔註170〕漢·董仲舒撰；清·凌曙注《春秋繁露·立元神第十九》頁95。

〔註171〕漢·董仲舒撰；清·凌曙注《春秋繁露·通國身第二十二》頁104～105。

〔註172〕何寧《淮南子集釋·主術訓》：「主道員者，運轉而無端，化育如神，虛無因循，常後而不先也。臣道員者，運轉而無方，論是而處當，為事先倡，守職分明，以立成功也。是故君臣異道則治，同道則亂。」（北京：中華書局，1998年）頁635。

心共事、合作無間，才能使政務推展無礙、上令下達，王教可順利推行，自然獲致相應成效，故言「變化若神」。且考量國君擬定的政策，需依靠各級單位傳達與施作，才能下達百姓。因此，官員品質的良窳，便會左右政策施行的結果，並且影響人民對國君、政府的觀感，因此提出任賢的重要。

〈通國身〉以養氣，論養身及治國。指出「積賢」為治國之道，國家需儲備足量、能力多元的人才，方能完善因應治國面臨的各種問題。而欲得賢才，則指出：「謙尊自卑者，仁賢之所事也。」認為人才並非單以厚祿或官階等實際利益就能夠換取。必以誠心相待、禮遇尊重，才能得到人才的信任與跟隨。

先確立國君對待臣屬的適當方式後，再從制度層面探討官職制度的運作，作為官員品質的保障。對於官職制度，董仲舒提出了理想的官職配置方式、相應職責、考核升遷、制衡機制等概念。

二、考核升遷

（一）審核標準

〈保位權〉由君逸臣勞的角度，提出考核與分官分職的制度，以提升治國的成效：

> 故為君虛心靜處、聰聽其響、明視其影，以行賞罰之象。……擘名考質，以參其實。賞不空行，罰不虛出。是以羣臣分職而治，各敬而事。爭進其功、顯廣其名，而人君得載其中。此自然致力之術也。聖人由之，故功出於臣，名歸於君也。〔註173〕

上文提出考核的重要性，首重循名責實、賞罰必須精準適當，此即法家刑名的概念。當君王設官分職之後，職位與職務間便有了明確的對應關係。國君應依其官職，考察其行政成效，實施賞罰。明確、有憑據的考核法，方能讓臣屬堅守崗位、盡忠職守，進而鼓勵臣下爭取表現、積極有為。可見其以賞罰作為君王駕馭臣下的利器，並看重以考核保證行政品質的概念。〈考功名〉則提出考核的具體標準，包括考察期、實效，及客觀性三方面：

> 考績之法，考其所積也。……其趣於興利除害，一也。是以興利之要，在於致之，不在於多少。除害之要，在於去之，不在於南北。考績黜陟、計事除廢，有益者謂之公，無益者謂之煩。擘名責實、不得虛言。有功者賞，有罪者罰。功盛者賞顯，罪多者罰重。不能

致功，雖有賢名，不予之賞。官職不廢，雖有愚名，不予之罰。賞
罰用於實，不用於名。賢愚在質不在於文。故是非不能混，喜怒不
能傾，姦軌不能弄，萬物各得其冥，則百官勸職、爭進其功。……
考試之法，合其爵祿、并其秩。積其日，陳其實，計功量罪，以多
除少，以為名定實。先內弟之，其先比二，三分以為上中下，以考
進退。然後外集，通名曰進退。〔註174〕

　　考察期指的是不依單一事件或短期表現，作為評斷依據，而是綜合其任職
期間的所有表現，以功過相抵的方式核算官員任職的績效。功多於過，即顯示
該官員的能力足以勝任，或超越該職位，值得留任或升遷。若是過多於功，則
不足以擔此職，就須予以降職或免職。據此以為遷轉、獎懲的依據。

　　實效的部分，〈天人三策〉已指出，升遷的依據，應以具體任職成果為考
量，而非單憑資歷升遷。而具體任職成果，依〈考功名〉所述，即為民「興利
除害」。凡有利於民者，事無大小，都應盡力達致；凡有害於民者，不論程度
輕重，都應悉數除之。提出考核官吏的標準，應以其任職期間的作為是否合於
公眾利益，作為衡量實效的標準，並重視官員為民興利的心意與實際行動。官
員的所有作為，皆應以百姓為心，不為擾民之政，並以此作為官員的守則，要
求官員為百姓設想。

　　客觀性的部分，著重君王發佈人事賞罰、陟黜命令時，應避免私心，儘量
客觀公正，提出「內弟」與「外集」兩階段審查的策略。「內弟」，為君王在綜
合考察官員任職期間的行政得失後，先在自我心中作一概要的評估。「外集」，
則是國君已先有評判的概要想法後，再參考其他官員的評價與意見，最後才形
成賞罰進退的確定依據。此套機制，讓賞罰升遷不僅依皇帝一人的主觀意志，
而能儘量容納各方的意見，以避免國君因對官員的了解不夠深入、全面，或出
於私心的獨斷，做出不適當的人事命令。探討獎懲必須準確的原因，董仲舒認
為，正確的賞罰，才能讓官員堅守崗位、盡忠職守，並以獲賞作為官員自我激
勵、爭取表現的依據。在其論述中，賞罰，是驅動人們採取行動或不行動的直
接根源。而建立賞罰的憑據，就等同規範了官員應有的職守。因此，當賞罰不
公時，象徵官員盡忠職守的作為，無法與獎懲有效連結。如此，賞罰就失去了
對官員激勵或警惕的作用。而君王的私人愛憎若介入官員遷轉的機制，就暗示
了在官僚系統的運作中，有偏門取巧的管道，可藉由媚上討好，更輕鬆的晉身

〔註174〕漢・董仲舒撰；清・凌曙注《春秋繁露・考功名第二十一》頁 101～103。

上位。最終將減低官員對民眾公利的重視，此亦為政府腐敗、失去民心的根由。由此套考核機制可知，理想的官員考評制度，須以國家、公利為優先，且重視實際行為與效益，並以盡量客觀的評審制度，維持考核升遷的公正性。

（二）人才分級

在考核的標準，與審查機制的公正性確立後，董仲舒將人才分等，配合依能授官的理念：

> 人之材固有四選，如天之時固有四變也。聖人為一選、君子為一選、善人為一選、正人為一選，由此以下者，不足選也。……先王因人之氣而分其變，以為四選。是故三公之位，聖人之選也。三卿之位，君子之選也。三大夫之位，善人之選也。三士之位，正直之選也。〔註175〕
> 祿入差有。大功德者受大爵土。功德小者受小爵土。大材者執大官位，小材者受小官位，如其能，宣治之至也。故萬人者曰英，千人者曰俊，百人者曰傑，十人者曰豪。豪傑俊英不相陵，故治天下視諸掌上。〔註176〕

〈官制象天〉中，董仲舒將人才分為四個等級，由上而下分別為聖人、君子、善人、正人。正人，行事端正、心思正派，而正人又被列為任官最低的等級，可見董仲舒以行事公正無私、耿介廉潔，作為最基本的任官要求。由正人而上，才有心地良善、領導眾人、關懷百姓等要求。而國君配置官員，即應依才能、品德高低授與官階。由此可知，基層官吏，職責在於奉公行事、依法行政，忠誠無私地完成上級交辦的事務。而隨著官階越高，則越著重具備廣闊的胸懷，以百姓為心的仁聖品德。任材的理念，即是將人才置於最適合的位置，讓其能力、品德得到最適當的發揮，大材不小用、賢愚不相陵。

（三）考績意義

人才等級的次第，顯現對依法行政，以及與民眾同心的重視。以利於民生作為施政輕重緩急的優先考量。考核升遷制中，依能授官、不講資歷，重視實效的理念，旨在維持官吏體系的品質。卜憲群認為，秦漢時期逐漸成形的官職制度，以依能授官、職務不世襲、遵循擇優原則為發展趨勢。且附隨而來的考績、監察制度也體現了理性行政的概念。這些措施、制度皆有益於提升整體的

〔註175〕漢・董仲舒撰；清・凌曙注《春秋繁露・官制象天第二十四》頁119～121。
〔註176〕漢・董仲舒撰；清・凌曙注《春秋繁露・爵國第二十八》頁130～131。

官僚素質。〔註177〕由此可見，董仲舒致力將官僚系統，從帝王的從屬中脫離。此非行政倫理、社會階層的脫離，而是給予官員理念上的獨立，期望藉由制度化的升遷、任職系統，讓官員具有以天下百姓為心的襟懷，而非完成君王意念的私家僕役。

三、五行五官：分職而治

在官職配置及其所屬職責的對應中，董仲舒以五行、五德，建構其理想的官職運作體系。〈符瑞〉提出政治團隊的結構與運作為：「百官同望而異路，一之者在主，率之者在相。」〔註178〕、〈五行之義〉描述丞相的定位為：「人官之大者，不名所職，相其是矣。天官之大者，不名所生，土是矣。」〔註179〕兩段資料皆顯示出政府運作上的科層體制，以及分職而治的結構。「一」為行政倫理上的階層，代表掌握最高權力以及國家發展方向的是國君。「率」則代表具體施政上，領受君命，分派各項職責、統領各單位完成君命的是丞相。百官各領任務、分職而治，最終集結各部門的成果，成就君命。董仲舒對政府各部門的職務，則以五行為架構元素與依據，建構出理想的五官制度。

五官與五行的配對中，以土居中央，輔天之運行。對應人間政治，土，則相當於丞相之位。而其他四官，則各依其所對應之季節，配所屬之德，其職份便與該德行相呼應。五行五官的理念，是以五行結合人間官制，嘗試將官職、職務，與仁義禮智信五種品德結合，作為官員的行為準則及官箴。並以五行相生、相勝的關係，具體說明各官職的職守與瀆職之行，以及相應的制衡機制。〔註180〕此概念主要見於。〈五行相生〉、〈五行相勝〉、〈五行順逆〉三篇。其中〈五行相生〉〔註181〕、〈五行相勝〉〔註182〕分別說明各領域官員的職守及瀆職行為。〈五行順逆〉〔註183〕則主要規範國君的行為，順為當行之事，逆則為

〔註177〕卜憲群《秦漢官僚制度》（北京：社會科學文獻出版社，2002年）頁130。
〔註178〕漢・董仲舒撰；清・凌曙注《春秋繁露・符瑞第十六》頁88。
〔註179〕漢・董仲舒撰；清・凌曙注《春秋繁露・五行之義第四十二》頁178～179。
〔註180〕劉國民認為：「五行配五官雖牽強附會，但以五行範式解釋五官之間互相依存、制約的關係，正符合官僚體系的真實情況。……五官思想在粗糙的內容和形式下，具有一定的積極意義。」劉國民《董仲舒的經學詮釋與天的哲學》頁350。
〔註181〕漢・董仲舒撰；清・凌曙注《春秋繁露・五行相生第五十九》頁212～215。
〔註182〕漢・董仲舒撰；清・凌曙注《春秋繁露・五行相勝第五十八》頁208～212。
〔註183〕漢・董仲舒撰；清・凌曙注《春秋繁露・五行順逆第六十》頁215～220。

應避免的誤國誤民之行，此篇於五行中分述的順、逆之行，可與五德在五官中的職務內容互相呼應、參照。此將上述三篇內容，擷取論述為官職責之處，表列於下：

五　官	職守〈五行相生〉	瀆職〈五行相勝〉	制　衡
司農	1. 進經術之士 2. 導以帝王路 3. 順其美、救其惡 4. 立事生則 5. 觀民耕種，使積蓄有餘	1. 朋黨比周，以蔽主明 2. 退匿賢士 3. 教民奢侈，不勸農事 4. 長幼無禮、大小相踰 5. 並為寇賊、橫恣絕理	司徒
五行順逆： 木：農之本	順： 1. 勸農事、無奪民時 2. 使民歲不過三日 3. 行什一之稅 4. 進經術之士 5. 輕緩刑罰 6. 疏通空間水道	逆： 1. 人君出入不時、好淫樂、縱恣不顧政治 2. 事多發役，以奪民時 3. 作謀增稅，以奪民財	
司馬	1. 進賢聖之士 2. 見存亡之機、得失之要、治亂之源，豫禁未然之前 3. 執矩而長，至忠厚，仁輔翼其君	1. 為讒，反言易辭，以譖愬人，內離骨肉之親、外疏忠臣，賢聖旋亡、讒邪日昌 2. 朝有讒邪，熒惑其君	司寇
五行順逆： 火：主成長	順： 1. 舉賢良、進茂才 2. 官得其能，任得其力 3. 賞有功、封有德 4. 出貨財、賑困乏 5. 正封疆、使四方	逆： 1. 人君惑於讒邪，內離骨肉，外疏忠臣，殺世子，以妾為妻 2. 誅殺不辜、逐功臣、棄法令、婦妾為政、賜予不當	
司營	1. 稱述往古以厲主意 2. 明見成敗，微諫納善、防滅其惡 3. 執繩而制四方 4. 信以事其君 5. 據義割恩 6. 應天因時之化，威武強禦以成大理	1. 進主所善，以快主意，導主以邪，陷主不義 2. 賦斂無度，以奪民財 3. 多發繇役，以奪民時 4. 作事無極，以奪民力 5. 結果：百姓愁苦，叛去其國	百姓

五行順逆： 夏中：成熟百種	順： 1. 循宮室之制，謹夫婦之別，加親戚之恩	逆： 1. 人君好淫佚，妻妾過度 2. 犯親戚、侮父兄 3. 欺罔百姓 4. 大為臺榭、雕文刻鏤 5. 結果：百姓叛去、聖賢放亡	
司徒	1. 事不踰矩 2. 執權而伐 3. 義而後行、至廉而威、質直剛毅 4. 伐有罪、討不義，是以百姓親附、邊境安寧、寇賊不發、邑無訟獄	1. 內得於君，外驕軍士，專權擅勢，誅殺無罪，侵伐暴虐、攻佔妄取 2. 令不行、禁不止，將帥不親、士卒不使，兵弱地削，令君有恥	司馬
五行順逆： 秋：殺氣之始	順： 1. 杖把旄鉞，以誅賊殘 2. 禁暴虐、安集，故動眾興師，必應義理 3. 出則祠兵、入則振旅，以閑習之，因於彼狩 4. 存不忘亡、安不忘危，修城郭、繕牆垣 5. 審群禁、飭兵甲、警百官、誅不法	逆： 1. 人君好戰，侵陵諸侯、貪城邑之賂、輕百姓之命	
司寇	1. 君臣有位、長幼有序 2. 執衡而藏、至清廉平，賂遺不受、請謁不聽 3. 據法聽訟、無有所阿 4. 斷獄屯屯，與眾共之，不敢自專 5. 百工維時以成器械，器械既成，以給司農	1. 足恭小謹，巧言令色 2. 聽謁受賂，阿黨不平 3. 慢令急誅、誅殺無罪	司營
五行順逆： 冬：藏至陰	順： 1. 宗廟祭祀之始 2. 天子祭天、諸侯祭土 3. 閉門閭、大搜索，斷刑罰、執當罪 4. 飭關梁，禁外徙	逆： 1. 人君簡宗廟之祀 2. 執法不順，逆天時	

（一）五官與西漢制度

　　五官之中，董仲舒僅將司徒直接對應於當代大理一職，以及明確定義司寇職務為執法。除此二者外，其他官職的內容皆僅直陳敘述，不知其與西漢實際制度的關聯程度。錢穆認為，西漢時期的官制，中央政府由三公、九卿組成，代表政府裡的最高官。〔註184〕但卜憲群則認為，現在學界慣稱的漢代三公九卿制，是在西漢晚期，至王莽時期才逐漸完成的行政體系。因此西漢初期的三公、九卿應為泛稱。三公，泛稱皇帝之下的最高官吏，屬於比擬的說法，不能代表當時實際制度。九卿，則是文景時期，逐漸發展出將中央部分高級官僚稱為九卿的習慣，亦無明確對應的職位。〔註185〕由此可見，西漢初期官職的設置與職務的分派，應尚未完善，仍處在摸索、改良的階段。因此董仲舒的五行五官制，並非實際的西漢制度，而是一種理想配置，寄託其對官職運作的理念。

（二）五官執掌與官箴

　　綜觀〈五行順逆〉、〈五行相生〉、〈五行相勝〉三篇，雖各自著重國君個人作為、五官的職責與瀆職，但若結合君臣所當為之職務細察，則三篇皆可以五德統領而起。

　　司農主仁，首重愛民、養民，故為五官之中最近於民者。主掌農事、勸民力耕，以保障百姓衣食不飢而有餘。教導人民倫理，使長幼有序。向國君薦舉經術之士，在君臣互動上，不可朋比為奸、蒙蔽國君。

　　司徒主義，首重行事依矩合義、正直剛毅。主掌軍事，發兵出征，是討伐有罪、不義者，不可攻伐暴虐、不應藉戰爭謀取利益而輕易犧牲百姓生命。因此指出司徒為義戰，且統帥軍隊，應彼此同心協力，以求取國家的勝利與捍衛國家的尊嚴。

　　司馬主智，首重洞察機先，職在掌握治國之要，並防患於未然。向國君薦舉賢聖之士。君臣互動，不以讒言挑撥、離間君臣關係。

　　司寇主禮，禮有依照規範，恭謹行事之意。執掌法律訴訟，斷案須公正不偏私，以維護倫理之序。處事正直，不收賄賂、不聽關說，不阿諛媚上，斷獄聽訟須公正廉明，並能獲得民心認同。

〔註184〕錢穆《中國歷代政治得失》（臺北：素書樓文教基金會，2001年）頁10～15。
〔註185〕卜憲群自史料中對比當時被稱為三公、九卿的官職，發現被稱為三公或九卿的職位，零零總總合計，皆超出三種、九種官職。可見當時三公九卿應屬一種泛稱。卜憲群《秦漢官僚制度》頁104～129。

　　司營主信，董仲舒釋為「君之官」，屬五官之中最近於君者，因此提出司營有砥礪國君的職責。信為誠實無欺之意，司營應以古代聖王之道、歷史上的施政得失勉勵國君，不阿諛主上。細察君王行事、明察成敗的端苗，以適時進諫，助長君王之善、滅絕其惡，使國君行於正道。

　　五官的職掌，依其所屬五德，各有相應的職務，故可將五德視為五官各自的官箴，反映以德為治的期盼。然而五官之中，職務多有重疊，如薦舉賢能、不阿諛主上、不賦役無度等……，職務與職位未能明確劃分與對應，使各官職間執掌區別不夠明確，是其缺失。但其嘗試將五德，與現實人事搭配，提出各職位首要的行事規準，可看出其有將官職與職務定型化的意圖。而總和五行五官制度，其概要理念是各部門官員，皆應謹守職業道德，秉公無私、盡忠職守，上輔君德、下恤百姓。

　　當五官未能克盡職責，甚或瀆職之時，則援引五行相勝的原理，提出五官運作上的制衡機制：「司徒為賊，司馬誅之。司農為奸，司徒誅之。司寇為亂，司營誅之。司馬為讒，司寇誅之。司營為神，民叛其君，窮矣。」雖未言明其中的運作細則，但已顯現出官職之間應有彼此制衡的功能，使各官職、部門的權力都能得到適當的制約。尤其在「司營為神，民叛其君」的說明，可見董仲舒以司農最近於民、司營最近於君為線索，將司農制衡司營的結構，替換為百姓反抗政府，藉以指出官僚體系的失能，以及高階官員的瀆職，不僅本身有虧輔佐之職，甚至將陷君於不義。而失能的政府，將使百姓對執政者失去信任，終將引發執政危機，由此突顯官僚體系正當運作的重要性。

（三）分職的意義

　　分職而治，除了展現官制發展時期，將職位、職務定型化的企圖外，尚有建立官箴、以德為治的期盼。官僚應理解居於此位階的意義，對其自身、百姓、君王都各有職責應背負。對自身職務的職業道德，在行事、品行皆須自我謹慎、砥礪。對人民，則以自身為君與民的中介，故應體恤民情，以安定社會為心。對國君，則應基於自身的職守，對國君的不當政策或構想提出規諫。

　　董仲舒的五行官制，以五德為官箴，建立官員的行政操守，因此官員不僅忠於國君，更應忠於各自的職業道德。當君王理念有偏差，官員應基於其專業認知，予以導正。當臣僚為惡，應有揭弊、制裁的機制。由此觀之，五官的制度與職司，旨在建立以社會利益為優先，且能自行運作的政府機構，可避免君

意妄為、官員或部門獨大專權的弊端。這是經由制度化的建立，在神權之外，試圖在現實的人事運作中，達到限制君權的效果。〔註186〕

小結

　　由考核升遷、官職配置，可見董仲舒試圖賦予官員以理念上的獨立性、上諫的權力，以及建立一個不被少數劣質官員掌控、敗壞，可依理性、品德運作的官僚系統。期望由此制度培養出來的官員，能以守護國家與人民利益為最高目標。在國有賢君時，官員的職責是確實宣達、執行君命，使百姓理解君王施政的美意。但當臣僚，或君王危害國家利益時，這個官僚制度與職司，便要求官員須發揮或制衡，或進諫、引導的功能，目的皆在維持政府的正常運作。尤其以五德為官箴，意在樹立官員的典範，並明示價值取向，讓官員能基於其職業道德，維護公共利益。〔註187〕

〔註186〕卜憲群提出秦漢的官僚制度，能對皇權達到一定的限制。一為傳統政治思想的運用，包括公天下之思想：意指將君與國分開的概念。君王亦應遵守一定法度：此法度不僅指法律，亦包括一般的行為規範。君臣共治：以共治的結構，反對獨裁。二為官僚制度、執掌的建立，賦予官員上諫的權力，尤其中央官僚，貼近國君，諫諍更多。三為神權的約制。卜憲群《秦漢官僚制度》頁146～149。

〔註187〕卜憲群認為當皇權危害國家利益時，官僚就存在著價值取向的問題。部分官僚不將自己視為皇帝的私臣，而視自身為社會國家利益的代表。勇於制約皇權、照顧社會利益。但耿直之臣，其諫諍的效力仍取決於國君的賢愚。明君懂得加以引導利用，但昏君則將良臣視為自身的對立者，加以摧折。故官僚對皇權的制約是有限的，其效力取決於皇帝的品質。卜憲群《秦漢官僚制度》頁150。

第五章　董仲舒政治哲學中的
儒學精神

　　董仲舒的政治理論，雜揉多家思想而成。陳師麗桂認為，董仲舒的思想理
論，至少包含三大部分：儒家的道德禮義傳統、陰陽家的五行災異說、道法家
的刑名統御術。〔註1〕究其理論皆由天道、陰陽、五行開展而出，然察其主張
的政策，仍多以儒家仁政為內涵。而期勉國君推行仁政的原因，除了天道以愛
民為心之外，亦與其性論的內容息息相關。並且為確保施政的成效，提出君尊
臣卑、用術等法家理念作為輔助策略。故以下一、二節將自天論、性論，分別
分析董仲舒的理論與先秦各家思想的關聯與異同。第三節則就董仲舒主張的
政策內容及執行策略，分析其思想中對儒、法思想的採納，以理解董仲舒的理
論對各家思想的吸收，並檢視其中儒家思想的留存情況。

第一節　天論

　　董仲舒的眾多理論，皆以天人的架構開展作為其理論基礎，而漢代的學術
思想，經稷下時期發展以來，已多有彼此影響、融合轉化的現象。以下先探討
先秦各家的天論，及董仲舒與各家思想的異同，以認識其天論汲取哪些思想流
派的觀念，並理解其天論如此設計的目的。

〔註1〕陳麗桂〈從天道觀看董仲舒融合陰陽與儒學的天人合一思想〉（《中國學術年
　　　刊》第 18 期，1997 年，頁 17～46）頁 3。

一、儒家的天論

西周時期的天命觀，自《尚書》、《詩經》起，已有視天命為政權根源、君權神授的觀念。如「惟時怙冒，聞於上帝，帝休。天乃大命文王，殪戎殷，誕受天命，越厥邦厥民，惟時敘。」〔註2〕、「弗弔天降喪于殷，殷既墜厥命，我有周既受。」〔註3〕、「假哉天命，有商孫子。商之孫子，其麗不億。上帝既命，侯于周服。」〔註4〕皆可見天不僅有喜怒之情，亦具有決定人間政權延續或終止的權利。周初將天視為有意志的神，能主宰人間事物。因此，政權移轉是天帝的旨意。紂王失德，天命便降臨到勤勉於政的文王，周滅殷只不過是「恭行天之罰。」〔註5〕並由此得出「天視自我民視，天聽自我民聽。」〔註6〕的治國理念。將天命的予奪、政權的維繫，建立在德治、保民的前提上，從而提升了天人關係中，人的主體性。〔註7〕

先秦儒家，孔子、孟子、荀子三人承繼周初的天命觀，皆有所變化。孔子對天的概念，蔡仁厚分別以「情」、「理」兩方面概括之。「情」指的是較具有人格神意味的天，如「天之未喪斯文也，匡人其如予何！」、「天喪予！天喪予！」、「天生德於予，桓魋其如予何？」其中蘊有對命運的敬畏，亦有將人的道德與對天的宗教情感結合的傾向，使天成為道德的形上根據。「理」，指的是天作為創生實體的生生之道，如「天何言哉？四時行焉，百物生焉。」此處以大自然化育萬物之德，寄託孔子在修德處事上欲效仿大化，以實踐代替言說的「予欲無言」的自我期許。以上關於天的論述，可見當孔子身處困境、情緒較為激動時，較常言及天，其中除了對不可抗命運的哀嘆外，亦多有個人道德、理念的使命感。可知孔子言天，雖仍具有人格天的性質，但已趨向道德的形上層次。

孟子對天的論述較為多元，可分為道德之天、命運之天，與解釋政權移轉的天命思想。義理之天與命運之天，屬於修養論的範疇。義理之天，由天賦善性，發展成「盡心知性以知天」的修養進程。命運之天，則是在無常的命限之中，勉人修身不貳以俟命，如：「存其心，養其性，所以事天也。殀壽不貳，

〔註2〕 清‧孫星衍撰；陳抗、盛冬鈴點校《尚書今古文注疏‧康誥》（北京：中華書局，1986 年）頁 360。

〔註3〕 清‧孫星衍撰；陳抗、盛冬鈴點校《尚書今古文注疏‧君奭》頁 446。

〔註4〕 程俊英、蔣見元《詩經注析‧大雅‧文王》（北京：中華書局，1991 年）頁 748。

〔註5〕 清‧孫星衍撰；陳抗、盛冬鈴點校《尚書今古文注疏‧甘誓》頁 212。

〔註6〕 清‧孫星衍撰；陳抗、盛冬鈴點校《尚書今古文注疏‧書序下》頁 592。

〔註7〕 蔡仁厚《孔孟荀哲學》（臺北：臺灣學生書局，1984 年）頁 101。

修身以俟之，所以立命也。」人在逆境中對節操的持守，顯現出人的道德自主性，可與義理之天相得益彰。與孔子相較，孟子又更為削弱天的人格特質。而天命思想則是藉由對禪讓、革命的解讀，提出其「天不言，以其行事示之」的政治理念：

> （孟子）曰：「使之主祭而百神享之，是天受之；使之主事而事治，
> 百姓安之，是民受之也。天與之，人與之，故曰：天子不能以天下
> 與人。舜相堯二十有八載，非人之所能為也，天也。堯崩，三年之
> 喪畢，舜避堯之子於南河之南。天下諸侯朝覲者，不之堯之子而之
> 舜；訟獄者，不之堯之子而之舜；謳歌者，不謳歌堯之子而謳歌舜，
> 故曰天也。夫然後之中國，踐天子位焉。而居堯之宮，逼堯之子，
> 是篡也，非天與也。〔註8〕

孟子認為，禪讓制度，是天子能推薦其所認可的賢者，但最終決定權在天而不在人。而天的認可與否，又取決於其人是否能敬天、安民之上，即其所謂「天與之」、「人與之」。得天下人民擁戴、歸往者，方為天所認同的執政者，不得民心而據天子之位，則為亂逆。此處反映天意即為民意的觀念，屬於民本政治的體現。〔註9〕對於湯、武革命，孟子亦以德為論：

> 齊宣王問曰：「湯放桀，武王伐紂，有諸？」孟子對曰：「於傳有之。」
> 曰：「臣弒其君可乎？」曰：「賊仁者謂之賊，賊義者謂之殘，殘賊
> 之人謂之一夫。聞誅一夫紂矣，未聞弒君也。」〔註10〕

孟子提出德位相配的觀點，即便是「繼世以有天下」的執政者，若德不配位，不行仁義、暴虐失德如桀、紂，則天將褫奪其位，此時革命便有正當性。可見不論禪讓或革命形成的政權轉移，皆以民心為依歸。此觀念與周初天命觀相當貼近，略有出入者在於，孟子的天雖有予奪君權的力量，但不具備喜怒之情，降低了周初人格天的色彩，但仍保留了天對人間社會的影響力。

荀子的天論，則以自然之天為特色，迥異於周初至孔、孟一系的君權神授或道德義理之天的內容：

> 天行有常，不為堯存，不為桀亡。應之以治則吉，應之以亂則凶。
> 彊本而節用，則天不能貧；養備而動時，則天不能病；脩道而不貳，

〔註8〕宋・朱熹《四書章句集註・孟子・萬章上》頁308。

〔註9〕蔡仁厚認為：「這是一種『主觀型態的民主』；如果將這個律則『客觀法制化』，便是今日民主政治的型態。」蔡仁厚《孔孟荀哲學》頁319。

〔註10〕宋・朱熹《四書章句集註・梁惠王下》頁221。

則天不能禍。……本荒而用侈，則天不能使之富；養略而動罕，則天不能使之全；倍道而妄行，則天不能使之吉。……受時與治世同，而殃禍與治世異，不可以怨天，其道然也。故明於天人之分，則可謂至人矣。不為而成，不求而得，夫是之謂天職。如是者，雖深、其人不加慮焉；雖大、不加能焉；雖精、不加察焉，夫是之謂不與天爭職。天有其時，地有其財，人有其治，夫是之謂能參。舍其所以參，而願其所參，則惑矣。列星隨旋，日月遞炤，四時代御，陰陽大化，風雨博施，萬物各得其和以生，各得其養以成，不見其事，而見其功，夫是之謂神。皆知其所以成，莫知其無形，夫是之謂天功。唯聖人為不求知天。〔註11〕

荀子以較為理性的角度釋天，視四時運行、寒暑晴雨之交替為天之規律，而其中化育萬物、人所難以理解的精微作用則為天之功。荀子不求了解大自然運作的奧秘，認為與其「大天而思之」，不如「制天而用之」。又以天行常道，其運行規律、對萬物之長養化育，不因任何事而廢止、不與人間之治亂關聯，繼而提出其天人觀：一、天為自然規律，不因政治治亂而改易。二、禍福惟人君自招。荀子認為，治亂之世的禍福不同，皆肇因於人君是否盡其本分。人君可由此反省行事是否有違農時、花用無度而招致災禍，藉以明天人之份。勉人盡人事、明禮義、行正道，不應迷信於天、懼於自然異象，甚至指出政府舉行祭祀活動，並非真的有求於天，而是用以安定民心的文飾策略，〔註12〕可見荀子的天論，擺脫了宗教、道德的色彩，展現出理性的人文特質。

二、墨家的天論

墨家的天，屬於人格神的天。主張天有意志、有欲惡：「天欲義而惡不義」、「天下有義則生，無義則死；有義則富，無義則貧；有義則治，無義則亂；然則天欲其生而惡其死，欲其富而惡其貧，欲其治而惡其亂，此我所以知天欲義而惡不義也。」〔註13〕天具有好惡傾向與賞罰能力，能干涉人間事務、匡正政

〔註11〕 李滌生《荀子集釋·天論》（臺北：臺灣學生，1979年）頁362～365。
〔註12〕 「日月食而救之，天旱而雩，卜筮然後決大事，非以為得求也，以文之也。故君子以為文，百姓以為神。以為文則吉，以為神則凶也。」李滌生《荀子集釋·天論》頁376。
〔註13〕 吳毓江撰；孫啟治點校《墨子校注·天志上》（北京：中華書局，2006年）頁288。

治秩序，而天的好惡賞罰，以義為準繩。人行義，則天可使其得生、富、治等人之所欲；行不義，則天將使其死、貧、亂。墨子透過天志，將人間的行事準則繫於「義」。

　　義在政治方面的施用，包括自上正下的行政倫理，建立由下而上：庶人、士、將軍大夫、三公諸侯、天子、天的「逐級服從制」〔註14〕，以及「兼相愛、交相利」的愛民、利民理念，具體展現為：「處大國不攻小國，處大家不篡小家，強者不劫弱，貴者不傲賤，多詐者不欺愚。」、「欲人之有力相營，有道相教，有財相分也。又欲上之強聽治也，下之強從事也。」重視國際、階級、族群間的和諧共存、互利互助，勉勵社會上所有階層的人各盡其職，上位者則應勵精圖治、下位者應勤勉其事，並可與其「非命」思想連結。《墨子‧非命》說：

> 今天下之士君子或以命為有，蓋嘗尚觀於聖王之事。古者桀之所亂，湯受而治之；紂之所亂，武王受而治之。此世未易，民未渝，在於桀紂則天下亂，在於湯武則天下治，豈可謂有命哉？……子墨子曰：「古者湯封於亳，絕長繼短，方地百里，與其百姓兼相愛、交相利，移則分，率其百姓，以上尊天事鬼。是以天鬼富之，諸侯與之，百姓親之，賢士歸之，未歿其世，而王天下，政諸侯。……鄉者言曰：義人在上，天下必治，上帝山川鬼神必有幹主，萬民被其大利。吾用此知之。〔註15〕

　　墨子反對命定論，旨在將人事的成敗歸因於人的勤勉，與行於正道與否。他認為桀、紂；湯、武所率領的百姓與社會條件並無差別，卻有治亂之異，皆源於行事之異。又舉商湯、文王說明，聖王兼愛百姓、敬事鬼神，故能吸引諸侯、百姓、賢人親附，得鬼神降福、稱王天下，反之亦然，說明「天子為善，天能賞之；天子為暴，天能罰之。」之理。墨子明確區別天命與命運，認為天能依其意志，將天命授予施行仁義的君王，反對將命運作為行不義而導致失敗的藉口。可見墨子一方面繼承了周初「天道無親，惟德是輔」的思維，同時也相信命運掌握在人的手中，重視人對自我命運的主導性。

三、陰陽家的天論

　　董仲舒的理論以陰陽、五行為架構，作為人間秩序、規範的形上根據，將

〔註14〕黃樸民《天人合一：董仲舒與兩漢儒學思潮研究》頁95。
〔註15〕吳毓江撰；孫啟治點校《墨子校注‧非命上》頁394～395。

儒學與陰陽家思想結合。〔註16〕陰陽觀念見於《易經》，五行可見於《尚書·洪範》，兩者皆論述天地萬物之生成。《易經》釋陰陽為：「一陰一陽之謂道。」〔註17〕《老子》亦言：「萬物負陰而抱陽，沖氣以為和。」〔註18〕皆以陰陽為宇宙生成中，對立又相依的元素。《尚書·洪範》釋五行：「五行：一曰水，二曰火，三曰木，四曰金，五曰土。水曰潤下，火曰炎上，木曰曲直，金曰從革，土爰稼穡。潤下作鹹，炎上作苦，曲直作酸，從革作辛，稼穡作甘。」〈洪範〉將五行視為構成萬物的五種基本元素，並描述其質性、作用等特點。春秋時期，漸有將五種材質的相剋關係與人事連結的傾向，如《左傳·昭公三十一年》十二月辛亥朔，發生日蝕。隔夜，趙簡子夢，以為咎在己，而請史墨占夢，史墨曰：「六年及此月也，吳其入郢乎！終亦弗克。入郢，必以庚辰。日月在辰尾，庚午之日，日始有謫。火勝金，故弗克。」〔註19〕釋文言：「午火，庚金」，與「午，南方，楚之位也。」以楚為火、吳為金，以火能銷金預言此役：吳不能勝楚。至戰國時期的鄒衍則將五行發展為五德終始說，用以說明政權更替的運作模式，加重五行的神秘色彩。

司馬談〈論六家要旨〉論述陰陽家說：「嘗竊觀陰陽之術，大祥而眾忌諱，使人拘而多所畏。然其序四時之大順，不可失也。」、「夫陰陽，四時八位十二度二十四節各有禁忌各有教令。順之者昌，逆之者不死則亡，未必然也。故曰：『使人拘而多畏。』夫春生夏長、秋收冬藏，此天道之大經也，弗順，則無以為天下綱紀。故曰：『四時之大順，不可失也。』」〔註20〕而司馬遷論述鄒衍說：

> 騶衍睹有國者益淫侈，不能尚德，若大雅整之於身，施及黎庶矣。
> 乃深觀陰陽消息而作怪迂之變，終始、大聖之篇十餘萬言。其語閎
> 大不經，必先驗小物，推而大之，至於無垠。先序今以上至黃帝，
> 學者所共術，大并世盛衰，因載其禨祥度制，推而遠之，至天地未
> 生，窈冥不可考而原也。先列中國名山大川，通谷禽獸，水土所殖，

〔註16〕黃樸民認為董仲舒的理論架構來自陰陽家：「董仲舒為適應專制統治需要的儒學理論體系，大量汲取陰陽、五行家的思想，藉其搭建自己儒家正統政治思想的大框架。」黃樸民《天人合一：董仲舒與兩漢儒學思潮研究》頁85。
〔註17〕宋·朱熹撰；廖名春點校《周易本義·繫辭上傳》頁228。
〔註18〕陳鼓應《老子今註今譯》頁158。
〔註19〕周·左丘明撰；晉·杜預集解《春秋左傳集解·昭公三十一年》頁766～767。
〔註20〕漢·司馬遷撰；瀧川龜太郎考證《史記會注考證·太史公自序第七十》頁1333～1334。

　　物類所珍，因而推之，及海外人之所不能睹。稱引天地剖判以來，
　　五德轉移，治各有宜，而符應若茲。……其術皆此類也。然要其歸，
　　必止乎仁義節儉，君臣上下六親之施，始也濫耳。王公大人初見其
　　術，懼然顧化，其後不能行之。〔註21〕

　　司馬遷認為鄒衍將自然現象作怪迂之變，是源於國君生活淫侈、不能自發尚德，故藉此使國君有所畏懼，以達警惕之效。其說採陰陽、五行為基礎，透過「深觀陰陽消息」，與「五德轉移」的論述，從陰陽兩種對立面的消長變化以及五行相勝的關係，推論政權的轉移。藉由自然界各項物質的特點及其間相對關係，歸納事物發展、變化的規律，最終扣合於人事。

　　司馬談與司馬遷雖認為其說「未必然也」、「閎大不經」，但皆指出其宗旨仍歸於「仁義節儉」、使人畏懼而有所節制。且其歸納自然發展的原則，明現人事之宜，自有其價值。五德終始說，嘗試以自然物質的關係解釋政權之移轉，雖偏向僵化循環模式，〔註22〕但鄒衍之說，降低了傳統的人格神的天命觀色彩，轉而著重對自然之天的理則探索。雖鄒衍開啟起了以陰陽五行論人事的端苗，但其著作存留甚少，難以全面認識其說，或可從黃老學說再作後續對陰陽學的認識。黃老所談的天道是：「天地無私、四時不息」的自然法則及客觀規律，如：

　　天地有恆常，萬民有恆事，貴賤有恆立，畜臣有恆道，使民有恆度。
　　天地之恆常，四時、晦明、生殺、柔剛。萬民之恆事，男農、女工。
　　貴之恆位，賢不肖不相放。畜臣之恆道，任能毋過其所長。使民之
　　恆度，去私而立公。〔註23〕

　　由天道自然運行的規律，對應人事的作為，最後擴展成政策施用的原則。他們相信紛雜的人事也隱藏著可依循的法則，陳師麗桂指出：黃老的天道、治道之關聯，是由天道上去講治道，站在道的基礎上來講刑名、法。而能法天道為治道的，就是標準的人君。〔註24〕且在黃老帛書中，已有將天地間相對

〔註21〕漢・司馬遷撰；瀧川龜太郎考證《史記會注考證・孟子荀卿列傳第十四》頁920
　　　～921。
〔註22〕轟春華《董仲舒與漢代美學》（桂林：廣西師範大學出版社，2013年）頁78～
　　　79。
〔註23〕陳鼓應《黃帝四經今註今譯：馬王堆漢墓出土帛書・經法・道法》（臺北：臺
　　　北商務印書館，1935年）頁72～73。
〔註24〕陳麗桂《戰國時期的黃老思想》（臺北：聯經，1991年）頁51。

的現象、事物作二分的歸納，並繫之以陰陽，以此推闡天人相通的架構，如「先德而後刑」、「用二文一武」〔註25〕，董仲舒的陽尊陰卑理論即承自黃老一系的學說。

四、董仲舒的天論

董仲舒論述下的天，有人格化之傾向，具愛民之心，與喜怒之情，能對人君降下災異示警，以及予奪政權的能力。此說類於商周之際君權神授的天命觀，以及墨家天志的內容〔註26〕，皆賦予天以人格性與權威性，具有原始宗教的思維特質。反而與孔孟荀一路以來的儒家理念不甚相類。

從孔子的罕言性與天道，視天為一種人難以參透、掌控的無常存在，或視為一種自然化成的現象。至孟子將天抽象化為最高的價值，如倫理道德之本源、天意即民意等主張，天逐漸褪下了人格神的色彩。至荀子將天視為完全客觀的自然現象、不應迷信異象及祭祀，使天人殊途異路。可見儒家在天論的發展上，已逐漸不將天意與政權結合，反而有離開神權思維的傾向。

而董仲舒以陰陽、五行建構其理論的方式，則源自陰陽家與黃老的思想。在天命觀方面，董仲舒雖主張受命，但不承襲鄒衍的五德終始說，兩者的差異在於政權轉移的條件：鄒衍以五行的符應為得天命的跡象，但董仲舒以民心、仁德為天命所歸，是返回儒家的觀念。但他仍使用陰陽、五行為材料，推導出陽尊陰卑、相生相勝等概念，並發用於君臣、德刑、官職等政治理念上，作為其政治理念及措施的理論基礎。

可見，董仲舒之天論，在天命觀上有復返人格神信仰的現象，較之儒家與陰陽家的發展，或視之為道德的根源、人事可取法的自然規律，或是完全客觀的自然現象，可發現戰國時期的思想家，多數已逐漸放下天的神祕色彩，然而，身處漢代的董仲舒，卻建構出神權的天論，是否屬於一種倒退的發展？鄧紅認為其天論，是有意披回神學權威的外衣，是出於有意識的造神運動。〔註27〕

董仲舒可能自孟子汲取了以天為倫理道德之源，再藉由神權，使仁政愛民

〔註25〕陳麗桂《戰國時期的黃老思想》頁 88～90。

〔註26〕黃樸民認為：「董仲舒較近於墨家的天論，雖採取陰陽家的學說，建構其理論框架，但以墨家的天志理論作為其精神內涵，如兩者皆以天為人格化之天，以國君為溝通天人之際的中介，置神權於君權之上，並將君主指派視為天意的展現，以天為人間秩序的最終決定者。」黃樸民《天人合一：董仲舒與兩漢儒學思潮研究》頁 87。

〔註27〕鄧紅《董仲舒思想研究》頁 54。

可上升為至高、不可質疑的標準，使天成為約束君王的力量。另自陰陽家、黃老思想汲取了自然律則之天論，發展出法天立制的論點，結合成一套治術理論。藉由此種以神權為表、儒家德治為內的理論結構，一方面以君權神授的觀念滿足漢代對政權正當性的需求；一方面亦能將儒家民本、仁政的施政思想融入其中，最後藉由陰陽五行思想，安置其君臣關係、施政方針、官職配屬等細則。可見董仲舒天論的多元內容，實為將先秦以內聖為質的儒家，轉向外王、尚實用的方向，〔註28〕這或許是使儒家脫離先秦以來，多被評為迂闊遠於實務的缺失，轉而受到重視的原因。

第二節　性論與王教

先秦諸子對人性的探討，其目的皆在尋求使人止惡為善的方式。而對人性的不同解讀，必然導致各家對「驅而之善」的方式有所差異。董仲舒藉由陰陽架構，說明人性同時具有逐利及好義兩種性質，此理論應是分別擷取，與捨棄了孟、荀各一部份的性論內容，藉以鋪陳出其政策主張。

一、性的兩種解讀方向

性為質樸、天賦即有的生命本質，但人自天稟賦而來的內蘊究竟為何？因前哲思想理路及關注焦點的差異，使人性被解讀出不同內容，此處參考蔡仁厚先生的論點，將性分為二種解讀方向：以生言性、以理言性。

（一）以生言性

以生言性，是從人的生理欲求層面，作為性的內容，如告子、荀子皆持此論：

告子曰：「食色，性也。」〔註29〕告子曰：「性，猶杞柳也；義，猶桮棬也。以人性為仁義，猶以杞柳為桮棬。」〔註30〕

〔註28〕曾振宇、范學輝《天人衡中──〈春秋繁露〉與中國文化》提出：董仲舒的天人學說，將仁義忠孝等倫理規範納入天人系統中，直接為中央集權政治服務，從而融政治與倫理為一體。使家族政治化，國家家族化；將個人的內在道德修養，外化為尊君事天的政治實踐，使人人揚善抑惡，由此形成強大的趨善求治的社會心理態勢，充實了中國文化的內涵。曾振宇、范學輝《天人衡中──〈春秋繁露〉與中國文化》（開封：河南大學出版社，1998年）頁93。

〔註29〕宋・朱熹《四書章句集註・孟子・告子上》頁326。

〔註30〕宋・朱熹《四書章句集註・孟子・告子上》頁325。

> 今人之性，飢而欲飽，寒而欲煖，勞而欲休，好利而惡害，此人之
> 情性也。〔註31〕

> 夫目好色、耳好聽、口好味、心好利、骨體膚理好愉佚，是皆生於
> 人之情性者也。〔註32〕

以生言性者，多以動物同具之生理層面為主，如與生俱來的耳目口鼻官能、與其相應產生的生理欲望，以及好利惡害之情，進而產生趨利避害行動的生物本能，總而觀之，以生言性，是著眼於人與動物皆然的生物層面。

（二）以理言性

以理言性，是超越生物本能之外，從人與其他動物相異之理性心靈、義理之心見人性的特出之處，此說以孟子為代表：

> 人皆有不忍人之心，……今人乍見孺子將入於井，皆有怵惕惻隱之
> 心；非所以內交於孺子之父母也，非所以要譽於鄉黨朋友也，非惡
> 其聲而然也。……惻隱之心，仁之端也；羞惡之心，義之端也；辭
> 讓之心，禮之端也；是非之心，智之端也。人之有是四端也，猶其
> 有四體也。〔註33〕

> 仁、義、禮、智，非由外鑠我也，我固有之也，弗思耳矣。〔註34〕

> 有天爵者，有人爵者。仁義忠信，樂善不倦，此天爵也；公卿大夫，
> 此人爵也。〔註35〕

孟子並未否定耳目感官及其相應之欲求，但他選擇以道德定義人性，肯定人類具有天賦之善。認為人之所以異於禽獸的地方，即是人能以道德、倫理之心，抑制動物性的欲求，這是人類異於禽獸的靈秀之處。可見以理言性，是以人與動物之殊異處定義性。

二、成善的方式

無論以生言性，或以理言性，最終皆為探究後天使人成善的方式。孔子罕言性，認為「性相近，習相遠。」便表現了對後天人為教習的重視。孔子之後，

〔註31〕李滌生《荀子集釋‧性惡》頁542。
〔註32〕李滌生《荀子集釋‧性惡》頁544。
〔註33〕宋‧朱熹《四書章句集註‧孟子‧公孫丑上》頁237～238。
〔註34〕宋‧朱熹《四書章句集註‧孟子‧告子上》頁328。
〔註35〕宋‧朱熹《四書章句集註‧孟子‧告子上》頁336。

孟、荀對性的不同解讀，便產生了不同的成善方式。

（一）孟子：養心

孟子的性論，承繼孔子所重之「眾德之總」的仁，以不忍人之心為始，更細微的發展分立為仁、義、禮、智四端善性，在後天修養功夫上，則提出「求其放心」，可知孟子所言的性與心，在本質上應可通同為一。心既是天賦善性，亦同時是一種內在自覺、自律的力量：

> 孟子曰：「從其大體為大人；從其小體為小人。」曰：「鈞是人也，或從其大體，或從其小體，何也？」曰：「耳目之官不思，而蔽於物；物交物，則引之而已矣。心之官則思，思則得之，不思則不得也。此天之所與我者。先立乎其大者，則其小者不能奪也。此為大人而已矣。」〔註36〕

孟子以感官欲望為小體；以道德良知為大體。大小之別，則是出自價值層面的判斷，並提出人的惡，是源自對感官慾望的過度追求，在充滿利誘的生活中，人的善性良知遭到掩蔽及消磨，因此需要個人時時自省反道，亦即存養的功夫。儘管人的舉措往往受外在環境或欲望的影響，但只要時時體察內心的道德良知，依靠良心的明辨、自律力量，便可使人自主的選擇、展現出合理合度的行為。而養心的方法，則有寡欲、存養浩然之氣：

> 雖存乎人者，豈無仁義之心哉？其所以放其良心者，亦猶斧斤之於木也，旦旦而伐之，可以為美乎？……故苟得其養，無物不長；苟失其養，無物不消。孔子曰：「操則存，舍則亡；出入無時，莫知其鄉。」惟心之謂與？〔註37〕

> 養心莫善於寡欲。其為人也寡欲，雖有不存焉者，寡矣；其為人也多欲，雖有存焉者，寡矣。〔註38〕

> 孟子曰：「我知言，我善養吾浩然之氣。」「敢問何謂浩然之氣？」曰：「難言也。其為氣也，至大至剛，以直養而無害，則塞於天地之間。其為氣也，配義與道；無是，餒也。」〔註39〕

寡欲，顯然是對治「物交物，則引之而已矣」的策略。孟子重視義利之辨，

〔註36〕宋・朱熹《四書章句集註・孟子・告子上》頁335。
〔註37〕宋・朱熹《四書章句集註・孟子・告子上》頁331。
〔註38〕宋・朱熹《四書章句集註・孟子・盡心下》頁374。
〔註39〕宋・朱熹《四書章句集註・孟子・公孫丑上》頁231。

認為人易為滿足私利，而行不義之舉，因此將利與義視為對立的關係，盼人不因私利而損害對仁義價值的堅持，乃至極端的提出「捨生取義」的說法，其實皆出自對人們以利害義的擔憂。

　　孟子認為，人越是寡欲，所存於心的仁義便越是堅定、剛強。可見養心，追求的是一種面對欲望，仍不改節操的堅強意志，稱之為「浩然之氣」。孟子曾以三種勇敢，說明其養心的理想境界，並引用曾子的言論，提出真正的大勇是：「自反而不縮，雖褐寬博，吾不惴焉？自反而縮，雖千萬人，吾往矣！」〔註40〕只要反身而誠、理直不屈，不論身分、位階的差距、阻撓，都應堅守正道、勇往直前。可見孟子的成善方式，是時時刻刻的自我內省，與欲望作對抗的過程。

（二）荀子：禮法與王教

　　荀子的性論，並非以人的本性為惡，而「性惡」之稱的來源，是因其從人的生理本能定義性，人為了滿足各種生理欲求，便可能趨向於惡：

> 今人之性，生而有好利焉，順是，故爭奪生而辭讓亡焉；生而有疾惡焉，順是，故殘賊生而忠信亡焉；生而有耳目之欲，有好聲色焉，順是，故淫亂生而禮義文理亡焉。然則從人之性，順人之情，必出於爭奪，合於犯分亂理，而歸於暴。故必將有師法之化，禮義之道，然後出於辭讓，合於文理，而歸於治。用此觀之，人之性惡明矣，其善者偽也。〔註41〕

　　荀子認為，人若不節度本身的生理欲求，依照趨利避害的本能、求之無盡的結果，必然引起爭奪動亂，故知放縱人性欲望，則行為必然趨向於惡。因此需要外在的禮義之道、後天的教化學習等人為調理，才能轉而為善。至於成善的方法，荀子提出定分養欲，以及依靠能辨知之心，學習聖人所立的禮義法度：

> 人生而有欲，欲而不得，則不能無求。求而無度量分界，則不能不爭；爭則亂，亂則窮。先王惡其亂也，故制禮義以分之，以養人之欲，給人之求。……君子既得其養，又好其別。曷謂別？曰：貴賤有等，長幼有差，貧富輕重皆有稱者也。〔註42〕

> 今人之性，固無禮義，故彊學而求有之也；性不知禮義，故思慮而求知之也。……今誠以人之性固正理平治邪？則有惡用聖王，惡用

〔註40〕宋・朱熹《四書章句集註・孟子・公孫丑上》頁229～230。
〔註41〕李滌生《荀子集釋・性惡》頁538～539。
〔註42〕李滌生《荀子集釋・禮論》頁417～419。

禮義哉？雖有聖王禮義，將曷加於正理平治也哉？今不然，人之性
惡。故古者聖人以人之性惡，以為偏險而不正，悖亂而不治，故為
之立君上之埶以臨之，明禮義以化之，起法正以治之，重刑罰以禁
之，使天下皆出於治，合於善也。〔註43〕

荀子認為，亂出自人的欲望、逐利之情未能得到適當的照顧或欠缺妥善的
分配，因此必先制定禮為區分，甚至立刑法以嚇阻不肖之行，這是屬於外在制
度上的管理。而在人的自律方面，則結合心與王教，提出人雖不內具仁義禮智
等善性，卻擁有具認識能力的心：

人何以知道？曰：心。心何以知？曰：虛壹而靜。……人生而有知，
知而有志；志也者，臧也；然而有所謂虛；不以所已臧害所將受謂
之虛。心生而有知，知而有異；異也者，同時兼知之；同時兼知之，
兩也；然而有所謂一；不以夫一害此一謂之壹。心臥則夢，偷則自
行，使之則謀；故心未嘗不動也；然而有所謂靜；不以夢劇亂知謂
之靜。未得道而求道者，謂之虛壹而靜。……虛壹而靜，謂之大清
明。……心者，形之君也，而神明之主也，出令而無所受令。自禁
也，自使也，自奪也，自取也，自行也，自止也。〔註44〕

荀子言心，並非如孟子以道德層面言心，而是就功能層面言心。心有抉擇
自主的能力，能主導個體的行為，所以心既是思慮的主宰，亦是行為的發起者。
其養心之法，是使心透過「虛壹而靜」的功夫，達到「大清明」的狀態。「虛」
為「不以所已臧害所將受之虛」，即是對新認識的事物、道理，能虛心接納、
不要有先入為主的偏見，而盲目排斥其他的觀念。「壹」為「不以夫一害此一」，
意指秉持專一的態度來學習。「靜」為「不以夢劇亂知」，意指能平息雜念、煩
憂，使內心維持在平靜的狀態。能做到虛、壹、靜的功夫，則能照察見理、服
膺正道，使心靈不受外在事物、內在欲求的蒙蔽。因此，善用心知的能力，學
習正道，便能使人為善，故主張聖人行禮義教化，使人民可透過學習，得到良
善的價值觀，從而導正其行為，最終歸止於善。

三、董仲舒的性論

董仲舒的性論，有兩項核心，一為並列仁貪之性，二為性可善而未善之說。

〔註43〕李滌生《荀子集釋・性惡》頁546～547。
〔註44〕李滌生《荀子集釋・解蔽》頁484。

透過天之陰陽架構，並列仁貪之性，可淡化孟子重義輕利的思想，使人性中逐利的部分合理化，目的在使統治者重視人民生活無虞的基本權利，此展現於其度制、官不與民爭利等主張，較偏近荀子以禮定分養欲的觀念。

性可善而未善之說，則是將性分為先天與後天二者，先天之性是「受未能善之性於天」，而後天之性為「受成性之教於王」。〔註45〕董仲舒並不完全承襲荀子性惡的觀點，他認為人天生有仁性，只是有待教化使之成善，藉此引出國君施行教化的必要。在重視王教的部分，董仲舒和荀子的觀點一致，但對人性有善質的觀點，則較貼近孟子的思想。

可知董仲舒的性論，兼取孟子的仁義善性與荀子的逐利之性，一方面要求統治者注重人民的生計問題。一方面主張人有善質，可靠君王導之向善。因此在成善的方式上，董仲舒捨棄孟子主張的個人存養功夫，而偏向荀子的聖人設教。因為若依孟子的性論，則性善不假外求，而是自我內省實踐的過程，雖然就心性修養的層面而言，孟子固然提高了人的自主理性，但相對就降低了君王導民向善的必要性〔註46〕，可見董仲舒的性論，完全是就君王施政的角度而設計的。

第三節　政策內容與執行策略

董仲舒極力強調「德主刑輔」治國方針，即是在其陰陽架構與性論的基礎上，建構出的以民為本、人性化的社會政策，而德政涵蓋的內容，有經濟、教化、法治等方面，以下第一部份先比較董仲舒主張的施政內容與儒家思想的呼應。第二部份再分析，為確保施政內容的順利推行，董仲舒提出的執行策略。

一、政策內容

（一）經濟與教化

董仲舒提出的「政有三本」，說明施政有先後次第，首重家庭倫理，繼之重視民生經濟，最終推行教化於天下。其先安頓經濟、再行教化的理念，與孔、孟皆可呼應。孔子曾提出先庶之、富之，後教之的理念。〔註47〕孟子亦言：

〔註45〕周桂鈿《董仲舒研究》（北京：人民出版社，2012年）頁55。

〔註46〕崔濤認為，又如孟子仁政，偏重「為民制產」，著重於人民基本生存問題，反而在導民向善方面較為不足。崔濤《董仲舒的儒家政治學》（北京：光明日報出版社，2013年）頁69。

〔註47〕宋・朱熹《四書章句集註・論語・子路》頁143。

若民，則無恆產，因無恆心。苟無恆心，放辟邪侈，無不為已。及陷於罪，然後從而刑之，是罔民也。……是故明君制民之產，必使仰足以事父母，……然後驅而之善，故民之從之也輕。〔註48〕

為民制產，是孟子實現王道思想的第一步，以經濟無虞為推行教化的前提。而人民明於禮義廉恥，則是忠於國君的前提。可見經濟、教化、得民心所歸，三者層層相關，最後才能實現晏平的國家氣象。而提升民生經濟的施作方式，則以減輕人民負擔、縮小貧富差距為主要訴求。

董仲舒在〈五行變救〉、〈五行順逆〉、〈五行相勝〉中反覆提及的減省賦稅、繇役，以及〈天人三策〉及《春秋繁露》中提出的官不與民爭利、設立度制、《漢書·食貨志》中所載限民名田等主張。其政策核心皆是節制上位者或既得利益者對社會資源的獨占，儘量使利可均霑，其民本色彩相當近於儒家理念。〔註49〕這與孔子：「不患貧而患不均，不患貧而患不安。蓋均無貧，和無寡，安無傾。」〔註50〕的觀念相同，皆指出國家安定的要件，是在經濟上能照顧所有階層的人。縮小貧富差距，目的在降低人們因比較而產生心理上的不滿足感，便能減少人們爭亂的現象，進而達到社會的和諧安定。而官不與民爭利的概念，也出現在《論語》中：哀公曾以時年飢荒，花用不足問於有若。有若建議行徹稅，即什一而稅，哀公以什二而稅猶嫌不足。有若應之以：「百姓足，君孰與不足？百姓不足，君孰與足？」〔註51〕更是明顯表現出民為國之本、上位者應以養民為心，不當將人民視作自我的私產、取利的工具。

然而董仲舒除了延續孔、孟對民生經濟的重視外，他嘗試將民本的理念，化為實際的政策，則更類似荀子制禮養欲的觀念。孔、孟雖皆呼籲君王重視人民的經濟條件，以及貧富落差可能導致社會不安的風險，亦提出「省刑罰、薄

〔註48〕宋·朱熹《四書章句集註·孟子·梁惠王上》頁211。
〔註49〕黃樸民認為董仲舒的政治思想仍以仁政為主，而仁政的核心為「為政以德」，如己立立人、汎愛眾等仁政思想。而仁政的載體則為禮治。董仲舒的仁政內容，結合孔、孟，皆重視安定民生，如「使民有恆產」、「足食」、節制對民眾之剝削，如「薄賦斂、省刑罰」等減輕民眾負擔的主張，穩定社會秩序，如「先富後教」、「導民以仁、摩民以義」等教化內容。其思想以民為本，合於孟子「民為貴」，荀子「天之生民，非為君也。天之立君，以為民也。」而落實仁政，具體操作則有「愛民讓利」與「喜怒有節」。愛民讓利，如度制、官不與民爭利、限民名田等政策主張。喜怒有節，則屬於君王自正的範疇。黃樸民《天人合一：董仲舒與兩漢儒學思潮研究》頁143～144、149。
〔註50〕宋·朱熹《四書章句集註·論語·季氏》頁170。
〔註51〕宋·朱熹《四書章句集註·論語·顏淵》頁135。

稅斂、深耕易耨」等解決方式〔註52〕，但這些理想是否能實現，仍多落於國君的良心自覺。但荀子將「養人之欲、給人之求」作為君王應制定的禮，欲使之外化為實際的制度。〈禮論〉提出，禮的核心要義有「分」與「養」，「分」即為別異，透過貴賤、長幼等社會階級確立等級制度，以妥適的分配公共資源；「養」，即為按其等級位階分配資源，使各階層雖有上下之別，但皆能各安其所，減少爭亂的出現。將理念制度化的優點，在於使人民的生計獲得更具體的保障。

　　董仲舒的主張，之所以更切近荀子，應是源於其性論的定義。董仲舒主張的仁貪之性，兼顧了義與利，使之在發展為政策制度上，有更堅實的理論基礎。〔註53〕相較之下，孟子雖有「為民制產」、「推恩保民」等利民思想，但在義利之辨上，總是對利持較明顯的排斥傾向，如認為君臣、父子、兄弟「懷利以相接，然而不亡者，未之有也。……懷仁義以相接，然而不王者，未之有也。」〔註54〕認為每個階層的人，若都講求利益，會導致「上下交征利，而國危矣。」的情況，因此孟子為了避免人們為求私利而行不義，在論述上明顯的重義而輕利。但董仲舒對利，則持優劣並列的觀點，藉由陰陽對應利義：「利以養其體、義以養其心」，使利在天人架構下得到了認可。在當時專制的社會體制下，貴賤階級的貧富差距懸殊、社會資源難以平均分配，因此執政者對民利的重視，便能順理成章地和先富後教的理念，與度制、不與民爭利的調均主張結合，成為養民的具體施政方向，或許可視之為在特權、貴族階級存在的時代裡，嘗試實踐社會正義的方式。

（二）法治

　　在法治方面，可由刑德配比，以及原心定罪兩方面理解董仲舒的法治理論。在刑德配比上，董仲舒主張德主刑輔。儒家的政治理念始於「為民制產」，再者是「齊之以禮」，這是養民、教民的仁政思維，但進入以刑法繩民的階段後，孔子與孟、荀便略有差異。孔子認為：「道之以政，齊之以刑，民免而無恥；道之以德，齊之以禮，有恥且格。」〔註55〕指出政令刑罰僅能治標不能治本，對刑

〔註52〕宋・朱熹《四書章句集註・孟子・梁惠王上》頁 206。
〔註53〕崔濤認為孟子的仁政思想，受其心性學說的影響，而多有侷限，如主倡心性仁義，故諱於言利，認為利有損於心性的陶冶，但其言論之中，仍不乏為君主謀利之意。崔濤《董仲舒的儒家政治學》頁 69。
〔註54〕宋・朱熹《四書章句集註・孟子・告子下》頁 341。
〔註55〕宋・朱熹《四書章句集註・論語・為政》頁 54。

罰持較貶抑的態度。董仲舒雖亦以刑為「政之末」，但有「權成」之效，刑與德是相輔相成的關係，其理路與孟子、荀子相同。《荀子·富國》提出：

> 故國君長民者，欲趨時遂功，則和調累解，速乎急疾；忠信均辨，
> 說乎慶賞矣；必先脩正其在我者，然後徐責其在人者，威乎刑罰。
> 三德者誠乎上，則下應之如景嚮，雖欲無明達，得乎哉！……故不
> 教而誅，則刑繁而邪不勝；教而不誅，則姦民不懲；誅而不賞，則
> 勤屬之民不勸；誅賞而不類，則下疑俗險而百姓不一。〔註56〕

在以刑罰繩民之前，國君應做到安養百姓的物質生活、君王正己以正人，得民心歸從後，才能施以刑罰。此與孟子認為民無恆產而違法犯紀，政府從而刑之是「陷民於罪」的觀念是一系相承。可見孟、荀皆認同刑罰有存在的必要，只是應在經濟安定、教化大行後才可施用，皆屬德主刑輔的觀念。

而在黃老思想中，亦有相同觀念，馬王堆《黃帝四經》說：「天德皇皇，非刑不行。穆穆天刑，非德必傾。刑德相養，逆順若成。刑晦而德明，刑陰而德陽，刑微而德章。」〔註57〕以及「春夏為德，秋冬為刑，先德後刑以養生。」〔註58〕其採用陰陽、主從的架構，說明德主刑輔的主張，與董仲舒的論述模式相同。可見董仲舒在愛民、養民的精神上延續了儒家的傳統，而以陽尊陰卑的模式推展出德主刑輔的理念，則明顯是承繼黃老思想而來的架構。透過天道陰陽的論述模式，應是欲藉此將德主刑輔的施政理念，提高到天理的層次。

原心定罪則屬於操作層面的主張。法家雖主張因情立法，卻又提出「正明法、陳嚴刑」〔註59〕主張重刑。因重罰的對象，及重罰能達到的示警作用，是法家的著眼點，韓非即提出：「重罰者，盜賊也；而悼懼者，良民也，欲治者悉疑於重刑。」〔註60〕且重刑的目的是「將以救羣生之亂、去天下之禍，使強不凌弱、眾不暴寡。」是為大局著想。相較之下，儒家執法，則側重倫理、感情，如「父為子隱，子為父隱，直在其中矣。」此處的「直」就是重視親親之義，蘊含「苟志於仁，無惡矣。」屬於動機論的判斷，而法家執法，則屬行為論。〔註61〕

董仲舒主張的原心定罪，以及前章所引《春秋決獄》案例，皆屬於儒家動

〔註56〕李滌生《荀子集釋·富國》頁215～216。
〔註57〕陳鼓應《黃帝四經今註今譯：馬王堆漢墓出土帛書·十大經·姓爭》頁325。
〔註58〕陳鼓應《黃帝四經今註今譯：馬王堆漢墓出土帛書·十大經·觀》頁276。
〔註59〕張素貞校註《新編韓非子·姦劫弒臣》頁275。
〔註60〕張素貞校註《新編韓非子·六反》頁1260。
〔註61〕張純、王曉波《韓非思想的歷史研究》（臺北：聯經，1983年）頁265。

機論的斷案方式。韓非曾批評「儒以文亂法」〔註62〕，法家定義「法」為：「憲令著於官府，刑罰必於民心」〔註63〕，以及「法不阿貴，繩不撓曲。法之所加，智者弗能辭，勇者弗敢爭。刑過不避大臣，賞善不遺匹夫。」〔註64〕，法家的法除了必須明文公布，也是講究公平、不分階級差異的。而董仲舒的原心定罪，則是侵犯了法的客觀性與公正性，是否破壞法治的公正性？曾暐傑認為：法治思維雖是出於公平正義的考量，但把法律當成評判正義與否的唯一準則，是相當危險的。他引黃光國教授之言指出，這是一種依據法律規範中的公平法則而形成的「工具性關係」。〔註65〕意指法家不別親疏、一斷於法的原則，要求人違背情感、舉報親人，其實是將人的行為與情感剝離，將人異化為沒有情感、僅為法律的公平性服務的工具。如果董仲舒藉天道的陽尊陰卑，鋪陳出德主刑輔的主張，可以提升法的超越性與獨立性，〔註66〕則其原心定罪的權變之道，則是延續了儒家親親的仁愛之情，顯出人治的色彩，希望兼顧法的公正性與人性中重情的一面。

二、執行策略

董仲舒所主張的施政方向，仍以儒家的民本思想為主，然而為了使政策能順利推行，則有賴更具體的操作策略與心法。韓非曾提出，在專制體制下，國君雖處於至尊之位，仍不免有所掣肘，如：「以一人之力禁一國者，少能勝之。」〔註67〕、「力不敵眾、智不盡物。」〔註68〕僅憑君王一人之身、一人之智，難以統御一國之眾與紛雜的思想。因此治國不能全賴君王事必躬親，而須尋求可供操作的策略、制度，將治國之事化繁為簡，以達到「明君無為於上，羣臣悚

〔註62〕張素貞校註《新編韓非子·五蠹》頁1353。
〔註63〕張素貞校註《新編韓非子·定法》頁1188。
〔註64〕張素貞校註《新編韓非子·有度》頁115。
〔註65〕曾暐傑〈我爸偷了七億贓款我應該舉報他嗎？「親親相隱」的當代哲學論辯（上）〉（《哲學新媒體「泛哲學」專欄》，2017.08.15，網址：https://www.philomedium.com/blog/80026）。
〔註66〕陳師麗桂說：「法家的理論中，君王是不納入法令的管制系統中，法令的制定也是為了國君的利益而設置，以維護國君的權利為前提，與黃老思想相較，法家的法較易淪為執政者的特權或工具。而黃老家，下降老子的道，去牽合刑名，也用刑名詮釋無為，則可以淡化法家苛刻寡恩的缺點」陳麗桂《戰國時期的黃老思想》（臺北：聯經，1991年）頁80～108。
〔註67〕張素貞校註《新編韓非子·難三》頁1106。
〔註68〕張素貞校註《新編韓非子·八經》頁1299。

懼乎下。」〔註69〕的效果。既能使羣臣悚懼，此無為而治，便不是真正的無為，而是一套御下之術以及制度化的法治操作。法家的政治理念講究實用性、目標導向，具有工具性思維，其中許多理念皆為董仲舒所採用。

（一）用勢

法家尊君，主張君王專勢、獨掌大權，如《管子》提出：「治亂不以法斷而決於重臣；生殺之柄不制於主而在羣下，此寄生之主也；故人主專以其威勢與人，則必有劫殺之患；專以其法制與人，則必有亂亡之禍。……故明法曰：專授則失。」〔註70〕韓非亦云：「偏借其權勢，則上下易位矣。」〔註71〕專授與偏借權勢，皆指君王將其威勢予人，造成君臣權力位階不明、上下易位的分權問題。蕭公權認為：「勢治之起，基於尊君，……中央集權，已成事實，則君之受尊，遂有不得不然之勢。」〔註72〕可見法家對君權的強烈維護及抬升，應與帝制的逐漸成型有關。

韓非在〈難勢〉補充慎到之說，提出國君因勢而能制天下，除了自然之勢外，尚重人設之勢。慎到主張的自然之勢，即為國君先天上因傳襲而得的君位。〔註73〕但韓非指出，依君王本身賢不肖之質，權位將扮演益其治或助其亂的角色，且不論是傳襲之位，或君王的素質，皆非可控制的因素，故韓非提出人設之勢。人設之勢指的是利於管理群眾、益於統治的方式。韓非的人設之勢，與儒家的理想不同。儒家認為勢如雙面刃，賢者得之則世大治；暴君得之則無異於為虎作倀，所以儒家相信人治重於勢治，治世必待聖君賢相。但韓非看重的，是透過人設之勢，使才智平庸的君王亦能以之善治國家，如抱法處勢、因人情立賞罰，並以之誘導人民。〔註74〕董仲舒的君王自正、五官職守等

〔註69〕張素貞校註《新編韓非子・主道》頁86。
〔註70〕李勉《管子今註今譯・明法解》（臺北：商務印書館，1988年）頁947。
〔註71〕張素貞校註《新編韓非子・備內》頁319。
〔註72〕張純、王曉波《韓非思想的歷史研究》頁120。
〔註73〕韓非於〈難勢〉云：「夫堯、舜生而在上位，雖有十桀、紂不能亂者，則勢治也；桀、紂亦生而在上位，雖有十堯、舜而亦不能治者，則勢亂也。故曰『勢治者，則不可亂；而勢亂者，則不可治也。』此自然之勢也，非人之所得設也。」張素貞校註《新編韓非子・難勢》頁1167。
〔註74〕韓非於〈難勢〉篇云：「抱法處勢則治，背法去勢則亂。今廢勢背法而待堯、舜，堯、舜至乃治，是千世亂而一治也。抱法處勢而待桀、紂，桀、紂至乃亂，是千世治而一亂也。……無慶賞之勸，刑罰之威，釋勢委法，堯、舜戶說而人辯之，不能治三家。夫勢之足用亦明矣，而曰必待賢則亦不然矣。」張素貞校註《新編韓非子・難勢》頁1167。

論述，仍符合儒家對聖君賢相的期待，但同時也採納了法家的勢治思想，如君尊臣卑、君王居陽行陰等理念。

韓非認為，國君之勢並非先驗的君權神授，而是眾力擁戴的結果：「人主者，天下一力以共載之，故安；眾同心以共立之，故尊。」〔註75〕君王的勢，除了「生而在上位」的血緣傳襲之外，君尊臣卑的形勢尚可透過後天加以強化，例如倫理觀的建構：「臣之所聞曰：『臣事君，子事父，妻事夫，三者順則天下治，三者逆則天下亂，此天下之常道也，明王賢臣而弗易也。』則人主雖不肖，臣不敢侵也。」〔註76〕韓非的思想中，已有三綱理念，此亦為董仲舒採用，而建立三綱的目的，在藉由尊卑之位，決定人倫間的主從關係，並以服從上位者的方式來維持人倫間的穩定關係。且依韓非論述，雖將君臣、夫婦、父子關係並列，說明以君、夫、父為尊的倫理觀，但對夫婦、父子關係並未再作說明，最終僅歸結於君臣關係，可見三綱理論，實以論述君臣關係為主，目的是提升君權，可視為強化國君自然之勢的策略，而父子、夫妻關係僅為陪襯，或是欲藉由親倫間已普遍存在於民眾心中的家庭倫常觀念，類比至君臣關係，以達到使君尊臣卑關係合理化的目的。

董仲舒採納法家絕對的尊君思想，提出「君不名惡，貶主之位，其罪宜死」的君臣觀，與韓非的觀念相近，《韓非子·說疑》提出，為臣者應當：

> 夙興夜寐，卑身賤體，竦心白意，明刑辟、治官職以事其君，進善言、通道法而不敢矜其善，有成功立事而不敢伐其勞，不難破家以便國，殺身以安主，以其主為高天泰山之尊，而以其身為壑谷釜洧之卑，主有明名廣譽於國，而身不難受壑谷釜洧之卑。〔註77〕

韓非稱此種臣子為「霸王之佐」，居於卑位，視君為至尊，行事勞而不怨，不矜其功，與董仲舒主張的臣兼功於君、臣須忠於君如體須順於心等觀念相同，皆將君權提升到高不可攀的高位，將臣屬貶至極卑屈的低位。反觀儒家，孔子提出：「君使臣以禮，臣事君以忠。」〔註78〕孟子更主張：「君之視臣如土芥，則臣視君如寇讎」〔註79〕，儘管社會階級上君尊臣卑的態勢不能改變，但孔、孟仍主張君、臣皆應各盡本分，相互敬重，這種君臣關係與法家相比，

〔註75〕張素貞校註《新編韓非子·功名》頁608。
〔註76〕張素貞校註《新編韓非子·忠孝》頁1409。
〔註77〕張素貞校註《新編韓非子·說疑》頁1209。
〔註78〕宋·朱熹《四書章句集註·論語·八佾》頁66。
〔註79〕宋·朱熹《四書章句集註·孟子·離婁下》頁290。

是相對平等的互動模式。陳師麗桂即指出，三綱論這種主張君王單向要求臣屬無條件的盡忠、輸出式的臣操，是法家的思維，這與先秦儒家致力讓國君明是非，不苟同君王之惡是不相同的。〔註80〕可見董仲舒對君臣關係的主張，向法家靠攏，而與孔、孟背道而馳。

（二）用術：人設之勢

相對於自然之勢，人設之勢則是以高明的政治手段或策略維護君權、便於統治。內容包括：配合賞罰的刑名考核術，以及君王潛御群臣之術。

1. 刑名考核

刑名，或作「形名」，是確立名位後，以其名位責其典職，作為國君對官員查核、黜陟的方式與依據。

早在黃老學說裡，已將定名立份、各盡其職的觀念，結合無為與法治，成為御下之術，說：「欲知得失，請必審名察形，形名恆自定，是我愈靜；事恆自施，是我無為。」〔註81〕又說「故執道者之關於天下也，無為也、無執也、無處也、無私也，……刑名已立、聲號已建，則無所逃跡匿正也。」〔註82〕以此作為君王考核臣下之方案。當循名責實的制度確立後，不僅可排除君王總攬眾事的辛勞、收君逸臣勞之效，亦可避免君王因私情而導致賞罰、任人不當的風險。韓非亦言：「形名參同，君乃無事焉，歸之其情。」〔註83〕法家藉由刑名的參驗，以掌握臣下的工作成效及實際能力，作為君王考核群臣之依據。並由此再發展出分職而治、專責專屬等行政細節，如〈二柄〉：「人主將欲禁姦，則審核形名，形名者，言與事也。為人臣者陳而言，君以其言授之事，專以其事責其功。」〔註84〕

黃老與法家，將名實的理念與管理臣下的方式連結，成為君王的御下之術。然而兩者的差異在於，黃老援引天道作為刑名論述的根源，而此種論述架構具有「使一切的統御術顯得愜理厭心。」〔註85〕的效果，使冷硬的核查制度

〔註80〕陳麗桂《秦漢時期的黃老思想》（臺北：文津出版社，1997年）頁194。
〔註81〕陳鼓應《黃帝四經今註今譯：馬王堆漢墓出土帛書・十大經・名刑》頁401。
〔註82〕陳鼓應《黃帝四經今註今譯：馬王堆漢墓出土帛書・經法・道法》頁56。
〔註83〕張素貞校註《新編韓非子・主道》頁85～86。
〔註84〕張素貞校註《新編韓非子・二柄》頁124。
〔註85〕陳師麗桂說：「在先秦的黃老學說裡，名、法、道皆屬核心的重要議題，甚至是論「道」的最終目的。因為，抽象的道，若要在人事社會、具體政治運作上產生功能，就必須下降為刑名、法術。論天道的目的是定名分，在政治上架構起一套職責分明的政治原則。使一切的統御術顯得愜理厭心。」陳麗桂《戰國時期的黃老思想》頁68。

有較溫和的面貌，是典型的因道全法、對法家思想的緣飾。相對於黃老以道為緣飾，法家的刑名思想與其人性觀一脈相承：「凡治天下，必因人情。人情者，有好惡，故賞罰可用，賞罰可用，則禁令可立而治道具矣。」〔註86〕以人性為利用的基點，將賞罰作為控制臣民的工具，顯得較為無情、重視功利：

> 明主所以導制其臣者，二柄而已矣。二柄者，刑德也。……為人臣者畏誅罰而利慶賞，故人主自用其刑德，則群臣畏其威而歸其利也。……君執柄以處勢，故令行禁止，柄者，生殺之制也；勢者，勝眾之資也，廢置無度則權瀆，賞罰下共則威失。〔註87〕

法家認為，人性是「自為」〔註88〕、「好利惡害」〔註89〕的，所以立法的依據必須順應這樣的人性，如商鞅以爵祿作為君王誘導人民的餌食：「凡人主之所以勸民者，官爵也。」〔註90〕韓非則析之為德刑、賞罰。且法家以利作為人行動的唯一依據，所以主張君王應壟斷賞罰之權，才能確保其勢。如果國君「聽其臣而行其賞罰，則一國之人皆畏其臣而易其君、歸其臣而去其君。」〔註91〕可見，賞罰之為術，除了以此驅使臣屬，亦是維護君王權勢的工具。君臣之間既以利相接，因此韓非否定君臣間以道德相待的觀念：

> 治強生於法，弱亂生於阿。君明於此，則正賞罰而非仁下也。爵祿生於功，誅罰生於罪，臣明於此，則盡死力而非忠君也。君通於不仁，臣通於不忠，則可以王矣。〔註92〕

韓非認為，國君之所以能統御臣民，不是依靠仁義道德，而是能掌握人「自為」的逐利本性，設立賞罰以驅策臣子的行動，藉此達到君王「為己」的目的，可見法家不將品德作為任官的依據。君臣互動不講君王的賢明仁愛、臣下的忠貞之德，皆以利為核心，倚賴賞罰作為禁制或驅使臣下的動力。這是法家的人性論必然導出的統御術：輕視品德、厚賞重罰、一斷於法的觀念，形成

〔註86〕張素貞校註《新編韓非子·八經》頁1295。
〔註87〕張素貞校註《新編韓非子·二柄》頁119。
〔註88〕周·慎子撰；高流水譯注《慎子·因循》：「因也者，因人之情也。人莫不自為也，化而使之為我，則莫可得而用矣。……故用人之自為，不用人之為我，則莫不可得而用矣。此之謂因。」（臺北：臺灣古籍，2001年）頁37。
〔註89〕張素貞校註《新編韓非子·姦劫弒臣》：「夫安利者就之，危害者去之，此人之情也。」頁265。
〔註90〕貝遠晨注譯；陳滿銘校閱《新譯商君書·農戰》頁23。
〔註91〕張素貞校註《新編韓非子·二柄》頁119。
〔註92〕張素貞校註《新編韓非子·外儲說右下》頁981。

「嚴而少恩」的管理模式。

董仲舒的思想，延續了荀子以禮作為定份養欲的準則，並發展為度制、官不與民爭利等顧及社會正義、讓利於民的政策。而同時在政治管理層面上，主張明尊卑、別貴賤、強幹弱枝等強調階級名分的觀念，體現了專制制度下的等級次第及各自職分，雖仍屬「禮」的展現，但在君臣互動上卻欠缺相對平等的對待關係，且以禮為顯貴之工具，配合賞罰作為驅使臣民的手法，則較偏離孔孟的論調，而較具有法家的色彩。

董仲舒延續了法家的刑名理念，同時也繼承、發展出許多操作細節，如因任授官，承襲了「明君之道，使智者盡其慮，而君因以斷事，故君不窮於智。賢者敕其才，君因而任之，故君不窮於能。」〔註93〕可見人臣之勢，也就是替國君斷事的勢，亦即職權。〔註94〕而在考核上，不僅憑單一事件為斷，以求更公正客觀的結果，與韓非：「偶三伍之驗，以責陳言之實」〔註95〕概念相同。而循名定份、各居其職的理念，董仲舒將其發展為五行五官的分職而治，並加上官職間彼此制衡的機制。

而董仲舒重視德與威，以此為國君勢之來源，亦近於韓非的「二柄」，兩者雖皆以君王應固守賞罰之權作為維繫君權的方式，但其間差異為，韓非僅以二柄作為「驅民」的手段，且主張厚賞重刑。但董仲舒則提出德、威之施，必須合於「中和」原則，而維持中和的關鍵，則指向國君自身的修養，此觀念則合於儒家為政以德、內聖外王的原則。

2. 心術：潛御明察、修飭君德

董仲舒認為，順利推行政策的要素，除了建立君尊臣卑的君臣關係，還須依靠國君的心術。國君應有的心術有二：（一）君王以靜制動，不露喜惡、暗中觀察臣屬的御下之道；（二）君王維持情緒的中和狀態，使發出的賞罰適度合宜。

（1）潛御明察

法家反對神秘之說，韓非認為：「用時日、事鬼神、信卜筮而好祭祀者，可亡也。」〔註96〕，並提出：「凡術也者，主之所以執也；法也者，官之所以

〔註93〕張素貞校註《新編韓非子‧主道》頁86。
〔註94〕張純、王曉波《韓非思想的歷史研究》頁110。
〔註95〕張素貞校註《新編韓非子‧備內》頁314。
〔註96〕張素貞校註《新編韓非子‧亡徵》頁292。

師也。」〔註97〕指出治國不應迷信鬼神之說，他相信治國應有客觀的依循準則：「法」，還須注重具體的操作策略：「術」。因為法的運用雖廣，但國君若無術以駕馭臣下，則法可能被奸臣利用以僭奪君權，因此主張「臣有姦必知，知者必誅，是以有道之王，不求清潔之吏，而務必知之術。」與其尋求節操清高之臣佐，不如君王明察臣屬心思，使之不敢為姦。

君王明察臣屬的方法有二，一為前文所述的循名責實，使行政成效無所隱蔽，務察臣之能；一為君王不現好惡，使臣下無從迎合，使君王能以靜制動的潛御之術，此則務察臣之忠奸。韓非描述此以靜制動之術為：「術者，藏之於胸中，以偶眾端，而潛御其臣者也。故法莫如顯，而術不欲見，是以明主言法，則境內卑賤莫不聞知，用術，則親愛近習莫之得聞也。」〔註98〕若將韓非的「術不欲見」與「法莫如顯」對比，可知法家在法律、制度上重視客觀事實，反對主觀心治。但在統御臣屬、處理君臣關係上，則主張君王暗運機智、操控臣下於其不察之中，相對於具體的制度，此則偏向心術的運用。

韓非提出潛御臣屬的原因是：「上明見，人備之；其不明見，人惑之。其知見，人飾之；其不知見，人匿之。其無欲見，人司之；其有欲見，人餌之。」〔註99〕、「好惡見，則下有因，而人主惑矣；辭言通，則臣難言，而主不神矣。」〔註100〕法家認為，人會被利害好惡所驅使，君王也不例外。因此，為避免君王被掌握心思或欲求，給臣下操控自己的機會，因而喪失獨立性，所以主張君王應隱藏自身的喜好、想法，只要心思不被聞知，臣下便沒有可乘之機，君王的權勢便可得而穩固。

由此可知，法家欲藉由法與術，作為治國可依循的客觀依據，以及穩固君權、操控臣下的手段。主張君王的心思應靈活運用於制度面與精神面上。在制度面，君王須明察臣屬之能、任職績效，並且訂立能夠驅策臣民的賞罰制度，接著便讓法規制度運作，以達到有效率的統治。在精神面上，君王應隱藏心思、喜怒，使臣下不敢欺隱，藉此達到君無為而臣無不為的君逸臣勞狀態，不論法與術的使用，都是為了達到勢治的目的，以確保君權不旁落他人，這是法家式的無為而治。

無為而治的觀念，自老子起，法家、黃老與儒家都有相關論述，但也都略

〔註97〕張素貞校註《新編韓非子·說疑》頁1200。
〔註98〕張素貞校註《新編韓非子·難三》頁1133。
〔註99〕張素貞校註《新編韓非子·外儲說右上》頁941。
〔註100〕張素貞校註《新編韓非子·外儲說右上》頁914。

有不同。在老子的論述中，原指國君治國理民，應如烹小鮮，不多加干預。至黃老與法家，皆改造老子無為的本意，轉為以反求成的操作手法。法家以法、術使君王握權處勢，可以逸待勞。黃老思想則提出：「以強下弱，何國不克？以貴下賤，何人不得？」〔註101〕、「作爭者凶，不爭亦毋以成功。」〔註102〕可見其守柔、處後、不爭是一種手段，最終仍要求取主導的地位、勝利的結果，與法家皆明顯具有野心與爭勝的意圖。而儒家的無為而治，則與老子、黃老、法家截然不同。孔子曾盛讚舜是無為而治的典範，並說明舜之治是「恭己而正南面而已矣。」〔註103〕可見儒家的無為，是不講心術謀略的，認為治天下是「政者正也。子帥以正，孰敢不正。」〔註104〕的典範政治。

　　董仲舒思想與法家的會通處，如以人情好惡為驅使臣民的工具：「民無所好，君無以權也；民無所惡，君無以畏也。」〔註105〕與韓非：「凡治國必因人情，人情者有好惡，故賞罰可用。」〔註106〕相同。另董仲舒主張「德不可共，威不可分」，以及君臣關係是君處陽位而行陰之事，使臣無以觀其情；臣則居陰位而向陽、呈露己情，亦與法家的潛御之術相同，可與執賞罰二柄以處勢之說相呼應，皆是避免國君因「喜見則德償，怒見則威分」〔註107〕，皆以維護君權為目的。然而董仲舒重視的君王自正以正萬民，以及君王須持守中和之道以行賞罰，則又明顯具有儒家式為政以德的觀念。

　　（2）修飭君德

　　董仲舒論仁政，不僅包括制度層面，更注重君德的修飭。制度層面，如執法上原心定罪的主張，便有將完全客觀的依法為治，導向人治的權變空間。在修飭君德的層面，如〈天人三策〉中強調的君為國之元、君王自正以正百官，以及《春秋繁露》中提出的君王五事、賞罰須合於中和等主張，皆可見董仲舒政治思想中的人治、德治色彩。

　　相對於法家認為仁義道德不值得依憑，而專以法制規章、心機權謀的方式治國御下，儒家則相當重視君王的賢能品德。《論語》多次提及君德之重要，

〔註101〕陳鼓應《黃帝四經今註今譯：馬王堆漢墓出土帛書‧經法‧四度》頁163。

〔註102〕陳鼓應《黃帝四經今註今譯：馬王堆漢墓出土帛書‧十大經‧姓爭》頁323。

〔註103〕宋‧朱熹《四書章句集註‧論語‧衛靈公》頁162。

〔註104〕宋‧朱熹《四書章句集註‧論語‧顏淵》頁137。

〔註105〕漢‧董仲舒撰；清‧凌曙注《春秋繁露‧保位權第二十》頁96。

〔註106〕張素貞校註《新編韓非子‧八經》頁1295。

〔註107〕張素貞校註《新編韓非子‧八經》頁1296。

如：「修己以安百姓。……堯舜其猶病諸！」〔註108〕、「不能正其身，如正人何？」〔註109〕、「君子篤於親，則民興於仁；故舊不遺，則民不偷。」〔註110〕、「上好禮，則民莫敢不敬；上好義，則民莫敢不服；上好信，則民莫敢不用情。夫如是，則四方之民襁負其子而至矣，焉用稼？」〔註111〕可見儒家認為天下萬民的風俗氣質，皆取決於上位者的品德以及行事正派與否。若能以德治國，人民將爭相奔赴投靠。因此儒家認為擴張國土、吸引人口移入，並非依靠武力，而是文德的軟實力。儒家將治國的成敗，歸於君德的培養，而德行的養成，終不離反求諸己。

董仲舒提出的君王自正內容，如君王五事，顯然出自《尚書·洪範》九疇中的五事：「一曰貌，二曰言，三曰視，四曰聽，五曰思。貌曰恭，言曰從，視曰明，聽曰聰，思曰睿。恭作肅，從作乂，明作哲，聰作謀，睿作聖。」〔註112〕《論語》亦有類似說法：「君子有九思，視思明、聽思聰、色思溫、貌思恭、言思忠、事思敬、疑思問、忿思難、見得思義。」〔註113〕都提出君王為政、待下，態度舉止應莊重恭謹；發號出令皆應出於慎思、適宜可行；有明察是非賢愚的智慧，與廣納諫言的胸襟等對君王品德、行為的期許。而「中和」的觀念，則可與〈中庸〉相參照：「喜怒哀樂之未發，謂之中；發而皆中節，謂之和；中也者，天下之大本也；和也者，天下之達道也。致中和，天地位焉，萬物育焉。」〔註114〕人天生具有喜怒哀樂等情緒，在未受外在事件引動產生之時，僅作為一種人本有的能力，這是「中」的狀態。當情緒被牽引而外發顯露之時，情感的表現若能不偏不倚、合宜適度，即為「和」的境界。而董仲舒將此作為君王發喜怒、行賞罰時，審度其情緒及決策是否合宜適當的自我覺察依據，以此作為君王自律的準則，這些皆是董仲舒對儒家思想的留存。

小結

董仲舒的思想，把儒家思想和陰陽家、墨家、法家等學說結合為一套政治學的系統。他的天論，有兩種面向：一為天命觀，此說賦予天以情感、意志，

〔註108〕宋·朱熹《四書章句集註·論語·憲問》頁159。
〔註109〕宋·朱熹《四書章句集註·論語·子路》頁144。
〔註110〕宋·朱熹《四書章句集註·論語·泰伯》頁103。
〔註111〕宋·朱熹《四書章句集註·論語·子路》頁142。
〔註112〕清·孫星衍撰；陳抗、盛冬鈴點校《尚書今古文注疏·洪範》頁297～299。
〔註113〕宋·朱熹《四書章句集註·論語·季氏》頁173。
〔註114〕宋·朱熹《四書章句集註·中庸》頁18。

可用於確立政權的神聖性，有復返周初的人格神思維，或雷同於墨家天志的觀念。二為將天分化為陰陽、五行，運用此架構論述人間施政的方向或規制，以天道論治道，使施政理念可依憑天道，獲得合理根據，具有陰陽家及黃老思想的特質。

其人性論仍依違於儒家思想中，亦可別為兩面向，一為擷取孟子性善說與荀子性惡說，以人本具仁貪二性，藉此提出君王有養民之責。二為結合孟子性善說與荀子的聖王設教說，提出人有善質，但須待教化而善，提出君王有教民之責。綜合養民、教民的施政方向，構成其「德主刑輔」政治理論的基礎。而德主刑輔理念中的「德」政，則包括先富後教、先教後刑、原心定罪等主張，皆蘊有儒家重視德治的特質。

且為確保政策能被順利執行，董仲舒特別重視臣屬對君令的絕對遵守，以及君王個人品德的修養。在君臣關係上，為達到下對上的絕對服從，提出陽道制命的觀點，似於法家的勢治觀念。為達成勢治，董仲舒延續法家三綱說，主張絕對的君尊臣卑，強化君權的至高性。同時採納法家的「術」，以達到君逸臣勞的統治效果，如以好利惡害之情，配以賞罰驅策臣民，以循名責實的考核法、分職而治的五官制度作為管理臣下的方式，以及以潛御群臣的策略，使之畏恐而達到下不瞞上的效果，這些皆深具法家的統御思想。但董仲舒除了要求臣屬絕對的尊君，亦不放任君權無限上綱，因此主張君王應修德自正，如君王五事，以及賞罰須合於中和之道的觀念，則又明顯具有儒家的色彩。

綜上所述，董仲舒所主張的政策內容以儒家為本，而為提升其說的合理性，選擇以天道陰陽作為緣飾。而在實際的操作、執行上，則多採法家的理論。但不論是政策的擬定、對待臣民的方式，最終仍歸本於國君品德的自律，其政治思想，仍依循著儒家內聖而外王的理念。

第六章　結　論

第一節　漢代對君權的反思及調整

　　學界對董仲舒變化儒學的批評，多在於其棄守心性獨立、自省反善的道德獨立性，以及以陰陽、五行、災異之說，大幅削減了儒家人文理性的色彩，且開啟後世讖緯迷信之風。而其轉變孔孟以來的君臣相對關係，成為君為臣綱的單向要求，也抹消了荀子「從道不從君」的儒學堅持。但若返回當時的歷史脈絡、時代因素，便應給予當世學者更多同理。

　　公孫弘因能「緣飾以儒術」而得漢武帝賞識、漢宣帝亦言：「漢家自有制度，本以霸王道雜之，奈何純任德教，用周政乎？」相較之下，先秦的學者所處的封建時代，各國無不爭相網羅人才以壯大國力，如揚雄形容先秦的環境是：「士無常君，國無定主，得士者富，失士者貧。矯翼厲翮，恣意所存。故士或自盛以橐，或鑿培以遁。是故鄒衍以頡頏而取世資，孟軻雖連蹇，猶為萬乘師。」〔註1〕在那國家間高度競爭、亟需人才的時代，對各家學術思想的接納度，與對學者的禮遇和包容都遠高於漢代，揚雄因此流露出對當時環境的欣羨之情。漢代學者處於一統專制的時代，缺乏先秦「游於諸侯」的條件，自然須順應時勢而有所改變。因此，班固在《漢書》評述董仲舒：「治公羊春秋，始推陰陽，為儒者宗。」或許，董仲舒推演陰陽、五行之說，也是為了推闡其政治思想，以獲取國君重視。

〔註1〕梁・蕭統編；唐・李善注《文選・設論・揚子雲解嘲》（上海：上海古籍出版社，1986 年）頁 2006～2007。

　　儒學有著淑世的理想、積極入世的精神，這注定了它能與世方圓的彈性。凡是求用的學術，都勢必關注當代的社會需求，作出一定程度的調整與應合。董仲舒為了讓儒學躋身政治舞台所作出的改變，包括在君臣關係上的尊君卑臣、在天論上復返神權信仰，可能即是為順應當代的時潮。因此，回探漢代的社會因素，及〈天人三策〉中的武帝策問，或能理解他如此建構理論的原因。

一、漢初的社會因素

　　董仲舒主張的神權化的天論，以及君尊臣卑的關係界定，實出於對權力的反思。在周、秦的歷史借鏡下，漢對君權的拿捏有所斟酌。秦鑒於周因分封諸侯，最終導致地方反噬中央權力，在法後王的呼聲中，廢封建、行郡縣，歷史發展至秦，是擁護了絕對的君權。但時至漢代，鑒於秦的二世而亡，反省出更多問題，包括高度法家統治的失敗、君王權力擴張、不受節制的負面影響、任人不賢而生的治國危機，繼而產生了對絕對君權的質疑。因此，在〈天人三策〉的策問中，召集儒生，詢問治國勞逸之殊，便涉及了對儒家、法家、黃老治國意識形態的選擇疑慮，這些皆屬於對絕對君權，及緣飾之法的折衷考量。

　　漢初行黃老治術，以治道法天，藉人事與自然大化的對應，作為施政準則，正能降低法家張揚君權的弊失。漢初政治意識形態的選取，反映了不僅學術思想需要有所改造以適應時代變化，政權也會為了自身的穩固及存續而進行調整。

二、〈天人三策〉的策問

　　武帝雖召集儒生對策，但在策問中，主動提問天人之際，可見天人關係是武帝關切的焦點。

　　整理董仲舒有關天概念的闡述，包含：天以愛民為心，故施政應有視民如傷的慈悲襟懷；天的陰陽運行，顯示了施政原則，故聖王之治應德主刑輔；《春秋》中「春王正」的語序，指出君王是承天意以化民的樞機，故君王施政應先正己，而後才能正天下；《春秋》中的災異紀錄，是對應不當施政而出的警示，故應以災異為警惕、法《春秋》的施政理念，方能合於天意。可見其天論，兼採周初及墨家神權之天，以及黃老思想中治道法天的觀念，又藉《春秋》中的災異記錄，將儒家思想帶入漢朝的天人災異觀念中。

　　災異之說，雖與孔子「不語怪力亂神」、「未能事人，焉能事鬼？」這類存而不論的態度相距甚遠，但二者皆歸本於欲人反求諸己，並且掌握人事的主動

性。董仲舒在解釋歷史朝代更替時，以「三統說」將孔子及《春秋》視為新王、將《春秋》定位為治世經典，提升了儒家典籍的地位。且《春秋》雖載有聖人對隱微天意的體察，但表現出來的形式卻是「微言」，因此《春秋》大義，唯有潛心鑽研的儒者可得要旨。儒者透過研讀、領會春秋之義，進而輔佐君王實現理想之治，亦可使儒學及儒生在政治場域上的位置更為穩固。

董仲舒處於天人思想盛行之時，以《春秋》及其中災異紀錄為橋梁，連結天意與儒家仁政，綰合神權與德治，既能發揚儒家仁政主張，亦能順應當代思潮，使儒學與政治進一步結合。這樣的理論結構，雖對儒家思想有所改造，但可能正是使儒家脫離先秦以來往往被執政者置之高閣，轉而在政治上佔有一席之地、受到青睞的一項原因。

第二節　從道與從君的平衡

董仲舒的所有主張，皆可收束於其天人論中。其天人論，是結合神權與自然運行法則的複合體，並各有所用：神權之天主要用於對應權力關係；自然運行規律，則用於推闡施政方向。

從董仲舒的天論內容，可看出其試圖在從道與從君之間維持平衡。維護君權的主張，展現在由陽尊陰卑推展出的君臣觀，如三綱說、德威之說，以及鎔鑄法家思想的潛御之術，其目的皆是申明君尊臣卑的道理，達到尊君的目的。

在從道方面，則以「受命說」結合天命與仁政，描繪出以愛民為心，能予奪君權的人格化之天。藉此將至高的君權，與愛民之政綰合為一，以此界定君王的權利與義務。君王雖享有至尊地位、獨佔天下資源的權利，但它必須建立在善盡愛民、養民的義務上，否則，天命必將政權轉移給有德之人。可見董仲舒的天論，雖棄守了孟子義理之天與荀子物理之天，復返了周初的宗教性思維，但這是為達到警惕人君的目的。因此，這番對天論的改造，應視為在君權的擴張與限制中尋求平衡的策略。

天論之外，透過〈天人三策〉中董仲舒的回應，也可略見其於從君、從道間試圖尋求平衡。在策問中，武帝的關注點包括天人符應的問題、國勢漸變之端苗，而在較具體而微的方向，則提出影響民風的因素，諸如：人民仁鄙之性、法律與治安的關聯、官員品質良窳不齊的問題；在宣揚國威上，則有以禮顯貴，以及內欲平治、外欲擴張的野心。

　　董仲舒將這些分散的問題，整合為「王道之始」與「王道之終」的一套本正末應的過程，「王道之終」是施行正道、以德為教，國家文德昌盛，則四方民族自然來歸，由此委婉否定了武力征伐的政策，並將治國要件轉向「王道之始」，包含德主刑輔及君王自正兩個面向。德主刑輔的主張，除了源自陽尊陰卑的架構，更融入複合孟荀的性論，以仁貪之性為基礎，提出君王有養民、教民，使民性臻至於善的責任。其對儒家性論的持守，可發展出較人性化的管理方式，取代秦朝嚴而寡恩的法家治術。在德主刑輔的大方向下，包含先富後教、先教後刑、原心定罪等管理方式，皆展現出儒家敦厚慈愛的一面。除施政概念外，董仲舒亦提供了較明確具體的政策，如教化方面，提出設置太學、庠序的教育機構，進行仁義禮等品德教育，並作為培育人才的基地。而為保障教化推行成功，延伸出選才任官問題，提出了人才分級、循名責實、五官分職等理念。在降低犯罪方面，結合經濟因素，提出了度制、限民名田、不與民爭利等追求均庶的策略。在斷獄上則提出原心定罪的主張，欲兼顧情理法之平衡。

　　而在回應禮制繁簡何者為宜之問，董仲舒並未提出何者為宜，而是指出禮制的施用，除了改制以宣示政權外，其餘儀文之制，各有適宜定制，在禮的制定、施用上不應廢置或過於鋪張。接著便轉言禮在別異定份、勸民選才上顯現的實用價值。可見其並非將禮純然作為君王顯貴的表飾，而是祈使武帝以更全面的眼光看待禮制的施用。

　　在君德修飭方面，相較法家主張利用策略，使平庸之主亦能治國、極端重視御下之術而不甚重視君王品德修養，董仲舒則高度重視君王的德行，提出君為國之元，應注重貌言視聽思五事，及喜怒賞罰的中和之道，此皆強調國君的言行舉措合宜適當才是治國的根本，屬於儒家由內聖而外王的思想。

　　董仲舒回應武帝關注的問題、探究問題的癥結，諸如治安與品行教育的關聯、社會資源分配與社會正義、官吏的品質與培育拔擢依據、君王正己以正人等層面，可見其主張，多是出於對社會狀況的深入觀察，並試圖提出「有效」的解決之方。其思維中，除了保留儒家重德治、重人治的痕跡，也多有採納法家部分理念作為操作策略，以求獲取治國的實效。然而其實踐仁政的方式，無論教化、法度，其核心仍是以愛民為意，而非以刑為治，可視為儒家德治理念在現實層面的制度性顯化。為了將儒家理念與現實政治融合，董仲舒試圖提供更具體的操作方式，以填補理想到實踐之間的空缺。

　　雖然漢代政治底下的運作仍多以法家治術為主，但自武帝時期開始，始終以儒家作為表層意識型態的正宗，可見漢儒變化儒學進入政治是成功的。黃樸民認為，董仲舒將法家思想包裹於陰陽家的學說中，如德、威之運用，即屬於法家「勢」的概念，而「臣兼功於君」之說，也等同法家「臣施其勞，君收其功」的主張。且汲取法家循名責實、一斷於法等政治上的具體操作，遠比「迂闊於事情」的儒家來的高明。〔註2〕漢儒對儒學的轉化，雖仍不敵法家始終是最受求集權於一身、求富國強兵的君王青睞的現實，但仍使儒學達到了先秦儒者未曾到達的地位。

第三節　理論建構之手段與目的

　　董仲舒的思想，保存了儒家的性論，以及愛民、養民的仁政主張，以及內聖外王的正人正己思想。在承繼儒家思想之外，參酌了周初、墨家的天論成為其神權之天；採納了陰陽家、黃老道家以自然律則論治道的理路，皆以天限制或界定君王的職責。最後參採了法家對君權的維護，以及施政上較具體的操作策略。崔濤認為，漢代以儒家與法家的思想互補，儒家提供內蘊價值，法家則提供工具性思維，陽儒陰法的施政方式，便是著眼於內在精神與外在實際操作功效的兼顧。〔註3〕

　　如果提升君權，是帝制成形後必然的需求，則董仲舒在君臣關係上改變先秦儒學的主張，是引領儒家進入政治實務的關鍵，但其主張的施政理念，以及對君王品德的重視，仍保留著儒家民本的基本教義。而對法家思想的採納，則多為確保行政專業及效率的具體策略。可見其神權之天人論與陰陽五行的架構，是以天的高度制約君王的施政方向與尺度，法家思想是出於執行上的需求，但核心內容仍以儒家愛民之意為本。

　　從先秦諸子的學說可知，對人性的定義，必然影響其導人向善的方式。從孟子的性善論，導向期盼人理性自覺；荀子的性惡論，重視禮法對人的別異與管理。法家則認為，人只有不可改變的「自為自利」之性，只能以厚賞重罰驅策之。由此筆者相信，當我們對人性持有越高度的信心時，我們對待、管理他人的心態與方式也必將更為體諒與溫和。

〔註2〕黃樸民《天人合一：董仲舒與兩漢儒學思潮研究》頁94。
〔註3〕崔濤《董仲舒的儒家政治學》頁157。

　　如崔濤引干春松之言，認為漢代以儒家為官方意識形態，是對法家的反動。干春松認為法家「不法古」的思想綱領，是過於激進的。因為「古」代表了一個民族長期發展而形成的習俗甚至是思維模式，而法家對儒家法古的批判，其實象徵了對整個社會習俗的挑戰。秦代創立的許多新制未必不佳，但在運作模式上卻未獲得成功，最終趨於滅亡的教訓，讓繼起的漢代在前車之鑑下，選擇以儒家的傳統價值作為支撐，才能順利延續其極權專制的制度。〔註4〕

　　雖然後世對董仲舒及漢代思想的評價不甚高，認為董仲舒讓儒學充斥迷信色彩、使儒學思想劣化、退步，甚至引發後世讖緯迷信之不良風氣。但筆者認為，天人災異的迷信理論是出自當代現實因素下所採取的手段，而促使國君善養人民、施行仁政才是其目的。不應誤以手段為目的，也不應以後學末流的歪曲，便推翻董仲舒的思想價值、忽略其在具體施政方針上融入儒家思想，使儒學貼近政治實務的努力。

〔註 4〕崔濤《董仲舒的儒家政治學》頁 156～158。

徵引文獻

一、古籍

1. 周・左丘明撰；晉・杜預集解；李夢生整理《春秋左傳集解》，南京：鳳凰出版社，2010 年。
2. 漢・司馬遷撰；（日）瀧川龜太郎考證《史記會注考證》，臺北：文史哲出版，1993 年。
3. 漢・董仲舒撰；清・凌曙注《春秋繁露》，臺北：臺灣商務印書館，1976 年。
4. 漢・董仲舒撰；清・馬國翰輯〈經編・春秋類・春秋決事一卷〉《玉函山房輯佚書》，北京：北京大學圖書館，2001 年。
5. 漢・班固撰；唐・顏師古注《漢書》，北京：中華書局，1962 年。
6. 漢・班固撰；唐・顏師古注；清・王先謙補注《漢書補注》，上海：上海古籍出版社，2008 年。
7. 漢・荀悅《前漢紀》，臺北：華正書局，1974 年。
8. 梁・蕭統編；唐・李善注《文選》，上海：上海古籍出版社，1986 年。
9. 宋・洪興祖《楚辭補注》，臺北：大安出版社，1995 年。
10. 宋・章樵注《古文苑》《國學名著珍本彙刊》，臺北：鼎文書局，1973 年。
11. 宋・朱熹《四書章句集註》，臺北：鵝湖出版社，1984 年。
12. 宋・朱熹撰；廖名春點校《周易本義》，北京：中華書局，2009 年。
13. 清・孫星衍撰；陳抗、盛冬鈴點校《尚書今古文注疏》，北京：中華書局，1986 年。

14. 清‧王聘珍撰；王文錦點校《大戴禮記解詁》，北京：中華書局，1983 年。

15. 清‧陳立《公羊義疏》，上海：商務印書館，1937 年。

16. 清‧郭慶藩輯；王孝魚點校《莊子集釋》，臺北：華正書局，2004 年。

17. 清‧廖平撰；郜積意點校《穀梁古義疏》，北京：中華書局，2012 年。

18. 清‧蘇輿《春秋繁露義證》，北京，中華書局，1992 年。

19. 清‧陳柱《孝經要義》，上海：商務印書館，1936 年。

二、近人論著

（一）董仲舒類

1. 賴炎元《春秋繁露今註今譯》，臺北：台灣商務，1984 年。

2. 周桂鈿《董學探微》，北京：北京師範大學出版社，1989 年。

3. 華友根《董仲舒思想研究》，上海：上海社會科學院，1992 年。

4. 曾振宇、范學輝《天人衡中——〈春秋繁露〉與中國文化》，開封：河南大學出版社，1998 年。

5. 馬勇《曠世大儒：董仲舒》，石家莊：河北人民出版社，2000 年。

6. 鄧紅《董仲舒的春秋公羊學》，北京：中國工人出版社，2001 年。

7. 漢‧董仲舒撰；鍾肇鵬主編《春秋繁露校釋（校補本）》，石家莊：河北人民出版社，2005 年。

8. 許雪濤《公羊學解經方法：從《公羊傳》到董仲舒春秋學》，廣州：廣東人民出版社，2006 年。

9. 張實龍《董仲舒學說內在理路分析》，杭州：浙江大學出版社，2007 年。

10. 劉國民《董仲舒的經學詮釋及天的哲學》，北京：中國社會科學出版社，2007 年。

11. 鄧紅《董仲舒思想研究》，臺北：文津出版社，2008 年。

12. 周桂鈿《董仲舒研究》，北京：人民出版社，2012 年。

13. 張祥龍《拒秦興漢和應對佛教的儒家哲學：從董仲舒到陸象山》，桂林：廣西師範大學出版社，2012 年。

14. 劉紅衛《董仲舒與儒家文化的普世化：董仲舒天人思想研究》《中國學術思想研究輯刊‧十四編》，新北：花木蘭文化，2012 年。

15. 吳龍燦《天命、正義與倫理——董仲舒政治哲學研究》，北京：人民出版社，2013 年。

16. 崔濤《董仲舒的儒家政治學》，北京：光明日報出版社，2013 年。

17. 黃樸民《天人合一：董仲舒與兩漢儒學思潮研究》，湖南：岳麓書社，2013 年。

18. 聶春華《董仲舒與漢代美學》，桂林：廣西師範大學出版社，2013 年。

19. 詹士模《董仲舒治道思想研究：天人感應、陰陽五行、諸家思想》，高雄：麗文文化，2016 年。

20. 深川真樹《影響中國命運的答卷：董仲舒賢良對策與儒學的興盛》，臺北：萬卷樓，2018 年。

（二）諸子研究

1. 陳鼓應《黃帝四經今註今譯：馬王堆漢墓出土帛書》，臺北：臺灣商務，1935 年。

2. 李滌生《荀子集釋》，臺北：臺灣學生，1979 年。

3. 張純、王曉波《韓非思想的歷史研究》，臺北：聯經，1983 年。

4. 蔡仁厚《孔孟荀哲學》，臺北：臺灣學生書局，1984 年。

5. 王利器《新語校注》，北京：中華書局，1986 年。

6. 李勉《管子今註今譯》，臺北，商務印書館，1988 年。

7. 陳麗桂《戰國時期的黃老思想》，臺北：聯經，1991 年。

8. 貝遠晨注譯；陳滿銘校閱《新譯商君書》，臺北：三民，1996 年。

9. 陳麗桂《秦漢時期的黃老思想》，臺北：文津出版社，1997 年。

10. 何寧《淮南子集釋》，北京：中華書局，1998 年。

11. 陳鼓應《老子今註今譯》臺北：臺灣商務印書館，2000 年。

12. 周‧慎子撰；高流水譯注《慎子》，臺北：臺灣古籍，2001 年。

13. 張素貞校註《新編韓非子》，臺北：國立編譯館，2001 年。

14. 吳毓江撰；孫啟治點校《墨子校注》，北京：中華書局，2006 年。

（三）公羊學類

1. 黃肇基《漢代公羊學災異理論研究》，臺北：文津出版社，1998 年。

2. 宋豔萍《公羊學與漢代社會》，北京：學苑出版社，2010 年。

（四）中國思想史類

1. 徐復觀《增訂兩漢思想史‧卷二》，臺北：學生書局，1976 年。

2. 韓復智《漢史論集》，臺北：文史哲出版社，1980 年。

3. 勞思光《中國哲學史（二）》，臺北：三民書局，1982 年。

4. 任繼愈《中國哲學發展史（秦漢）》，北京：人民出版社，1985 年。

5. 馮友蘭《中國哲學史新編（第三冊）》，北京：人民出版社，1988 年。

6. 項維新、劉福增主編《中國哲學思想論集（第三冊）‧兩漢魏晉隋唐篇》，臺北：水牛，1988 年。

7. 林聰舜《西漢前期思想與法家的關係》，臺北：大安出版社，1991 年。

8. 邱燮友、周何、田博元編著《國學導讀》，臺北：三民，1993 年。

9. 金春峰《漢代思想史》，北京：中國社會出版社，1997 年。

10. 錢穆《中國思想史》，臺北：蘭臺出版社，2001 年。

11. 林啟屏《從古典到正典：中國古代儒學意識的形成》，臺北：國立臺灣大學出版中心，2007 年。

12. 張豈之主編《中國思想學說史‧第二卷：秦漢卷》，桂林：廣西師範大學出版社，2007 年。

13. 蔡仁厚《中國哲學史》，臺北：臺灣學生書局 2009 年。

（五）中國政治制度暨思想研究

1. 薩孟武《中國政治思想史》，臺北：三民書局，1969 年。

2. 楊鶴皋《中國法律思想史》，北京：北京大學出版社，1988 年。

3. 林劍鳴《新編秦漢史》，臺北：五南出版社，1992 年。

4. 晉‧葛洪集；成林、程章燦譯注《西京雜記全譯》，貴州：人民出版社，1993 年。

5. 李開元《漢帝國的建立與劉邦集團——軍功受益階層研究》，北京：生活、讀書、新知三聯書店，2000 年。

6. 錢穆《中國歷代政治得失》臺北：素書樓文教基金會，2001 年。

7. 卜憲群《秦漢官僚制度》，北京：社會科學文獻出版社，2002 年。

8. 馬小紅《禮與法：法的歷史連接》，北京：北京大學出版社，2004 年。

9. 邢義田《天下一家：皇帝、官僚與社會》，北京：中華書局，2011 年。

10. 陳蘇鎮《〈春秋〉與「漢道」——兩漢政治與政治文化研究》，北京：中華書局，2011 年。

11. 林聰舜《漢代儒學別裁——帝國意識形態的形成與發展》，臺北：臺大出版中心，2013 年。

（六）其他

1. 黃雲眉《古今偽書考補證》，山東：齊魯書社，1980 年。

2. 程俊英、蔣見元《詩經注析》，北京：中華書局，1991 年。

3. 張心澂編著《偽書通考》，上海：上海書店出版社，1998 年。

4. 梁・劉勰撰；王更生注譯《文心雕龍讀本》，臺北：文史哲出版社，2004 年。

5. 潘德榮《西方詮釋學》，臺北：五南，2015 年。

6. 曾暐傑〈我爸偷了七億贓款我應該舉報他嗎？「親親相隱」的當代哲學論辯（上）〉（《哲學新媒體「泛哲學」專欄》，2017.08.15，網址：https://www.philomedium.com/blog/80026）。

三、期刊與研討會論文

1. 戴君仁〈董仲舒不說五行考〉《國立中央圖書館館刊》，第 2 卷第 2 期，1968 年，頁 9〜19。

2. 顏崑陽〈論漢代文人「悲士不遇」的心靈模式〉《漢代文學與思想學術研討會論文集漢代文學》，國立政治大學中文系所主編，1991 年，頁 209〜250。

3. 潘德榮、彭啟福〈當代詮釋學中的間距概念〉《哲學研究》，第 8 期，1994 年，頁 53〜59。

4. 陳麗桂〈從《新書》看賈誼融合儒、道、法的思想要論〉《國文學報》，第 24 期，1996 年，頁 138〜187。

5. 陳麗桂〈從天道觀看董仲舒融合陰陽與儒學的天人合一思想〉《中國學術年刊》第 18 期，1997 年，頁 17〜46。

6. 姚彥淇〈董仲舒與漢武「尊儒」關係之臆探〉《國立新竹教育大學語文學報》第十四期，2007 年，頁 91〜108。

7. 王鐵生、高永杰〈從《士不遇賦》看董仲舒的理想人格〉《董仲舒研究文庫（第二輯）・董仲舒文學藝術教育思想研究》，2013 年，頁 58〜63。

8. 李宗桂〈董仲舒政治哲學探微〉《二十一世紀當代儒學論文集 I：儒學之國際展望》，2015 年，頁 429〜438。